부모교육

PARENT EDUCATION

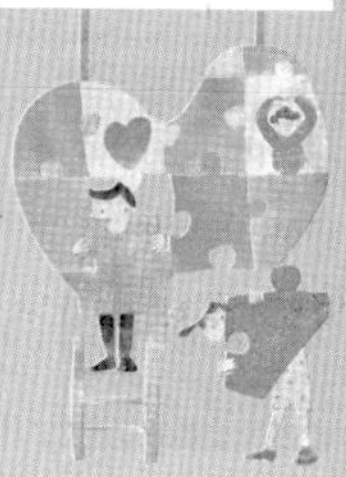

부모교육

신은영 저

동문사

PREFACE

한 개인의 성장과 발달에 영향을 미치는 가장 중요한 사람이 부모이다. 대부분의 부모들은 자녀에게 좋은 부모가 되고자 노력하고 자녀를 잘 양육하고자 하는 욕구가 있다. 하지만 좋은 부모가 어떤 부모인지에 대한 정답은 없으며 부모역할을 잘 수행하는 것 또한 쉽지가 않다. 부모로서 기쁨과 만족감도 느끼지만 스트레스와 좌절감도 만만치 않다.

좋은 부모가 되고 부모역할을 잘 수행하기 위해서는 부모기를 위한 준비가 필요하다. 준비된 부모는 자녀의 발달에 도움이 되는 적절한 환경을 제공해 줄 수 있으며, 부모-자녀관계를 원만하게 형성할 수 있고 부모역할을 잘 수행할 수 있다.

부모기를 준비하기 위해서는 부모교육 이론을 습득하고, 부모교육 프로그램으로 훈련하고, 의사소통기술을 함양하여 자녀의 문제행동을 수정할 수 있는 방법을 터득해야 한다. 미래에 좋은 부모가 되고자 준비하려면 부모교육에 대한 지식만으로는 부족하며, 부모-자녀관계에 적용할 수 있는 실용적인 훈련중심의 부모교육이 이루어져야 한다. 이러한 필요성에 의해 본 교재는 영유아발달에 대한 지식을 갖춘 학생들을 주요 대상으로 하며, 다양한 사례를 중심으로 부모교육 이론을 소개하고 훈련해 보도록 구성하였다.

본 교재는 총 4부로 13장으로 구성되었다. 제1부 부모교육의 기초에서는 부모교육의 개념과 목적 및 필요성 그리고 부모교육의 역사에 대한 내용을 다루었다. 제2부에서는 자녀 성장에 따른 부모의 역할과 다양한 가족유형에 따른 부모역할 그리고 부모기 단계에 대한 내용을 다루었다. 제3부에서는 부모-자녀관계를 설명하는 대표적인 부모교육 이론인 민주적 부모교육 이론, 인본주의 부모교육 이론, 교류분석 이론, 행동주의 부모교육 이론에 대해 설명하였다. 제4부에서는 부모-자녀관계 형성을 위한 부모역할훈련의 실제를 다루며, 부모교육 프로그램과 다양한 사례별 훈련방법을 소개하였다.

본 교재는 훈련중심을 강조하고 있어 대학의 부모교육 교재뿐만 아니라 부모교육 연수 등의 현장에서 유용하게 활용할 수 있을 것으로 기대된다. 본 교재가 출판되기까지 도와주신 동문사 이중수 사장님, 유재영 상무님 그리고 관련 직원들께 감사의 마음을 전한다.

2018년 3월

신은영

CONTENTS

CONTENTS

PART IV. 부모-자녀관계 형성을 위한 훈련

PART I

부모교육의 기초

CHAPTER 01

부모교육의 개념

현대 사회에서 부모가 자녀를 훌륭하게 키우기 위해서는 부모의 올바른 가치관, 자녀에 대한 이해 그리고 사회적 요구에 대한 지식이 필요하다. 부모는 자녀양육에 대한 지식과 기술을 함양해서 자녀를 사회와 국가에 기여할 수 있는 사람으로 키워야 한다.

부모교육은 부모로 하여금 자녀에 대한 이해와 지식을 증진시키고, 자녀를 양육하는 새로운 기술을 습득하도록 도와 주는 다양한 교육적 경험을 의미한다. 전통 사회에서는 대가족 속에서 생활하면서 자연스럽게 자녀양육에 대한 경험을 할 수 있었고, 부모역할에 대해 모델링을 할 수 있었다. 그러나 현대 사회는 점점 다원화되고 지식과 정보가 폭발적으로 많이 제공되고 있기 때문에 부모역할이 쉽지 않다. 핵가족화되면서 부모역할을 모델링할 수도 없게 되었다. 따라서 체계적인 부모교육이 필요하게 되었다.

그러나 부모교육에 대한 사회적인 인식은 부족한 실정이며, 부모역할을 수행하기 위해서 사전교육이 필요하다고 생각하는 사람은 거의 없다. 대부분의 부모들은 체계적인 부모교육을 받은 적이 없으며, 자녀에게 문제가 발생하였거나 부모-자녀관계가 어렵게 되면 그때서야 부모교육의 필요성을 느끼게 된다.

자녀의 발달과정을 잘 이해하지 못하는 경우 부모는 자녀의 욕구를 제대로 충족시켜 줄 수 없으며, 적절한 부모역할을 할 수 없게 된다. 그 결과 자녀의 성장이나 부모-자녀관계에 심각한 문제를 초래하게 된다. 자녀의 성장에 적절한 환경을 제공해 주어 적응력 있는 사람으로 키워나가려면 체계적인 부모교육이 필요하다.

이 장에서는 부모교육의 정의와 목적, 필요성에 대해 정리해 보고, 이를 토대로 부모교육의 본질에 대한 이해를 돕고자 한다.

1 부모교육의 정의

부모교육은 성인교육으로, 체계적인 프로그램을 통해 부모에게 지식과 정보 그리고 기술을 알려주기 위해 계획된 활동이다(Fine, 1980). 부모교육에 대한 개념은 학자마다 다양하게 정의하고 있다.

부모교육(parent education)은 부모참여(parent participation), 부모관여(parent involvement), 부모훈련(parent training), 부모역할하기(parenting) 등의 용어와 구분 없이 사용되기도 한다. 부모교육을 위한 구체적인 프로그램 역시 부모교육 프로그램, 부모참여 프로그램, 부모관여 프로그램, 부모훈련 프로그램 등으로 다양하게 표현되고 있다.

부모교육, 부모참여, 부모지지를 구분하여 개념을 정의한 Grotberg(1983)에 의하면, 부모교육은 부모로서의 역할을 원활히 수행할 수 있도록 부모에게 정보나 지식을 전달하고 기술을 가르치는 것이다. 부모교육은 부모와 자녀 간의 상호작용의 질을 개선하고 부모와 자녀의 행동을 긍정적으로 변화시키기 위한 의도적이고 목적지향적인 학습활동이다(Pherson & Robinson, 1990).

부모참여는 부모가 가족생활에 영향을 주는 특정 프로그램의 구성 및 운영에 직접 참여하는 것을 의미한다. 예를 들면, 유아교육 프로그램의 계획과 실천, 평가, 수정 등 모든 주요한 과정과 단계에 부모가 참여하는 것이다. 예를 들면, 유치원교육과정 결정에 부모의 의사결정권이 강조되는 것이다(Stenens, 1978).

부모지지는 친지, 교회, 지역단체, 아동복지시설, 병원, 교육기관, 기업체, 기타 사회사업기관이 부모를 지지 · 지원하는 것을 포함한다.

부모역할하기는 모든 부모들이 자녀의 성장을 위해 돕는 영양공급, 보호와 발달단계에 따라 필요한 환경과 도움을 제공하는 것 등 부모들이 행하는 과업을 의미한다. 이러한 부모역할하기는 부모－자녀 간의 지속적인 상호작용 과정이며 이 과정은 자녀의 성장과 더불어 부모와 자녀 모두를 변하게 한다(Brooks, 1991).

결론적으로 부모교육이란 부모가 자녀양육과 부모 자신의 개발을 위해 교육받는 것뿐만 아니라 유아교육기관에서 실시하는 유아교육 프로그램에 직접 참여하고, 유아교육기관에서 실시하는 교육과 가정교육을 연결하는 역할을 수행하도록 돕는다. 그리하여 부모와 자녀 모두의 행동이 긍정적으로 변화하도록 한다.

2 부모교육의 목적

부모교육의 궁극적인 목표는 부모가 자녀발달을 이해하고 자녀양육에 필요한 지식, 기술, 태도를 습득하도록 돕는 것이다.

부모교육의 목적에 대해 한국행동과학연구소(1983)는 다음과 같이 제시하고 있다(유안진 · 김연진, 2004).

① 자녀의 발달을 촉진시키기 위한 부모의 역할을 인식하도록 부모를 돕는다.

② 자녀의 사회적 · 정서적 · 인지적 · 언어적 발달 및 신체발달과 이러한 발달을 촉진하는 환경조성에 관한 지식을 갖도록 돕는다.

③ 자녀교육 시 부모로서 당면하는 문제들을 해결하는 데 필요한 정보와 기법을 습득하도록 부모를 돕는다.

④ 자녀교육에 적극 참여하도록 부모를 돕는다.

헤드스타트(Head Start) 프로그램에서는 부모교육 목적을 크게 세 가지로 나누어 설명하였다(정옥분 · 정순화, 2008).

① 아동교육 및 발달에 주요한 영향을 주는 부모역할을 지지하고 촉진시키는 활동 및 경험을 위해 계획된 프로그램을 제공한다.

② 부모 자신은 아동복지에 책임 있는 보호자이며 아동의 첫 번째 교육자이고, 헤드스타트 프로그램과 지역사회의 공헌자임을 인식하도록 하는 프로그램을 제공한다.

③ 부모는 프로그램 계획과 운영에 대한 의사결정에 직접 참여하고 고용자, 지원자, 관찰자로서 수업과 그 밖의 다른 프로그램 활동에

참여하도록 한다. 또한 발달을 돕는 프로그램에 참여하고 헤드스타트 직원과 협력하여 그들의 자녀와 함께 하는 활동의 기회를 제공한다.

Fine(1988)은 부모교육의 목적을 다음과 같이 네 가지 영역으로 나누어 설명하였다.

① 부모에게 도움이 되는 강연, 집단토의, 관련서적 읽기, 집단모임을 통해 부모 상호간의 정보나누기를 할 수 있도록 한다.
② 부모에게 자녀양육을 위한 기술훈련의 기회를 제공한다. 구체적인 부모훈련 프로그램에 참여하여 부모역할을 배우도록 한다.
③ 부모가 자기인식을 증진시키도록 돕는다. 자신의 양육방식에 영향을 준 부모 세대의 양육방식을 인식하고, 현재 부모 자신의 가치관을 확립하도록 부모의 신념을 변화시킨다.
④ 자녀양육과 자녀발달에 관련된 기본적인 문제해결방법을 부모들에게 가르쳐 중재할 수 있도록 한다.

3 부모교육의 필요성

부모교육의 필요성은 시대와 사회적 요구에 따라 다르게 논의될 수 있다. 유안진과 김연진(2004)은 부모교육의 필요성을 자녀의 관점, 부모의 관점, 사회의 관점으로 구분하여 설명하였다.

1) 자녀의 관점

① 자녀의 사회적·정서적 발달은 부모의 양육태도 및 양육방법에 크게 영향을 받는다.
② 자녀의 인지발달은 부모의 양육태도와 방법에 크게 영향을 받는다.
③ 부모의 양육태도와 방법은 자녀의 신체발달을 조장하거나 저해한다.

2) 부모의 관점

① 부모도 미성숙한 인간이기에 성숙한 인간이 되기 위해 부모교육이 필요하다.
② 핵가족화되면서 젊은 세대들은 자녀양육에 대한 모델링이 부족하기 때문에 부모교육이 필요하다.
③ 현대 사회의 부모들은 부모역할에 대한 준비나 교육 없이 부모가 되기에 부모로서의 자신감이 부족하다. 따라서 자신감을 가지고 자녀양육을 하도록 도와 줄 교육 프로그램이 필요하다.
④ 취업여성의 비율이 증가하면서 많은 여성들은 직업과 자녀양육이라는 이중역할의 문제에 직면하게 되었다. 취업여성은 자녀양육에 소홀하고 자녀양육을 부담스러워하는 문제로 죄책감을 느끼기도 한다. 따라서 자녀양육에 대한 바른 신념을 가지고 효율적으로 부모역할을 할 수 있도록 도와 주어야 한다.
⑤ 여성들의 사회참여와 이혼율의 증가로 아버지역할이 더욱 중요하게 부각되었다. 그리고 아버지들이 자녀양육에 적극적으로 참여하게 되면서 아버지교육이 보다 절실하게 되었다.

3) 사회의 관점

① 국가 발전의 원동력은 사람이다. 국가 발전에 기여할 인재를 양성하는 일은 부모의 역할이다. 유아기는 인지적·정서적 발달의 민감기이므로 부모가 유아의 발달에 적절한 환경을 제공해 주도록 국가나 사회는 부모교육에 관심을 가져야 한다.

② 교육의 경제성을 높이기 위해 부모교육이 필요하다. 고등교육에 투자할 때의 교육효과보다 유아교육에 투자할 때 효과가 더 크다. 따라서 유아를 양육하는 부모를 교육하는 것은 중요한 일이다. 부모의 잘못된 교육관과 양육법으로 영유아기에 잘못된 인성을 형성하여 발생하게 된 사회적 범죄는 막대한 국가적·사회적 비용을 치르게 한다.

③ 부모교육은 사회복지의 한 측면으로 볼 수 있다. 예를 들면, 한부모 가정 또는 저소득층 부모를 대상으로 진행되는 건강가정지원센터의 부모교육은 저소득층에서 나타나는 빈곤의 악순환을 예방할 수 있는 효율적인 방법이다.

CHAPTER 02

부모교육의 역사

아동발달이나 자녀양육에 대한 관심은 고대부터 있었으나 이에 대한 기록은 많지 않다. 인류 탄생과 더불어 부모는 자녀양육을 책임져 왔다. 원시 사회에서는 가족과 공동 사회 내에서 양육과 교육이 함께 이루어졌다. 아들에게는 사냥하는 법과 농사짓는 법 그리고 가족과 부족을 지키는 데 필요한 수단들을 가르쳤으며, 딸에게는 아기를 낳아 양육하는 것을 가르쳤다.

사회가 점점 문명화되면서 부모의 역할이 중요하다는 인식이 생겨나게 되었다. 그러나 부모교육에 대한 지침이나 이론이 존재하지는 않았다. 부모교육이 체계화된 것은 20세기에 들어오면서부터이다. 부모교육은 시대에 따라, 사회문화적 배경에 따라 발전해 왔다.

1 서구의 부모교육

1) 고대 사회

고대 사회에는 아동발달, 부모역할 등에 대한 기록이 따로 남아 있지 않다. Platon과 Aristoteles 등 몇몇 철학자들의 저서에 기록된 발달이나 교육에 대한 설명을 통해 부모교육을 유추할 수 있다.

Platon은 저서 「국가론」과 「법률」에서 아동과 청소년의 교육에 대해 언급했다. 이상적 국가는 교육에 의해 실현되므로 우수한 남녀를 결혼시켜 건강한 자녀를 출산하게 하고 남녀아동 모두를 교육시켜 국가의 힘을 강하게 할 것을 강조하였다. 그리고 유아기는 성격의 기초가 형성되는 시기이기 때문에 유아가 쾌락을 느끼지 못하도록 양육해야 한다고 주장했다. 아동기는 아직 이성이 발달하지 않은 시기이므로 음악이나 스포츠를 제공하여 또래와 어울리게 해 사회성을 발달시키고, 남녀를 분리시켜 놀게 하는 것이 바람직하다고 했다. Platon은 궁극적으로 통치자 계급의 교육에 관심이 있었으며, 통치자 계급의 교육을 위해서 아동은 태어나는 순간 국가가 지정한 보모가 운영하는 공동탁아소에서 양육되어야 한다고 주장했다(Barrow, 1976).

Aristoteles는 Platon과 달리 유아는 7세까지는 가정에서 어머니나 유모의 양육을 받아야 하며, 아동마다 개인차가 있으므로 각 아동에게 적절한 양육방식을 적용해야 잠재력을 최대한 발휘할 수 있다고 생각했다.

로마 시대에는 어머니의 무릎교육이 자녀의 올바른 인성과 바른 생활 태도를 형성하는 데 영향을 미친다고 생각했다. 아버지도 자녀교육의 일부를 담당하였는데, 승마, 권투, 수영, 검술, 제사 등을 가르쳤다.

2) 중세 사회

중세 사회에는 기독교 사상이 자녀양육에 영향을 미쳤다. 사람은 태어날 때부터 사악하다는 성악설의 영향으로 부모는 자녀를 엄격한 훈련과 벌로 훈육해야 한다고 믿었다. 그래야 사악한 본성을 타고난 자녀가 선한 성품을 지닌 성인으로 성장한다고 믿었다.

부모는 자녀의 독립성과 개성을 존중하지 않았고, 체벌을 당연하게 생각하고 규칙적으로 체벌을 가하는 경우도 있었다. 아동을 성인의 축소판으로 생각하였기 때문에 아동기에 대한 특별한 개념이 없었다. 7, 8세가 되면 노동을 하였고, 부모와 함께 일하면서 생활에 필요한 관습, 가치관, 태도를 배웠다. 또한 자녀를 자신의 가정이 아닌 남의 가정에 맡기거나 도제에 의해 양육하기도 했다.

3) 17~18세기

Comenius, Rousseau, Locke 등의 학자들이 등장하면서 이들의 이론을 근거로 유아를 성인과 다른 발달단계에 있는 존재로 인식하기 시작했다. 유아기는 매우 중요한 시기이며 유아는 독립된 인격체임을 인정하고, 그들의 자발성을 존중하는 방향으로 교육방법이 개발되기 시작했다.

17세기는 Comenius의 '모친학교'를 기준으로 부모교육 원년으로 불린다. Comenius는 0~6세까지 유아의 교육은 어머니의 무릎에서 이루어져야 한다고 주장하면서 어머니를 위한 부모교육을 강조하였다.

Rousseau는 에밀을 저술하여 부모들의 자녀교육관을 변화시키는 데 큰 역할을 했다. 부모는 유아의 내부에 잠재해 있는 본성대로 성장할 수 있도록 도와 주어야 하므로 아이를 존중하고 구속하지 말아야 하며, 아이 스스로 보고 느끼고 생각하도록 도와 주어야 한다고 주장하였다.

Locke는 인간은 태어날 때 백지와 같은 상태로 태어난다는 백지설(tabula rasa)을 주장하였다. Locke는 「교육에 대한 생각」에서 아이들은 경험을 통해서 지식을 축적하므로 부모는 자녀교육을 위해 좋은 경험을 할 수 있는 환경을 제공해야 한다고 주장하였다. 질책과 벌보다는 칭찬과 격려가 효과적인 교육방법이고, 학교교육보다는 가정교육이 중요하다고 하였다.

4) 19세기

19세기에는 현대적인 부모교육이 정립되고 부모교육과 관련한 각종 단체가 설립되었다. 1888년 미국 뉴욕에서 최초로 미국아동보육협회가 설립되고, 1890년에 미국여학사협회, 1897년에 부모교사연합회가 조직되어 부모교육 활성화에 도움이 되었다. 19세기 부모교육에 영향을 준 사상가는 Pestalozzi, Fröbel, Hall, Harrison 등이 있다.

Rousseau의 영향을 받은 Pestalozzi는 1801년에 「게르트루트는 어떻게 자녀를 가르쳤나」라는 책을 저술하여 부모는 자녀의 도덕교육과 종교교육을 책임져야 함을 강조하고, 교육은 어머니와 자녀의 상호관계 속에서 이루어져야 한다고 했다.

Fröbel은 유치원을 창시하였다. 뿐만 아니라 자녀양육에서의 어머니 역할을 강조하여 부모교육의 발전에 기여하였다. 어머니를 위한 지침서인 「어머니와 아기의 노래」를 저술하여 어머니가 자녀에게 들려줄 수 있는 노래와 손 유희, 그림을 제공하였다.

Hall은 아동연구센터를 설립하고 질문지법을 개발하여 아동연구를 시작하였다. 부모교육에 직접 개입하지는 않았지만, 부모에게 자녀의 말과 행동을 관찰하게 해서 효율적인 자녀지도를 유도하였다.

Harrison은 1884년에 유치원에서 어머니를 위한 자모 프로그램을 실시하여 유아에 대한 이해와 자녀양육 등의 이론을 교육하였다. 이는 학교 중심 부모교육 프로그램의 첫 시도였다.

5) 20세기

20세기는 미국을 중심으로 아동에 대한 과학적인 연구가 활발하게 진행되었다. 그와 더불어 부모교육에 대해서도 다양한 이론과 프로그램이 전개되었다. Watson의 행동주의 이론, Freud의 정신분석 이론, Gesell의 성숙주의 이론 등의 영향으로 부모교육도 한 단계 발전하게 되었다.

1909년에는 자녀양육에 대한 제1차 백악관회의가 개최되었고, 1912년 세계 최초 정부차원의 아동문제 담당국으로 미국 노동성에 '아동국'을 신설하였다. 1914년에는 연방정부에 의해 「유아양육(infant care)」이라는 자녀교육 지침서가 발간되었다. 1924년 '미국교육협회'가 창립되고, 콜롬비아대학에 '부모교육' 과목이 개설되었다. 1935년 미국 전역에서 부모들은 대중매체를 통해 부모교육 내용을 접하였다.

20세기 초에는 Watson의 행동주의 이론의 영향을 받아 엄격한 양육방식이 유행하였다. 이 시기에는 수유시긴이나 수유 양, 자녀양육과 관련된 모든 것이 규칙적이고 엄격해야만 바람직한 양육이라 믿었다.

1940년대에 들어와서는 정신분석 이론의 영향으로 자녀를 억압하지 않고 자녀의 욕구를 이해하며 양육하는 것이 바람직하다는 분위기가 형성되었다. 또한 이 시기에 부모들의 양육태도에 지대한 영향을 미친 Spock 박사는 「영아 및 유아양육전서」라는 저서를 통해 수유, 이유, 취침, 의복, 배변훈련 등에 대한 지침을 제시하였다. Gesell은 아동의 행동은 학습되기보다 내재적인 성숙의 결과라고 주장하였다. 이들의 영향으로 이 시기에는 규칙과 절제를 중요시하는 양육방식보다 아동의 욕구를 중시하고, 아동의 내적인 스케줄에 따라 양육하는 관대한 양육방식이 좋다고 생각하였다.

1960년대에는 산업 사회의 등장으로 도시의 집중화, 가족구조의 변화, 여성의 경제활동 참여, 아동의 권리증진과 같은 대대적인 사회변화가 일어났고, 1957년 스푸트니크 쇼크도 있어 미국은 학교교육과 가정교육에 대해 많은 반성을 하게 되었다. 그러면서 조기교육과 부모교육을 강조하게 되었다. 이 시기에 Piaget의 인지발달 이론의 발표도 있어 아동의 지적·인지적 발달에 관심을 갖기 시작하였다. 1964년 빈곤퇴치운동을 선포한 Johnson 대통령은 저소득층 자녀를 위한 보상교육으로 헤드스타트(Head Start) 운동을 전개하여 빈곤가정, 영양실조가정, 문화결핍환경에 있는 아동의 지적 발달과 정서발달을 도왔다. 그리고 가족관계를 강화시키고 부모교육을 통해 가족에게 자립할 수 있는 힘을 키워주었다.

1970년에 이르러서 Gordon의 '부모효율성훈련', Dinkmeyer와 Mckay의 '효율적 부모역할 수행을 위한 체계적 훈련', Rogers의 '내담자중심치료' 등이 소개되었다. 그리고 헤드스타트 프로그램을 업그레이드시킨 홈스타트 프로젝트가 시행되었다.

1980년대 이후 10대 임신율과 미혼모 증가, 청소년 약물사용 증가, 아동학대에 대한 관심 증가 등으로 부모뿐만 아니라 청소년을 대상으로 한 부모교육의 필요성이 대두되었다. 10대 부모들을 위한 프로그램, 약물중독 청소년 부모들을 위한 프로그램, 학대가정 부모를 위한 프로그램, 재혼한 부모를 위한 프로그램, 이혼한 부모를 위한 프로그램, 장애아를 위한 프로그램 등 특수한 상황에 있는 부모를 위한 프로그램들이 활발하게 개발되어 실시되었다.

20세기 이후 현대 사회는 급격하게 변화하고 있고, 이에 요구되는 부모교육은 예방적 부모교육이다. 예방적 부모교육 프로그램은 가정생활에 문제가 생기거나 위기가 와서 부모역할을 잘 수행하지 못하게 되는 것을 방어하고자 개발된 프로그램이다.

2 우리나라의 부모교육

전통 사회의 부모교육은 가정에서 책을 통해 이루어지는 비형식적 교육이다. 즉, 안방중심의 부모교육이라 할 수 있다. 근대 이후 부모교육은 미국의 영향을 받아 사회교육의 형태로 진행되었다.

1) 전통 사회

우리나라 전통 사회의 부모교육은 현대 사회와 비교하면 훨씬 잘 이루어지고 있었다. 전통 사회에서는 어릴 때부터 문헌을 통해 부모역할이 무엇인지에 대한 교육이 이루어졌다. 글을 익히면서 동시에 부모의 도리와 역할을 배웠다. 부모됨에 대한 준비 없이 부모가 되는 오늘날에 비하면 부모됨에 대한 준비가 있었다.

주자가 쓴 「소학(小學)」, 사주당 이씨의 「태교신기」, 소혜황후 한씨의 「내훈」, 송시열의 「계녀서」, 이덕무의 「사소절」, 율곡 이이의 「격몽요결」 등의 책에서 태교의 중요성, 부모의 도리와 역할, 자녀양육에 대한 내용을 서술하고 있다.

전통 사회는 태교를 중요시 여겼다. 여성들이 읽는 서적에는 태교에 관한 내용이 기재되어 있었다. 결혼은 곧 가계계승의 의미를 가지고 있고, 여성의 도리는 가계를 이을 아들을 출산하는 것이었다. 집안어른들은 자녀가 혼인을 하면 부부합방, 임신, 태교에 관심을 가지고 지도하였고, 태교에 관한 책을 읽도록 하였다.

그리고 전통 사회 문헌에서는 조기교육을 강조하였다. 「사소절」에는 조기교육의 중요성을 강조하고 있다. 그 내용을 보면 "갓난 망아지는 착실하고 엄격하게 길들여 좋은 기술을 익히게 하지 않으면 좋은 천리마를 얻지 못하고, 어린 소나무 모종은 잘 북돋워 기르지 않으면 훌륭한 재목을 만들지 못한다. 그러므로 아들이 있으면서 잘 가르치지 않으면, 이는 오히려 버리는 것과 같다"고 되어 있다. 율곡 선생의 「격몽요결」은 몽매한 자를 교육한다는 의미로 '아동을 계몽하기에 요긴한 것'이라는 뜻이다. 부모는 자녀를 사랑해야 하며, 자녀는 부모에게 효도해야 함을 언급하며, 어린이에게 가르쳐야 할 17가지 조목을 제시하고 있다.

전통 사회 부모교육의 또 하나의 특징은 연령에 따른 교육이다. 태중교육 10개월이 출생 후 10년의 교육보다 더 중요하다고 생각하였기에 태교를 매우 중요시하였다. 3세 이전의 유아는 그다지 통제하지 않고 허용적으로 양육하였다. 7세 이후에는 남녀칠세부동석이라 해서 남녀 아동이 함께 어울리지 못하도록 하고, 성별에 따라 다르게 교육하였다. 그리고 사리분별을 가르치고 예의를 가르쳤다.

전통 사회에서는 엄부자모를 부모의 이상적 모델로 삼았다. 아버지는 권위를 가지고 자녀를 엄하게 가르치고, 어머니는 자애로움으로 자녀를 보살핌으로써 아버지와 어머니가 조화를 이루어 자녀를 양육하였다.

2) 1900년대 초반

1914년 미국의 선교사 Brown Lee는 이화유치원을 설립하였다. 유치원 학부모를 대상으로 유치원교육을 이해시키고, 자녀양육법을 계몽하는 등 본격적으로 부모교육을 실시하였다.

이후 Clara Howard는 자모회를 통해 부모교육을 활발히 진행했다. 매월 월례회 형식으로 자모회를 개최하여 강연, 스크랩 북 제작, 놀잇감 제작, 유아식 요리 실습, 아동복 제작 워크숍 등 자녀양육에 필요한 실제적 교육을 실시하였다. 뿐만 아니라 아버지교육도 실시하였다. 그러나 아버지의 참석률은 저조하였다.

1922년 5월 1일 소파 방정환 선생의 주도로 처음 어린이날이 시작되었다. 어린이는 나라와 겨레의 미래를 이끌어 갈 사람이므로 아름답고 씩씩하게 자라도록 힘써야 한다는 주장이 당시 부모교육의 핵심이 되었다.

1950년대에는 사회 전반적으로 유아교육 및 부모교육에 대한 인식이 부족하였다. 그래서 유치원에서만 자모회를 통해 부모교육이 운영되었고, 각 초등학교 사친회는 부작용이 많아 폐지되었다(이경화 외, 1999).

3) 1960년대 이후 부모교육

1960년대에 들어서면서부터 유아에 대한 관심이 높아졌고, 부모역할의 중요성을 인식하게 되었다. 따라서 부모교육에도 중요한 변화가 일어났다. 여성단체를 통한 사회교육 내용에 부모교육이 강조되었고, TV나 여성잡지 등의 대중매체에서도 부모교육 내용을 다루기 시작하였다. 출판사들은 유아를 위한 교재와 놀잇감을 제작하여 보급하였고, 부모를 대상으로 하는 양육지침서를 다수 발간하였다.

1970년대 이후에는 정부도 유아교육에 관심을 가지고 부모교육 심포지엄을 개최하였다. 미국이나 유럽을 중심으로 개발된 부모참여 및 부모교육 프로그램을 우리나라에 적용하고자 하는 시도가 많았다. 1979년 UN이 결정한 '세계어린이의회'는 우리나라 유아교육 및 부모교육 발전의 계기를 마련하였다.

1980년대에는 부모효율성훈련(PET)과 효율적인 부모역할 수행을 위한 체계적 훈련(STEP)이 우리나라에 많이 보급되었다.

1990년대 이후 여성의 사회참여 증가와 가족구조 변화로 자녀양육 문제가 중요한 이슈로 부각되었고, 영유아보육법이 제정되었다. 다양한 부모교육 프로그램이 개발되어 적용되고, 유아교육기관에서도 체계적인 부모교육이 시행되었다.

PART Ⅱ

부모의 역할

CHAPTER

03 자녀의 성장과 부모의 역할

부모역할에 대한 이해는 부모교육의 핵심이다. 부모역할을 잘 하기 위해서는 자녀의 발달과정에 대한 지식과 발달단계별 부모역할에 대한 이해가 있어야 한다. 자녀는 성장하면서 신체적 변화뿐만 아니라 심리적으로도 많은 변화를 보이며, 부모에 대한 요구도 달라진다. 따라서 부모는 자녀의 발달단계에 따라 통제수준을 다르게 해야 하며, 상호작용하는 태도도 달라져야 한다. 예를 들면, 영유아기 자녀의 부모는 애정적이면서 통제적인 양육태도가 적절하지만 아동기, 청소년기가 되면 덜 통제적인 양육태도가 적절하다(신은영, 1988). 즉, 자녀 연령에 따라 부모의 역할이 달라져야 한다.

1 영아기의 부모역할

1) 보육자 · 보호자의 역할

영아는 전적으로 부모의 보살핌을 받아야 하는 존재이다. 영아는 생존에 필요한 모든 것을 부모에게 의존하며, 부모는 영아의 요구를 충족시켜 주는 제공자의 역할을 한다. 이때 부모는 영아의 활동수준, 적응력, 생리적 리듬, 기질 등을 파악하여 아이의 수준에 맞는 양육을 해야 한다. 부모가 아이의 요구수준에 맞게 민감하게 보살펴줄 때 아이는 정상적인 발달을 할 수 있다.

부모는 영아가 걷기 시작하면서 새로운 차원의 보호자역할을 한다. 영아가 자율성을 시험하고 자조기술을 증진시킬 수 있도록 가능한 한 안전한 환경을 마련해야 한다. 이동 능력이 생긴 영아를 돌본다는 것은 매우 힘든 일이다. 눈 깜짝할 사이에 아기들은 일을 저지르고 다치기 때문에 항상 안전에 대비해야 한다. 부모는 신체적 활동이 많은 아기를 보호하는 역할에 에너지를 많이 소비하게 된다.

2) 기본적 신뢰감 형성

Erikson에 의하면 영아는 생후 1년 동안 부모의 양육행동에 따라 기본적인 신뢰감 내지 불신감을 형성한다고 했다. 양육자가 영아의 기본적인 욕구를 일관성 있고 민감하게 충족시켜 줄 때 영아는 양육자에게 기본적인 신뢰감을 형성한다.

양육자에 대한 신뢰감은 의사소통과정에서 형성된다. 영아는 울음으로 신호를 보낸다. 부모는 영아의 울음을 변별할 수 있어야 한다. 부모가 울음의 의미를 파악해서 즉각적으로 반응을 해줄 때 영아는 부모와 의사소통이 이루어진다고 느끼며 부모에게 신뢰감을 갖게 된다. 영아가 양육자의 반응을 유도하는 데 성공하고 자신이 행동 능력을 지닌 존재라는 것을 인식하기 시작하면 자신감을 갖고 자신에 대한 기본적 신뢰감을 형성한다.

만약 양육자가 자주 바뀌거나 수유, 수면, 접촉 등의 보살핌에 일관성이 없어서 환경을 예측하기 어렵게 되면 다른 사람을 믿을 수 있다는 신뢰감과 자신의 역량에 대한 신뢰감에 손상을 입게 된다.

3) 상호성의 발달

부모와 영아는 서로 자극과 반응을 주고받는 상호성을 지닌 관계이다. 상호성은 두 사람이 긍정적이든 부정적이든 간에 서로 자극을 주고받는 상호작용을 의미한다. 언어를 배우기 이전의 영아는 울음, 미소, 옹알이 등으로 자신의 의사를 표현하며 상호작용에 참여한다. 영아는 상호성을 통해 자신도 다른 사람의 행동에 영향을 줄 수 있다는 것을 배우게 되며, 이런 경험으로 자신의 역량을 기르게 된다.

영아기의 상호성발달은 성장기 동안 성격과 사회성발달에 영향을 미친다. 민감한 어머니는 적절한 때에 자극을 주며, 영아가 어떤 자극에 관심을 갖는지도 파악한다. 부모는 언제, 어느 정도의 자극을 주어야 하는지, 언제 자극을 멈추어야 하는지를 파악해야 한다. 영아에게 자극을 지나치게 과도하게 주거나 혹은 아이가 신호를 보내기도 전에 먼저 자극을 주는 것은 바람직하지 않다. 두 사람의 욕구에 따라 균형있는 상호성을 발달시키는 것이 좋다.

어머니와 영아 모두 상호성발달을 방해하거나 촉진시킬 수 있다. 어머니가 영아의 기분과 요구를 무시하고 자신이 정한 발달기준에 맞추어 영아를 훈련하고 가르치려고 하면 영아의 자발적인 상호성발달은 이루어지기 어렵다. 영아에게 상호성을 주도할 기회를 거의 주지 않는 어머니의 태도는 영아의 상호성발달을 방해한다. 어머니가 자극하였을 때 반응을 보이지 않는 영아도 어머니의 상호성발달을 방해한다.

4) 자극 제공

영아기의 신체 · 인지 · 사회성발달은 이후 발달의 근간이 되므로 매우 중요하다. 영아기의 건강한 발달은 부모가 어떤 종류의 자극을 제공하느냐에 달려 있다. 부모는 두 가지 방법으로 자극을 제공한다. 하나는 영아의 감각운동 능력을 촉진시킬 수 있는 환경을 제공하는 것이고, 다른 하나는 영아와 직접적인 상호작용을 통해 자극을 제공하는 것이다. 부모는 영아에게 흥미와 자극을 줄 수 있는 환경을 제공하여 영아가 자기 주도적인 활동을 할 수 있게 도와 주어야 한다. 또한 부모는 행동모델로서 영아의 활동에 참여하여야 한다. 민감한 어머니는 영아가 어떤 능력을 가지고 있고 어떤 것에 관심을 가지는지 관찰하고 파악하여, 영아가 환경에 친숙해지고 자신의 능력을 시험해 볼 수 있도록 격려한다.

5) 자율성의 발달

1세에서 3세 사이의 영아는 심리사회적 발달단계에 따라 부모로부터 독립을 선언하며 자율감과 수치심을 경험하는 시기이다. 영아는 언어가 발달하고 걷게 되면서부터 여러 가지 새로운 행동을 할 수 있다는 것을 알고 자신감을 가지게 된다. 영아가 하고자 하는 행동을 허용해 주면 영아는 자신의 행동을 통제할 수 있는 능력을 발달시킨다.

이 시기 영아는 "내가, 내가"라는 주장을 하게 된다. 영아 스스로 옷을 입으려 하고, 우유도 혼자 마시려 하고, 신발도 자기가 신겠다고 주장하는데, 이때 부모가 인내심을 가지고 허용하면 자율성이 발달하게 된다. 그러나 부모가 영아의 서툰 행동을 지켜보는 것에 대해 참을성이 없고, 영아가 할 수 있는 것도 부모가 먼저 다 해주면 영아는 자율성 대신 수치심을 가지게 된다. 부모가 영아를 과보호하거나 비난하면 영아는 자신과 세상을 통제할 수 있는 자신의 능력을 의심하게 된다.

걸음마기 영아의 자율성발달은 부모에 대한 거절증과 함께 나타난다. "싫어", "안 해" 등의 표현은 영아가 자신의 힘을 과시하려는 것이다. 거절하는 영아에게 강한 반응을 보이면 영아의 거절행동은 더 증가하게 되므로 무시하는 것이 좋다. 영아가 사용하는 "싫어"의 횟수는 부모가 사용한 "안 돼"의 횟수와 관련되어 있다고 볼 수 있다. 따라서 영아에게 "싫어"라고 말할 기회를 부여하지 않는 것이 좋다. 대신 영아에게 선택권을 주는 방법과 영아에게 기대하는 바를 이야기하는 방법을 사용하면 된다. "이거 먹어"라고 말하기보다 "우유를 마시겠니? 아님 주스를 마실까?"라고 이야기해서 아이가 둘 중 하나를 선택하게 한다. 자야 할 시간이 되었을 때 "이제 자러 갈까?"라는 말보다 "이제 잘 시간이다"라고 말한다.

6) 자조 능력의 발달

걸을 수 있다는 것은 스스로 음식을 먹을 준비도 되어있다는 것을 의미한다. 영아가 수저를 이용하여 여러 가지 행동을 하는 것은 혼자서 식사할 준비가 되었다는 것을 의미한다. 부모는 이를 알아차리고 영아가 식탁에 앉아서 식사를 하도록 도와 주고, 음식 흘리는 것을 허용해 주어야 한다.

대소변훈련의 경우 시작해야 하는 시기가 정해져 있는 것은 아니다. 문화에 따라, 영아의 발달 정도에 따라 훈련시기도 다르며 훈련방법도 다양하다. 대소변훈련은 영아에게는 중요한 학습경험이므로 서두르거나 비판적인 태도를 보이면 안 된다. 영아의 발달 속도에 맞추어 서서히 진행하도록 한다.

7) 사회적 · 지적 학습경험 제공

사회적 기술은 또래와 상호작용의 경험에서 얻게 된다. 부모는 영아가 또래 집단에서 놀 수 있도록 기회를 부여해야 한다. 놀이를 통해 영아는 자기 순서를 기다리고, 장난감과 놀이 시설을 공유하고, 만족을 지연시키고, 집단에 협동하는 등의 기술을 습득할 수 있다.

사회적 기술을 습득하는 데 있어서 언어는 중요한 수단이다. 언어발달은 호기심발달과 지적 능력의 기초 형성과 밀접하게 관련되어 있다. 영아가 말을 시작할 때 부모는 영아의 말에 반응하고, 강화해 주어야 한다. 영아는 부모의 반응과 강화에 의해 언어의 적절한 사용법을 습득한다. 영아는 초기 언어를 부모에게서 배운다. 때문에 부모는 영아의 언어발달 모델이 되어야 한다.

2 유아기의 부모역할

1) 양육자의 역할

양육자는 유아에게 애정과 관심을 가지고 보호하는 사람이고, 양육은 보다 나은 발달을 하도록 이끌고 지도하는 것이라 할 수 있다. 유아기 양육은 아버지와 어머니가 함께 하는 것이며, 영아기 때처럼 따라다니며 돌볼 필요는 없지만 안전한 환경을 마련해 주는 것이 중요하며, 지나친 간섭을 해서는 안 되며, 사랑과 애정 어린 도움을 주며 관리 감독해야 한다.

유아는 끊임없이 부모의 관심을 요구하고 부모의 시간과 에너지를 소비한다. 유아는 지속적으로 집안을 어지럽히고, 엉뚱한 행동을 하고, 곳곳에서 사고를 치기도 한다. 유아는 부모에게 협력하였다가 다시 저항할 수도 있고, 수치심을 보이는가 하면 어느새 공격적으로 변해 있기도 한다. 유아의 일관성 없는 행동은 부모를 힘들게 한다. 부모는 유아의 강한 욕구도 충족시켜 주어야 하지만 부모 자신의 욕구도 충족시켜야 하는 어려움을 겪는다.

유아의 건강한 발달에 영향을 미치는 중요한 요인은 부모와 가정의 분위기이다. 따뜻하고 화목하며 긍정적인 정서가 풍부한 가정 분위기에서 유아는 행복감을 느끼며 자랄 수 있다. 부부는 함께 일관성 있는 훈육을 실시해야 한다. 부부가 유아의 교육문제나 훈련 또는 목표와 가치에 대해 의견일치가 되지 않는다면 우선 합의에 이르는 것이 중요하다. 부부의 행동이 가끔 불일치하는 것에는 유아가 적응할 수 있지만, 장기적인 목표나 가치상의 갈등에는 적응하기 힘들다. 부부가 유아를 대하는 반응이나 피드백 또는 코칭방법이 유사하면 좋다. 부부는 각자 자신의 방식대로 유아와 상호작용해 나간다. 그러나 상호작용의 큰 틀은 부부가 합의하여 규칙을 정하고 그 규칙을 일관성 있게 지켜 나가는 것이 바람직한 양육방식이라 할 수 있다.

2) 훈육자의 역할

부모는 유아를 어느 정도 훈육할 것인지의 문제로 많이 고민한다. 훈육은 벌과는 다른 개념으로 다른 사람을 지도하고 이끄는 것을 의미한다. 즉, 유아를 지도하는 광범위한 긍정적 체계이다. 상과 벌을 이용하기도 하고, 귀납적 훈육법을 사용하여 유아에게 옳고 그름을 가르칠 필요가 있다. 즉, 해야 할 일과 해서는 안 되는 일을 명확하게 가르쳐야 한다.

3) 자아개념

영아기의 자아인식은 환경과의 상호작용을 통해 자신이 어머니와 분리된 존재임을 깨닫게 되면서 생기게 된다. 유아기에는 자아개념을 형성하는 중요한 단계이다. 부모의 온정적인 사랑과 적절한 통제 그리고 한계설정과 관심 있는 지도는 유아의 자아개념 형성과 정적인 상관이 있다.

긍정적인 자아개념을 발달시키기 위해서는 우선 유아에 대해 관심, 온정, 수용, 존중을 보여 주어야 한다. 문화적으로 풍족한 환경 속에서 유아의 행동의 한계를 설정하고 한계 내에서 자율을 허용해야 한다. 부모는 일관성 있는 양육태도로 유아에게 사랑과 안전을 제공해 주어야 한다. 유아에 대해 공감해 주고 이해해 주면서 부모의 요구사항도 명확히 제시한다. 유아의 자아개념 형성을 위해 가장 중요한 또 한 가지는 부모 자신의 긍정적 자아개념이다. 긍정적인 자아개념을 가진 부모와의 상호작용을 통하여 유아는 자아개념을 발달시켜 나간다.

4) 주도성의 발달

Erikson에 의하면, 유아기는 주도성 대 죄의식의 발달단계이다. 유아는 기본적인 신체능력발달과 아울러 운동 능력도 활발해진다. 자신이 목표한 바를 주도적으로 추진해 나갈 줄도 알게 된다. 이때 부모가 유아의 주도적인 행동을 지지하고 격려하면 주도성이 발달하게 되고, 유아의 행동을 제한하고 과잉보호하고 질문을 귀찮아하면 죄의식이 발달하게 된다.

부모는 유아가 불안한 마음 없이 새로운 환경을 주도적으로 탐색할 수 있도록 환경을 조성하고 지도해 주어야 한다. 호기심을 가지고 환경을 탐색하도록 격려를 받는 유아는 자신감을 가지고 낯선 환경에 집중적으로 쉽게 접근하고 탐색활동을 주도하지만, 과잉보호를 받거나 비난을 자주 받는 유아는 환경의 탐색을 꺼려하고 두려워하는 경향이 있다.

유아의 지적 주도성은 부모가 개방적인 질문을 많이 해 주어 유도할 수 있다. 부모의 질문은 유아의 인지적 사고 수준의 질을 높여 준다. 또한 이 시기의 유아는 호기심이 최고로 많을 때이다. 끊임없이 "누가, 왜, 언제, 어디서, 어떻게"라고 질문한다. 부모는 인내심을 가지고 답해 주고, 모르면 함께 답을 찾아가는 자세로 아이의 호기심과 탐색을 격려해야 한다. 그러면 유아는 지식추구에 가치를 부여하게 된다.

이 시기의 유아는 성적 호기심도 많다. 이 시기 유아의 성적 호기심은 정상적인 것이고 순수한 것이다. 유아에게 결혼과 임신에 대해 수준에 맞게 설명해 주고, 부부가 행복한 모습을 보여 주고, 자녀와 애정적인 관계를 형성하면 유아의 정체감 형성을 촉진시킬 수 있다.

5) 학습경험 제공

유아기에 학습할 기회를 많이 제공해 주면 유아기 동안 습득해야 할 지적·정신적·사회적 능력을 발달시킬 수 있는 기초를 마련하게 된다. 유아는 자신이 처해 있는 환경과 경험하는 사건을 통해 학습한다. 환경과의 상호작용, 또래관계, 놀이, 유아 호기심에 대한 부모의 반응 등은 유아의 학습 경험에 영향을 준다. 다양한 경험을 할 수 있는 환경을 제공해 주고 다양한 놀이 도구를 접하게 해 주는 것은 인지발달에 도움이 될 것이다. 자연과 접하고 탐색하게 해 주는 것은 뇌발달에도 도움이 될 것이다.

3 아동기의 부모역할

1) 격려자의 역할

아동기 자녀에게 부모가 해야 할 역할은 격려자의 역할이다. 학교에 입학하면 아동은 이전과 다른 낯설고 큰 공간, 낯선 교사와 또래와의 만남 등 많은 불안 요소를 접하게 된다. 학교가 즐겁기만 한 곳이 아닐 수 있다. 평가를 받기도 하고, 또래로부터 거부당하기도 하는데, 이러한 경험으로 아동은 무력감과 좌절감을 느끼기도 한다. 이러한 상황에서 부모는 자녀의 격려자가 되어야 한다. 이 시기의 격려는 아동의 행동을 고치는 데 가장 영향력이 있다. 또한 양육자로서의 부모역할도 아직까지는 필요하다. 다만 신체적인 양육보다 심리적인 양육이 더 요구된다.

2) 훈육자의 역할

아동기에는 영유아기와는 다른 변화된 훈육이 필요하다. 왜냐하면 아동기에는 영유아기에는 나타나지 않던 행동적 문제가 나타나기 시작하기 때문이다. 예를 들면, 거짓말, 용돈사용, 훔치기, 또래와의 관계, 성적 등의 문제가 있다. 또래가 좋아하는 연예인들을 흉내 내고, 부모의 가치관에 관심을 가지기도 한다.

부모는 자녀의 바람직한 행동을 유도하기 위해 애정 또는 특권 박탈, 논리적 귀결, 귀납적 양육법을 더 자주 사용하게 된다.

3) 근면성발달의 조력자

Erikson에 의하면 학령기는 근면성 대 열등감의 시기이다. 학령기에 들어서면 아동은 자신이 속한 사회에서 필요한 기술을 배우는 데 많은 에너지를 쓴다. 아동은 주변 세계에 대한 지식을 습득할 뿐만 아니라 신체활동, 근육발달, 기술을 확장시켜 나간다. 아동이 세련된 기술과 역량을 발휘하여 과제를 성공적으로 수행하고, 부모, 또래, 교사로부터 인정을 받으면 근면성이 발달한다. 그러나 실패와 불인정이 반복되면 열등감을 얻게 된다. 부모는 자녀가 다양한 활동경험에서 성공할 기회를 제공해 줄 필요가 있다.

4) 긍정적 자아개념 형성의 조력자

긍정적 자아개념 형성과정에는 부모, 교사, 또래 등 주변의 중요한 사람들의 반응이 매우 중요하다. 특히 아동행동에 대한 부모의 반응은 아동의 긍정적 자아개념 형성에 영향을 미치는 주요한 요인이다. 부모가 자녀의 높은 학업 성취를 강조하거나 부모의 기대에 미치지 못하는 성적을 비난한다면 자녀는 학업에 대한 내적 동기를 잃을 뿐만 아니라 부정적인 자아개념을 형성할 수 있다. 아동이 실패한 일에도 그 노력을 인정해 주는 등 격려를 해 주는 것이 바람직하다.

성취나 성공의 경험을 많이 할수록 긍정적 자아개념 형성에 도움이 되기 때문에 부모는 아동의 재능이나 흥미를 파악하여 적절한 활동이나 과제를 제시해 주고 성취할 수 있도록 배려해 주어야 한다. 아동이 혼자 해결하기 어려운 과제를 시도할 경우에는 적절한 도움을 주어 성취를 경험할 수 있도록 지원해 주어야 한다.

5) 또래관계 돕기

학령기 아동에게 또래는 행동기준과 모델로서의 역할을 한다. 또래들의 문화가 아동에게 사회적 압력으로 작용하면서 사회성 및 성격발달에 영향을 미친다. 따라서 부모들은 자녀의 친구들에 대해서 세심하게 살피고 또래와 관계 맺기를 지지해 주어야 한다. 또한 아동에게 또래는 부모, 교사와 함께 중요한 타인으로서 아동의 자아존중감 형성에 영향을 미친다.

이 시기에 또래를 통해 충분한 사회적 지원을 받지 못하면 자아존중감 형성에 부정적 영향을 받게 되며, 소외감 또는 고립감을 느끼게 된다. 부모는 자녀가 또래와 잘 어울리지 못하거나, 또래와의 관계에 어려움이 있다면 원인을 찾아 적절히 지원해 주어야 한다. 또래관계가 원만하지 못한 아동에게는 또래와 협동하기, 또래 도와 주기, 또래와 소통하기 위한 언어기술, 분노조절방법 등을 알려 준다. 효과적인 의사소통기술을 가르치고, 다른 사람의 관점을 이해할 수 있는 능력을 길러 주어야 한다.

6) 학교생활 적응 돕기

학령기 아동에게는 학교생활에 잘 적응하는 것도 중요한 과제이다. 특히 초등학교 저학년 시기에는 숙제나 준비물 등 학교에서 요구하는 사항들을 스스로 수행하기 어렵기 때문에 부모의 지도와 지원이 필요하다. 학교와 교사에 대한 부모의 태도는 학교에 대한 아동의 태도에 영향을 미친다. 즉, 부모가 학교와 교사에 긍정적인 태도를 가지고 협력적이면 아동도 학교와 교사에 대해 긍정적인 태도를 지니게 되고 학교생활에 충실하게 된다. 부모가 학교와 교사에 부정적인 생각이나 거부적인 태도를 보이면 자녀가 학교에서 어려움을 겪게 될 때 적응하기 더욱 힘들게 된다.

학업성취에 대한 기대는 아동의 능력에 맞게 설정되어야 한다. 아동의 학업성취에 대한 기대가 아동의 능력에 비해 높으면 아동은 학업을 거부하거나 좌절을 경험하게 된다. 부모는 자녀가 학습동기를 가지도록 도와 주고, 수준에 맞는 과제를 할 수 있도록 지원해 주는 것이 좋다. 그리고 스스로 공부하는 습관을 길러 주고, 자녀의 기질과 성격에 맞는 학습방법을 습득하도록 도와 주어야 한다. 다양한 경험을 통해 세상에 대한 이해와 바른 인성을 형성하고 인권에 대한 중요성을 인식하도록 지도해야 한다.

CHAPTER 04

Galinsky의 부모기의 6단계

인간은 태어나서 영아기, 유아기, 아동기, 청년기, 성인기, 노인기라는 단계를 거치며, 발달해가는 과정에서 단계마다 완수해야 할 발달과업이 있다. 그리고 발달단계마다 가족 내의 역할과 사회적 역할이 달라진다. 이와 마찬가지로 부모도 임신을 하는 순간부터 자녀를 출가시킬 때까지 부모로서 수행해야 할 역할과 과업이 있으며, 가족관계의 변화를 경험하게 된다.

Galinsky(1987)는 자녀가 성장해감에 따라 부모도 변화하는지, 부모가 변화한다면 어떤 단계를 거치는지 탐색하고자 했다. 그는 다양한 유형의 부모를 대상으로 연구를 하였다. 즉, 동거부모, 이혼부모, 한부모, 계부모, 양부모와 후견인, 십대부모와 나이 많은 부모, 첫아이부모, 대가족 속의 부모, 영재아의 부모, 장애아부모를 연구대상으로 삼았다. 또한 부모의 사회경제적 지위와 인종적 · 지리적 · 종교적 배경을 고려하여 태아에서 18세까지의 자녀를 둔 부모 228명을 면접하여 부모기 6단계를 도출해 내었다. 여기서 단계란 부모가 부모로서 자신의 중요한 심리적 과업이나 해결해야 할 문제에 정신적 · 지적 에너지를 집중시키는 시기를 의미한다.

Galinsky가 제시한 6단계 부모기는 이미지형성단계, 자녀양육단계, 부모로서의 권위형성단계, 설명하는 단계, 상호의존단계, 자녀를 떠나보내는 단계로 구성되어 있다(Galinsky, 1987; 이연섭 · 강문희, 1999).

1 제1단계: 이미지 형성하기(임신기간)

이미지를 형성하는 단계(the image-making stage)는 임신기간에 해당된다. 임신기간 동안 예비부모는 출산과 부모기에 대한 자신의 이미지를 형성하고 수정해가는 과정을 겪게 된다. 부모로서의 이미지는 태아와의 관계뿐만 아니라 부부관계, 자신의 부모와의 관계 그리고 주변의 중요한 사람들과의 관계를 상상하며 형성된다.

이 시기의 부부는 예비부모로서 자신의 어린 시절 부모를 기억해 내고, 부모와의 경험을 되돌아보고, 성장과정에서 보아왔던 주위 사람들의 부모를 떠올리면서 자신이 어떤 부모가 되고 싶은지에 대해 생각한다. 그리고 부모로서의 자신의 이미지를 형성해 나간다.

예비부모가 이미지를 형성하는 데 영향을 미치는 요인 중 하나는 문화적 배경이다. 문화적인 영향은 텔레비전의 광고나 드라마 등을 통해 받게 된다. 엄마가 아기를 평온하게 안고 있는 광고나 부모가 지혜롭게 자녀와 문제를 해결하는 드라마 내용 등은 예비부모에게 영향을 준다.

제 1단계는 다시 임신의 수용단계, 부모기의 준비단계 및 출산준비의 하위단계로 나뉜다.

1) 임신의 수용(임신 후 첫 3개월)

예비부모는 임신을 하게 되면 기쁨과 걱정이 교차하는 상반되고 불안정한 느낌을 가질 수 있다. 이때 예비부모로서의 이미지는 변화하며 계속 재형성된다.

- 임신 이후 이미지 형성단계의 첫 과업은 임신 그 자체를 수용하는 것이다.
- 예비부모가 형성한 이미지는 임신 이후 3개월 동안에도 계속 재형성된다.
- 초기의 이미지는 부모기 형성의 기초가 된다.

2) 부모기의 준비(임신 4~6개월)

태아에 대한 이미지를 구체적으로 형성한다. 임신한 어머니는 아기와 자신을 동일시하게 된다. 하지만 이 시기에 느껴지는 부드러운 태동으로 인해 분리를 생각하기 시작한다. 태동을 느끼면서 아기와의 정서적인 분리와 신체적인 분리를 수용하게 된다.

태동으로 아기에 대한 느낌을 형성한다. 태동으로 아기의 존재를 느끼기도 하고 진찰 시 태아의 심장 고동소리를 들으며 임신에 관한 의미를 가지게 된다. 아기에 대한 사랑스런 느낌 이외에도 기형아 출산이나 유산에 대한 두려움을 가지기도 한다.

이 시기에 또 다른 이미지 형성은 배우자와의 관계 변화에 대하여 대비하는 일이다. 임신과 출산 후의 부부관계 변화에 대하여 준비를 해야 한다. 배우자의 미래의 역할에 대해서도 이미지를 형성하게 되고, 부부가 아이의 양육에 대한 이미지가 다를 때는 부부 갈등이 생길 수 있으므로 양육에 대한 의견을 나눌 필요가 있다.

3) 출산 준비(임신 후 7~9개월)

출산을 기다리는 동안에는 기쁨, 슬픔, 이해, 기대, 조용함, 우울, 흥분 등 여러 가지 감정에 사로잡힐 수 있다. 분만에 대한 걱정과 난산이나 통증에 대한 두려움과 공포를 가질 수 있다.

임신말기가 되면 구체적 이미지가 형성된다. 즉, 자신은 가장 훌륭한 부모가 될 것이며, 가장 예쁜 아기를 갖게 될 것이라는 확신을 가지게 된다. 때로는 아기에게 어떤 사고가 날 것 같아 걱정을 하기도 하며 행복감에 젖기도 하고 우울해지기도 한다.

2 제2단계: 양육하기(출생~생후 2년)

양육하는 단계(the nurturing stage)는 아기의 출산에서 영아기까지 해당한다. 부모는 출산 후 분만의 고통과 공포에서 벗어나면, 아기의 이미지에 대해 생각하게 된다. 임신 중에 상상하던 아기와 현실에서 만나게 된 아기를 비교하면서, 아기에 대한 이미지를 형성하고 수용하게 된다.

아기의 출생으로 인해 새로운 가족관계를 형성하게 된다. 아기로 인해 부부관계, 조부모나 형제관계, 친척이나 친지와의 관계 등 새로워진 가족관계에 대해 적응해야 한다. 부부는 아기를 중심으로 새로운 부모역할을 분담하거나 협력하는 체계에 순응해 나가야 한다.

1) 출산: 상상과 실제와의 조정

출산은 내어난 아기와 애착을 형성하는 과성의 한 부분이다. 출산 후 첫 대면한 아기를 보고 상상의 아기와 현실의 아기를 조화시키게 된다. 부모로서 새로운 역할을 받아들이고 출산으로 인한 가족 내 역할의 불균형을 바로잡아 자아감의 균형을 이루어야 하는 과업을 맞는다.

엄마와 아기의 첫 만남을 연구한 Klaus와 Kennel(1976)은 부모가 갓 태어난 아기를 알아가는 의례적 방식이 있음을 발견했다. 부모는 제일 먼저 아기의 손과 발을 살펴보고 다음에는 아기의 등을 뒤로 돌려 뒤쪽을 보았다. 아기의 눈을 중요하게 생각하여 눈을 응시하면서 아기가 눈을 감고 있으면 가볍게 흔들어 깨워 쳐다보도록 하였다. Klaus와 Kennel은 출산 후 아기와 첫 대면의 순간을 '황홀감의 절정'이라고 표현했다. 이때가 부모와 자녀 사이에 최초의 유대감을 형성할 수 있는 최상의 민감기이다.

출산에 참여한 아버지와 참여하지 않은 아버지 간에는 애착형성에서 차이가 난다. 출생 후 병원 입원으로 장기 격리된 아기들은 애착결핍현상으로 '성장장애'라는 병을 앓게 된다(Klaus & Kennel, 1976).

2) 애착 감정 다루기

부모의 첫 번째 임무는 태어난 아기가 자신의 아기라는 것을 인정하고 아기와 새로운 관계를 형성하는 것이다. 산후간호인이나 조부모의 도움으로 인하여 아기랑 함께 하는 시간이 부족한 경우 자기 아기라고 인정하는 데 시간이 걸린다.

또 다른 당면 과제는 '아기를 잘 돌볼 수 있을까?'하는 것이다. 좋은 부모가 되고자 하지만 양육기술의 부족으로 자신감이 부족하다.

애착형성 과정에서 중요한 요소는 아기가 부모인 자신과 닮았거나 닮지 않았다고 느끼는 것이다. 아기가 자신과 닮았다고 느낄 때 애착형성이 더 잘 된다.

어머니는 아기와 애착을 형성함에 따라 자신의 자아가 변하고 있음을 알게 된다. 자아위축, 자아상실 등 자신에 관한 것은 모두 뒤로 밀려나고, 아기로 인하여 어머니의 생활이 완전히 바뀌고 생활리듬이 깨진 것을 알게 된다. 자아감의 변화와 외모 변화 그리고 심한 마음의 동요와 변화로 산후우울증에 빠져 위기를 겪게 된다. 산후우울증은 여러 가지 원인에서 기인된다. 호르몬의 변화, 수면부족, 가족생활양식의 변화, 부모 자신에 대한 자아감 변화 등에서 올 수 있으며, 출산에 대한 비현실적인 이미지나 아기에 대한 비현실적인 이미지, 부모역할에 대한 비현실적 이미지를 가졌을 때도 우울증이 올 수 있다.

남편은 아내가 너무 바쁘고 아기에게만 신경을 쓰기 때문에 불만과 질투를 느끼기도 한다. 아기의 출생은 조부모, 형제, 친척, 친지간의 관계를 변화시키기도 한다.

3) 양육단계의 재정립

양육하는 단계의 부모기는 '얼마만큼 주고받아야만 하는가'의 문제로 요약된다. 즉, 부모 자신과 자녀의 행동과 심리적 단서를 파악하는 데 있어서 시행착오를 거듭해 가는 과정이다. 자녀가 변함에 따라 부모도 변해야 한다.

부모와 자녀 사이는 언제나 분리와 결속관계가 존재한다. 아기를 독립적인 아기로 키우려다 한편으로는 어린 아기로 남아있기를 바라기도 한다. 분리-결속관계라는 특징을 갖는 부모-자녀관계는 걸음마 시기에 현저히 나타난다.

양육하는 단계의 부모는 자녀와의 관계 이외에도 또 다른 여러 가지 인간관계에 직면하는데, 특히 아기와 조부모와의 관계는 확장·재정립해 나가야 할 필요가 있다. 조부모와의 관계는 간단하지 않을 뿐 아니라 조부모의 영향은 여러 가지로 크다.

부모는 부부로서 자신들의 관계 형성을 잘 유지해야 할 뿐 아니라 아기를 가족으로 받아들이는 일을 해나가야 한다. 아기 출생 후 부부관계가 나빠져 이혼하는 경우도 발생한다. 조부모와의 관계, 친구와의 관계가 부부에게 영향을 미치기도 한다. 맞벌이부부는 아기와 함께 하는 시간이 부족하여 죄책감을 가지기도 한다.

부모가 되고 자식을 양육하는 일은 다른 직업과는 달라 연습이 없이 갑자기 부모로서의 역할을 수행해야 하며, 지속적 변화와 기술이 요구된다. 그러나 부모가 되는 것은 커다란 기쁨과 만족을 가져다 주며, 다른 한 인간을 완전히 돌보며 그 성장을 지켜보고 새로운 견지에서 자기 자신을 쳐다볼 수 있게 되며, 이러한 과정을 통해서 인생에 대해 더 잘 이해하게 된다.

3 제3단계: 권위를 형성하기(2세~5세)

자녀가 유아기에 접어들게 되면 부모는 자녀에 대해 권위를 형성하는 단계(the authority stage)가 된다. 부모는 자녀의 욕구를 적절히 조절하면서 들어 주어야 하고, 규칙을 정해서 한계가 있다는 것을 가르쳐야 하며, 자녀의 공격적인 행동에 대해서는 통제도 가해야 한다. 부모는 새로운 차원의 책임감을 인식하고, 유아를 능가할 수 있는 권위를 가져야 한다. 이 과정에서 부모는 자녀와 정서적 분리를 느끼기도 한다. 그리고 자녀가 자신의 연장이 아니라 독립된 개체라는 것을 이해하기 시작한다.

1) 권위의 발달

자녀는 보행, 언어획득, 배변훈련, 이유식 하기, 혼자 먹기, 동생 출생, 유아교육기관 입학 등 많은 발달과업을 성취하게 된다. 이런 발달과업 완수 과정에서 부모의 양육방식, 즉 의사소통방식은 자녀에게 영향을 주며 자녀의 반응도 부모에게 영향을 준다.

대부분의 부모는 자녀를 위해 훌륭한 부모가 될 것이라는 기대를 안고 부모기에 임하게 되지만, 실제 생활에서 자신이 기대했던 부모상은 착각 또는 환상의 이미지였음을 발견한다.

Galinsky는 다음과 같은 일들을 깨닫는다고 하였다.

① 부모는 화를 내면 안 된다는 이미지는 허상이다.
② 부모는 무조건 자녀를 사랑해야 한다는 것은 고정관념이다.
③ 자신의 부모와는 다르다는 생각은 착각이다.
④ 어린이는 항상 착하다는 이미지는 환상에 불과하다.
⑤ 우리 아이는 항상 변하지 않고 그 상태에 있을 것이라는 생각은 착각이다.

부모는 자녀를 위해 한계를 설정하고 그것을 강화해야 할 필요를 느끼면서 한편으로는 자녀에게 자유를 주어 주도성을 키워 줘야 한다는 양면성 속에서 혼돈을 느낀다.

이 시기 유아들은 매우 정확한 센서를 가지고 부모가 자신들에 대한 통제에 얼마나 확고한 신념을 가지고 있는지 판단하며 부모를 시험한다. 자녀와 어떻게 의사소통할 것인지, 정해둔 통제를 어떻게 강화할 것인지, 자녀가 둘 이상일 때 자녀들 간의 갈등을 어떻게 다루어야 하는지 등 여러 과제가 이 시기 부모들의 과업이다. 이에 권위를 형성하는 것은 계속되는 실수와 그것을 수정해 나가는 과정에서 확립된다.

부모의 권위를 형성하기 위해서는 ① 자녀를 이해하는 기술, ② 친자 간의 힘겨루기를 피하는 기술, ③ 자녀의 변화에 따라 변화할 줄 아는 기술이 필요하다.

2) 거리감 두기

이 시기의 부모의 과제는 부모－자녀 간의 일체감에서 벗어나 자녀와 거리를 두는 일이다. 부모－자녀 간의 일체감으로 인해 자녀의 행동이 바람직하지 않을 때 부모는 자신의 잘못으로 생각하고 죄책감을 가지게 된다.

부모는 자기 자신을 위한 시간과 자녀를 위한 시간을 어떻게 조정해야 하는지의 문제에 직면한다. 즉, 동화책을 읽어줄 것인지 혹은 잡지를 읽을 것인지 또는 직장생활을 할 것인지의 여부를 결정해야 한다.

이 시기에는 완벽한 부모가 되겠다는 이미지를 재평가하게 된다. 부모는 불완전한 인간으로서 자기 자신을 받아들이고 더 이상 자녀가 자신의 한 부분으로서 연장이 아니라는 것을 깨닫게 된다.

3) 성역할과 성정체감 다루기

부모는 자녀의 성역할발달에 대해 이해해야 한다. 자녀의 성장과 함께 부모는 생명과 성의 기원에 대한 자녀의 직 · 간접적인 질문과 행동에 대답하고 대처해야 하는 과업에 직면한다.

4 제4단계: 설명해 주기(6세~초등학교 시기)

자녀가 초등학교를 다니기 시작하면 부모는 설명하는 단계(the interpretive stage)를 맞이한다. 어린 시절 상상의 세계로부터 현실의 세계로 자녀를 이끌어 주는 단계이다. 이 단계에서 부모는 자녀가 겪게 될 현실의 문제나 과업을 알려 주고 세상에 대해 설명해 주면서 자녀가 차츰 독립하여 생활하도록 지도하게 된다.

부모는 자녀의 초등학교 입학을 계기로 자녀의 발달양상을 평가하게 되고, 자신이 상상하던 부모로서의 이미지가 잘 실현되었는지를 스스로 평가하게 된다. 그리고 앞으로 자녀의 전인적 발달을 위해서 어떤 부모가 되어야 하는지에 대해 새로운 결심과 각오를 하게 된다.

1) 자녀에게 부모를 설명하기

부모로서의 역할을 다시 생각해 보면서 자녀들에게 주고 싶고, 남기고 싶은 자신들의 이미지를 다시 생각하게 된다. 이 시기의 부모가 직면한 과업은 가정문제나 어떤 주제에 대해서 자녀들과 얼마나 함께 나눌지에 대해 결정하는 것이다.

2) 자녀에게 자녀 모습 설명하기

부모들은 자녀들에 대한 많은 이미지를 가지고 있다. 부모는 자신이 가지고 있는 이미지를 근거로 자녀를 평가한다. 많은 부모는 첫아이와 남아에 대한 기대가 크다. 그리고 다른 자녀와 비교한다. 주요 타인의 평가로 자녀의 자아존중감이 형성되므로 부모가 자녀를 어떻게 설명하는지는 매우 중요하다. 자녀를 하나의 독립된 인격체로 인정하는 것은 부모기의 계속되는 과정으로 주요한 과업이다. 자녀를 하나의 인격체로 수용하는 것은 부모와 자녀 사이의 거리를 인정하고, 부모가 가지고 있는 자녀에 대한 이미지와 실제 자녀 모습 간의 타협이다.

3) 분리와 결속

설명하는 단계에서 부모는 자녀와 새로운 관계를 형성하게 된다. 새로운 관계의 핵심은 자녀를 심리사회적으로 독립시키는 것과 자녀와 평등한 관계를 맺어가는 것이다. 자녀는 더욱 독립적으로 되어 친구와 더 많은 시간을 보내며 자신의 흥미를 발견하고 부모와 분리된 영역을 개척해 나간다. 그러나 자녀와 분리감이 증가함과 동시에 새로운 결속이 생겨 부모는 이전과 다른 방식으로 자녀와 가까워짐을 느낀다.

4) 자녀에게 세계에 대해 설명하기

부모는 자녀를 대할 때 항상 다음 단계로 발달하게 될 자녀의 성장을 어떻게 도와 줄지에 대해 생각하고 준비해야 한다. 부모는 자신들이 바라는 삶의 방식과 부모가 제공할 수 있는 삶의 양식을 결정하여 설명해야 한다. 그리고 자녀에게 통제의 기준을 설명해야 한다. 승인할 수 있는 자녀의 행동과 승인할 수 없는 자녀의 행동에 대해 설명해 주어야 한다. 자녀의 주변 세계에서 일어나고 있는 사실들을 설명하고 기술을 전달해야 한다. 물론 자녀의 말이나 자녀의 세계에 대한 것도 들을 줄도 알아야 한다.

가족 내에서 일어나는 모든 상황은 가치의 문제와 관련이 있다. 부모는 자녀에게 어떤 도덕, 가치, 믿음을 전달할지 결정해야 한다. 부모는 자녀의 질문이나 관심에 대해 반응하면서, 부모 자신의 가치관에 대해서 반성해본다. 부모는 자신의 삶의 철학을 기초로 세상의 불확실성과 혼란을 경험하고 이러한 내용을 자녀에게 설명한다. 이런 과정을 통해 부모는 끊임없이 변화하고 성장한다.

5) 개입정도에 대해 결정하기

부모는 자녀와 지나치게 동일시하지 않도록 주의해야 한다. 개입이 너무 부족해도 곤란하지만 지나친 개입도 삼가야 한다. 가장 적절한 개입의 정도를 결정해야 하는 것이 부모의 역할이다.

부모 자신만을 위한 시간도 누릴 수 있어야 한다. 부모가 다른 성인과 긍정적인 관계를 형성하고 유지하는 것은 부모역할을 지지받으며, 부모의 능력을 신장시킬 수 있다. 때로는 부모 자신의 일을 가지는 것이 좋다.

5 제5단계: 상호의존하기(십대의 시기)

상호의존하는 단계는 자녀의 사춘기인 십대 시기 동안이다. 이 시기에는 자녀에 대한 통제와 허용에 대한 새로운 기준을 만들 필요가 있다. 부모는 거의 성인이 된 자녀와 함께 새로운 관계를 형성하게 된다.

1) 새로운 권위형성단계

부모는 자녀의 사춘기에 대해 예상은 하고 있지만, 막상 자녀의 급속한 성장과 변화를 경험하면 예상한 시기보다 너무 빠르고 예상치 못했던 모습으로 다가왔다고 느끼고 놀라게 된다. 그러면서 자녀의 어린 시절 이미지는 기억 속에 남겨두고, 사춘기 자녀에 대한 새로운 이미지를 형성해야 한다.

십대들의 주변에는 위험한 일이 사방에 도사리고 있음에도 불구하고 부모의 통제력은 약화되어 간다. 십대 자녀들의 문제에 대처하기 위해서 부모는 자신의 기준을 명확히 해야 한다. 자신에 대한 이해가 충분하고 자신의 기준이 무엇인지가 명확해야 문제 상황에서 자신의 입장을 분명하게 취할 수 있다. 십대 자녀와 원만한 관계를 유지하기 위해서 부모는 많이 변화해야만 한다. 십대 자녀와 긍정적인 관계를 유지하고 발전시키는 데 가장 중요한 것은 자녀와의 대화이다. 부모는 자녀와의 원만한 대화를 위해서 대화기술을 습득할 필요가 있다.

6 제6단계: 떠나보내기

떠나보내기단계는 자녀가 결혼하거나 독립해 집을 떠나는 시기이다. 이 시기의 특징은 평가이다. 부모는 자녀가 언제 얼마나 멀리 떠날 것인지에 대한 이미지를 평가한다. 부모가 기대한 만큼 부모와 성장한 자녀와의 관계가 형성되었는지도 평가한다. 그리고 부모로서의 전반적인 성공과 실패에 대해서도 평가한다.

자녀가 성인기에 접어들면 부모는 자녀와 친구 같은 상호의존적인 관계를 새로이 형성한다. 그러나 자녀가 성숙해지면 자연스럽게 그들을 떠나보내야 하는 것이 부모의 운명이다.

부모는 자녀를 출산하여 성장시키는 전 과정 동안 부모역할에 대한 이미지와 실제 사이의 갈등을 해결하면서 끊임없이 성장한다. 어떤 부모는 자녀에 대한 책임 때문에 성장하지 못하는 경우도 있지만, 대부분의 부모는 자녀의 성장과 함께 자신도 변화하며 성장한다.

표 4-1 Galinsky의 부모기 6단계와 각 단계에 따른 역할

구분	단계	부모역할
1	이미지 형성단계	• 임신기간 동안 대이날 자녀를 중심으로 부모 자신의 이미지를 형성하고 수정해가는 과업을 수행 • 앞으로 얼마나 많은 변화가 일어날 것인지에 대해 탐구하고 조사하는 시기 • 임신의 수용, 부모가 될 준비, 출산의 준비
2	양육단계	• 출생에서부터 약 18개월 또는 만 2세가 될 때까지의 단계 • 출산, 자녀, 부모로서의 자신 등에 대해 이미 형성되어 있는 이미지와 자신의 실제 경험을 비교해 나가며 출산, 애착형성, 양육 등의 역할을 수행 • 새로운 역할을 받아들이는 동시에 출산으로 인한 가족 내의 불균형을 바로잡고 자신의 정체감이 균형을 이루도록 노력해야 함
3	권위형성 단계	• 자녀의 나이가 만 2세경부터 만 4, 5세까지일 때의 단계 • 자녀에게 한계를 설정하고 강화하기도 하며 자율과 책임의 양면성 사이에서 부모로서의 권위를 형성하는 과업을 수행 • 부모는 자녀와 분리된 느낌을 가지게 되며, 자녀가 정말로 자신의 연장이 아니라는 것을 이해하기 시작함 • 성역할과 성정체감에 대해 다루어야 함
4	설명단계	• 만 5세에서 초등학교 시기까지의 자녀를 둔 부모의 시기 • 부모는 여러 가지 현실을 설명하고 연결해 주는 역할을 하게 됨 • 분리와 결속, 걱정과 기대를 중심으로 자신들의 지나온 부모기를 평가하고, 새로운 단계에 대비하게 되는 등 이 과정을 통하여 부모는 변화를 겪게 됨
5	상호의존 단계	• 자녀의 십대 시기 동안 계속되는 단계 • 성인이 되어 가며 행동과 감정이 급격히 변화하는 자녀에게서 느끼는 놀라움 또는 충격을 중심으로 새로운 관계를 수립하기 위해 다른 의미의 권위를 형성해야 함 • 자녀의 정체감을 수용하여 자녀와 새로운 결속을 형성함으로써 다음 세대를 살아갈 자녀를 독립된 인격체로 인정해야 함
6	떠나보내는 단계	• 자녀의 청년기에 해당되며, 자녀가 집을 떠나는 시기 • 부모기의 모든 경험을 평가하고 자녀의 떠남에 대해 준비하며, 수용하고 적응해야 함 • 떠나보내는 자신의 이미지에 적응해 나가고, 성인이 된 자녀의 부모로서 자신을 재정의함 • 한 자녀의 부모로서의 전반적인 성취와 실패를 평가하게 됨

출처: 이기숙 외(2002).

CHAPTER 05

다양한 가족유형과 부모역할

현대 사회에서 가족의 구조와 기능은 복잡하고 빠르게 변화하고 있다. 빠르고 급격한 도시화와 산업화 등은 여성의 사회참여를 증가시키고, 가족의 이동과 별거를 초래했다. 자연재해, 산업재해, 각종 사고 등은 가족 해체를 가져왔다. 그리고 세계가 하나의 생활권으로 통합되는 세계화는 인구이동을 촉진하고, 이 또한 가족의 구조와 형태에 영향을 미치고 있다.

가족은 사회 변화에 따라 다양한 형태를 보인다. 부모와 자녀로 구성되어 있는 핵가족뿐만 아니라 한부모가족, 혼합가족, 맞벌이가족, 입양가족, 다문화가족, 조손가족 등 다양한 가족들이 있다. 이렇게 다양한 가족유형을 '결손가족'으로 받아들이는 것은 잘못된 인식이다. 사회가 변화하고 다양화되면서 가족유형도 다양화되었다고 봐야 한다. 가족유형에 따라 부모가 맞는 위기가 다르고, 부모역할이 달라진다. 각 가족유형마다 가족의 현황과 어려움 그리고 부모역할과 부모역할을 위한 지원방안에 대해 살펴보고자 한다.

1 한부모가족의 부모역할

한부모가족은 아버지나 어머니 중 한 사람이 단독으로 부모의 역할을 수행하는 가족을 말한다. 한부모가족은 아버지나 어머니 중 한 사람이 사별, 이혼, 배우자로부터 유기, 미혼자의 자녀 출산 등으로 발생하며, 부모 중 한 사람만이 18세 미만의 아동인 자녀를 양육하는 가족을 의미한다.

표 5-1 전국 한부모가족 현황

(단위: 1,000가구, %)

연 도	총가구수	한부모가구		
		계	모자가구	부자가구
2005	15,887	1,370(8.6)	1,083	287
2010	17,339	1,594(9.2)	1,247	347
2011	17,687	1,639(9.3)	1,278	361
2012	17,951	1,677(9.3)	1,304	373
2013	18,206	1,714(9.4)	1,329	385
2014	18,457	1,749(9.4)	1,352	397
2015	18,705	1,783(9.5)	1,374	409
2016	18,948	1,816(9.6)	1,395	421

출처: 여성가족부(2018).

우리나라 한부모가족 현황을 보면 2005년 이후 계속 증가하고 있는 추세이며, 2016년 한부모가족은 1,816,000가구인데 이 중 모자가구가 약 77%, 부자가구는 23%를 차지하고 있다.

표 5-2 한부모가족 형성 요인별 현황

(단위: 1,000가구, %)

연 도	총 가구수	한부모가구					한부모 가구 비율
		사별	이혼	미혼	유배우	계	
2000	14,312	502(44.7)	246(21.9)	123(10.9)	253(22.5)	1,124(100)	7.9
2005	15,887	501(36.6)	399(29.1)	142(10.4)	328(23.9)	1,370(100)	8.6
2010	17,339	474(29.7)	523(32.8)	185(11.6)	413(25.9)	1,594(100)	9.2

출처: 여성가족부(2018).

표 5-2에서 한부모가족 형성 요인을 보면, 한부모가 된 원인이 2000년에는 사별(44.7%), 유배우(22.5%), 이혼(21.9%), 미혼(10.9%) 순으로 나타났으나, 2010년에는 이혼(32.8%), 사별(29.7%), 유배우(25.9%), 미혼(11.6%) 순으로 나타났다. 이혼으로 인한 한부모가족 비율이 계속 증가하는 추세이며, 2010년에는 사별보다 이혼으로 인한 한부모가족 비중이 높아졌다.

1) 한부모가족이 겪는 어려움

한부모가족이 겪는 어려움 중 가장 큰 어려움은 경제적인 어려움이다. 그리고 배우자와의 이별로 인한 절망, 외로움, 분노와 같은 정서적 문제가 있다. 부부 둘이서 하던 부모역할을 혼자서 해야 하는 스트레스 또한 크다.

(1) 경제적 어려움

한부모가족의 가장 큰 어려움은 경제적 어려움이다. 특히 저소득층에서 그리고 부자가족보다 모자가족에서 경제적인 문제는 더 심각하다. 전업주부는 한부모가 된 이후 경제적인 어려움에 직면하게 되고, 취업을 할 경우에 대부분 저임금에 미숙련된 일에 종사하게 되어 생활이 어렵다(Collins & Coltrane, 1991).

한부모가족의 경제적인 어려움은 자녀에게도 직접적으로 영향을 미친다(Amato, 1993). 경제적인 어려움은 자녀의 행동, 학업성취, 심리적 적응, 자아존중감, 사회적 관계와 관련이 있다. 경제적 어려움으로 장시간 노동을 해야 하는 한부모는 자녀와 함께 할 시간이 부족하게 되고, 자녀의 식사와 건강을 잘 돌보지 못하고, 사회적 관계망 형성에도 불리하다.

경제적 어려움은 한부모의 심리적 불안정을 초래하고, 이는 부모역할을 어렵게 만든다. 한부모가족의 자녀는 이미 한 쪽 부모의 상실로 심리적으로 상처를 입었을 수 있는데, 한부모가 부모역할을 제대로 하지 못할 경우 적응이 어렵다(오은순, 1997; Amato, 1993). 경제적 안정이 보장된다면 한부모가족이 자녀에게 미칠 수 있는 부정적인 영향은 감소한다.

(2) 역할과중

부부가 함께 부모역할을 하다가 한부모가족이 된 어머니 혹은 아버지는 그들이 이전에 수행했던 어머니 또는 아버지의 역할 이외에 다른 한편의 부모역할까지 수행해야 하기 때문에 긴장과 부담을 경험하게 된다.

한부모가족은 경제적인 책임을 혼자 져야 하며, 가사노동과 자녀양육도 혼자 동시에 감당해야 한다. 저소득층 한부모가족의 부모는 노동시간이 길고, 노동 강도가 강한 직업에 종사하므로 과로와 만성피로에 시달린다. 그래서 자녀양육에 할애할 에너지가 부족하고, 자녀에게 충분한 애정표현과 훈육을 하지 못하게 된다. 한부모가족의 자녀는 부모와 가사를 분담하고, 어린 형제를 돌보기도 한다.

(3) 정서적 문제

한부모가족이 된 부모는 우울과 분노, 상실감, 죄의식을 느끼게 된다. 이혼으로 한부모가족이 된 부모는 배우자에 대한 배신과 증오 등으로 힘들어 한다. 부모의 심리적 불안정과 정서적 어려움은 자녀에게도 영향을 미친다.

부모의 이혼은 부모 간의 싸움과 갈등, 비동거부모와의 만남 감소, 가족의 이사, 전학, 친구와의 관계 단절 등 다양한 사건들과 관련이 되어 자녀에게 크고 지속적인 스트레스를 주게 된다. 이로 인해 이혼가정의 자녀는 불안, 우울, 분노, 위축된 행동, 공격적이고 폭력적인 행동 등 학교생활이나 대인관계에서 부적응 또는 문제행동을 나타낸다(진선례 · 이숙, 2012).

(4) 사회적 관계망의 축소

한부모가족이 되면 사회적 관계망이 축소된다. 배우자의 상실은 배우자와 관련된 사회적 관계망의 상실을 초래한다. 부자가족보다 모자가족의 경우가 더 심할 수 있다. 우리 사회는 아직도 남자중심으로 사회적 관계망이 강하게 형성되어 있기 때문이다. 특히 이혼으로 생성된 한부모가족은 의도적으로 전 배우자와 함께 형성했던 사회적 관계망을 회피하게 된다. 한부모가족이 되면 사회활동에 참여하거나 대인관계를 형성하는 과정에서 주변사람들의 부정적인 인식을 경험하는 경우가 많아 사회적 관계망을 형성하는 데 소극적으로 행동하게 된다. 사회적 관계망이 축소되면 사회적 지원의 양도 감소하게 된다.

2) 한부모가족의 부모-자녀관계

한부모가족의 부모는 역할긴장과 다양한 스트레스로 인해 자녀양육태도가 비일관적이고 통제적이며 애정표현을 덜 하는 경향이 있다(Hetherington, Cox & Cox, 1982). 이혼으로 형성된 한부모가족의 부모는 자아존중감이 낮고, 우울한 정서를 가진다. 이로 인해 자녀양육에 어려움을 가진다(Simons, Whitebeck, Melby, & Wu, 1994). 한부모가족의 부모가 자녀에게 적절한 관심을 가지고 지도를 할 때 자녀는 잘 적응하였다. 즉, 취침시간, TV 시청시간, 숙제 점검 등 부모가 자녀를 적절히 통제할 때 자녀들이 잘 적응하였다(Guidubaldi, Perry, & Nastasi, 1987).

이혼 전 부모의 갈등 정도에 따라 부모의 이혼 후 자녀의 적응 정도가 달라진다. 자녀의 적응은 부모의 이혼 자체보다도 부모의 갈등에 노출되어 받는 스트레스에 더 영향을 받는다(Hetherington & Clingempel, 1992). 이혼가족 부모에게 이혼 적응 프로그램이나 부모양육행동 프로그램을 실시한 경우 자녀의 정신건강과 학업성취에 긍정적인 효과가 있었다(Haine et al., 2003).

한부모가족에 대한 자녀들의 적응을 보면 남아가 여아보다 한부모의 부재에 대해 더 힘들어 한다. 이유는 남아들이 스트레스에 대해 더 취약하고, 갈등이 생기면 행동으로 표현을 하고, 여아보다 남아에 대해 어머니가 더 심하게 통제를 하려는 경향이 있기 때문이다. 한부모가족 중 이혼의 경우, 어머니가 양육권을 가지는 경우가 많기 때문에 남아는 어머니와 생활하면서 아버지의 성역할을 모델링할 수가 없다. 또한 어머니는 남아에 대한 이해 부족으로 양육의 어려움을 겪는다.

여아의 경우에는 부모의 이혼의 영향이 잠재되어 있다가 성장해서 결혼 생활을 할 때 드러나며, 불안정한 결혼생활을 하는 경우가 있다(Glenn & Kramer, 1987).

부모의 이혼은 자녀 연령에 따라 다르게 영향을 미친다. 물론 유아기 자녀에게 영향을 더 많이 미친다. 유아는 부모의 이혼에 혼란스러워하며 자신의 잘못으로 부모가 헤어졌다고 생각하는 경향이 있다. 그리고 자신이 버림을 받거나 다른 곳에 보내질까 봐 두려워한다. 학령기 초기 아동은 부모의 이혼에 슬픔, 두려움, 상실감 등의 정서를 나타내며 유아처럼 버림을 받았다거나 자신 때문에 부모가 이혼했다고 생각하지는 않는다. 학령기 후기 아동은 부모의 이혼에 대해 이해를 하는 편이며, 부모의 이혼에 대해 책임감을 느끼지는 않으나, 부모의 행동에 대해 분노하고 창피해 하는 경향이 있다.

3) 한부모가족을 위한 지원 방안

한부모가족 중 모자가족은 경제적인 어려움을 더 많이 겪고, 부자가족은 자녀 돌봄과 가사노동에서 힘들어 한다. 저소득층 한부모가족의 부모는 장시간 저임금 노동에 스트레스를 받고, 혼자 감당해야 하는 가정생활에 지쳐 자녀양육에 소홀할 수도 있다. 부모의 삶이 윤택해져야 자녀양육에 신경을 쓰게 되고, 자녀가 행복해질 수 있다.

우선 저소득층 한부모가족의 경제적 여건이 나아지도록 지원을 해 주어야 한다. 지속적으로 직업훈련을 제공하고, 실직을 한다면 실직 기간 중 생활비, 교육비 지원과 취업상담 및 취업알선 등의 지원이 필요하다.

또한 혼자서 부모역할을 해야 하므로 자녀 돌봄에 대한 지원이 이루어져야 한다. 다양한 방과 후 프로그램이 제공되면 부모의 늦은 퇴근으로 인한 걱정을 덜 수 있고, 자녀들의 스트레스 대처에도 도움이 된다. 그리고 한부모 특성을 고려한 아버지교실 또는 어머니교실 등 부모역할을 제대로 할 수 있도록 도와 주는 부모교육 프로그램이 제공되어야 한다.

2 재구성가족의 부모역할

재구성가족은 한쪽 배우자의 재혼으로 형성되는 가족을 의미하며 재혼가족이라고도 한다. 재구성가족 가운데 어느 쪽이든 이전 결혼에서 얻은 자녀가 한명 이상 있는 경우를 계부모가족(step family)이라 한다.

계부모가족은 한부모가족과는 다른 어려움을 가지고 있다. 한부모가족이 경제적 어려움과 부모역할과 가사노동 등을 혼자 감당해야 하는 어려움이 있다면, 계부모가족은 새로운 가족구성원 간의 소통이나 적응이라는 문제를 가지고 있다.

1) 재구성가족의 특성

재구성가족은 사별로 인해 형성된 재구성가족과 이혼으로 형성된 재구성가족으로 구분할 수 있다. 최근에는 점차 사별보다는 이혼으로 인한 재구성가족이 증가하는 추세이다. 나이 어린 자녀를 둔 계부모가족은 특히 사별보다 이혼으로 형성된 경우가 많기 때문에 대부분의 재구성가족은 이혼으로 형성된 계부모가족에 초점을 맞추고 연구되고 있다. 재구성가족은 이전 결혼에서 파생되는 정신적인 문제와 취약한 부부관계, 강하게 유대가 형성된 이전 부모-자녀관계 및 애매모호하게 규정된 계부모역할 등의 문제를 안고 있다.

(1) 이전 결혼의 영향

초혼과는 달리 재혼은 부부 가운데 어느 한쪽이나 모두가 결혼을 한 경험을 가지고 있으며, 그러한 경험으로 인해 정신적인 상처나 좌절감,

외로움 등의 문제를 가지고 있는 경우가 많기 때문에 재혼 후 부부관계와 부모-자녀관계에서 어려움을 겪게 된다.

재구성가족에서는 부모-자녀 간의 유대가 새 배우자와의 유대보다 더 오래되었다는 특징이 있어 이로 인해 발생하는 어려움이 있다. 자녀들은 두 가족의 구성원이 되며, 계부모와 자녀 간의 관계는 새로운 가족구성원일 뿐이다. 특히 재구성가족의 아버지나 어머니가 이전 결혼의 자녀와 친밀한 관계를 형성하고 있는 경우 새로운 자녀와 관계 맺기가 쉽지 않다. 자녀들도 기억 속에 친부모가 자리 잡고 있으며 친부모와 살았다면 더 행복할 것이라는 믿음을 가질 수 있다. 부자가족에서 딸은 아버지에게 부인과 같은 역할을 하는 경우가 많으므로, 이 경우 아버지가 재혼하면 딸은 계모를 경쟁자로 인식하는 경우가 많다. 또 계자녀들은 계부모를 자신의 생물학적인 부모에 대한 애정과 관심의 경쟁자로 보고 친밀한 관계 맺기를 거부한다.

(2) 역할의 애매성

이혼하여 자녀를 데리고 재구성가족을 형성하였을 경우 계부모가족이라 하는데, 계부모가족은 이전 결혼관계의 영향으로 누가 어떤 역할과 책임을 수행해야 할지 애매한 경우가 많다. 역할의 애매모호함으로 인해 가족응집성은 낮고, 의사소통이 잘 이루어지지 않으며, 서로 무관심할 수 있다.

(3) 사회적 편견

계부모가족의 경우 계부모에 대한 사회적 편견은 부모역할을 어렵게 만든다. 유아기 때부터 읽는 동화책 중 콩쥐팥쥐, 장화홍련전, 심청전,

신데렐라, 백설공주, 헨젤과 그레텔 등에서 계모는 나쁜 사람으로, 계자녀는 학대받는 불쌍한 아이로 묘사되고 있다. 동서양을 막론하고 계모를 부정적으로 묘사하여 고정관념을 가지도록 하고 있다. 이러한 사회적 편견은 계부역할보다 계모역할을 어렵게 한다.

2) 재구성가족의 부모역할

계부모와 자녀관계는 친부모와 자녀관계보다 소원하며 갈등이 크고, 스트레스가 많은 관계다. 자녀가 친부모와 접촉이 없을 때 계부모는 친부모의 대리자역할을 할 수 있다. 계부모와 자녀는 혈연적 유대도 없고, 서로 다른 역사를 가지고 있기에 원만한 관계 형성이 쉽지 않다.

계부모가 자녀와 원만한 관계를 형성하려면 친부모의 훈육방식을 존중해서 크게 차이나지 않는 훈육을 해야 하며, 지나친 통제를 하지 않아야 한다(Hetherington, 1992). 그리고 계자녀의 기억 속에 있는 친부모의 기억을 인정해 주고, 친부모와의 관계를 유지하도록 하는 것이 좋다. 계부모가 친부모를 대신할 수는 없으며, 계부모와 자녀관계는 서서히 형성되며, 오랜 시간이 지나야 계부모가족이 하나의 가족으로 기능할 수 있다.

재구성가족의 긍정적인 면은 재혼으로 경제적인 상황이 좋아질 수 있으며, 새 배우자와 함께 부모역할을 할 수 있다는 점이다. 그리고 새로운 가족과 관련된 친족들 및 주변 지인들과의 관계 맺기를 통해 사회적 관계망이 넓어지며, 자신감을 회복할 수 있다.

3) 재구성가족의 적응방안

재구성가족이 적응해 나가는 데 어려움을 주는 주요 요인은 사회적 편견이다. 재구성가족이 많이 증가하고 있지만 재구성가족에 대한 시각이 우호적이지 않은 것이 현실이다. 재구성가족을 가족의 한 형태로 자연스럽게 받아들이는 사회의 인식변화가 필요하다.

재구성가족은 가족형성의 역사가 길지 않아 공유한 경험도 부족하고 서로에 대한 이해도 부족하다. 부모의 죽음 또는 이혼, 재혼의 과정을 거친 자녀들이 새로운 가족에 적응하는 것은 쉽지 않다. 같이 살지 않는 친부모에 대한 그리움과 의리 때문에 새 가족과 친밀하게 지내는 것에 대해 죄책감을 느끼기도 한다. 계부모는 자녀의 이러한 정서를 이해하고 인정해 주어야 한다.

재구성가족은 서로 다른 환경에서 살아왔기 때문에 문화적 차이와 교육적 차이가 있을 것이다. 이런 차이를 존중하면서 계부모중심으로 자녀양육에 대한 합의와 새로운 규칙을 만들 필요가 있다. 그리고 가족 간에 갈등이나 혼란이 있을 경우 솔직하게 표현할 수 있도록 해 주어야 한다. 자녀들에게 빠른 적응을 요구하지 말고 천천히 공유하는 경험을 쌓아 가면 좋은 계부모-자녀관계를 형성할 수 있다.

3 맞벌이가족의 부모역할

맞벌이가족은 부부 모두가 직업을 가진 상태로 가정생활을 유지하는 가족형태를 말한다. 기혼여성의 취업률은 여성의 교육수준 향상과 자아실현 욕구의 증가, 자녀수 감소로 인한 자녀양육기간의 단축, 가사노동의 과학화와 사회화, 여성노동력의 수요증가 등 개인적인 이유와 사회적인 이유가 맞물려 증가하고 있다. 우리나라는 2016년 10월 기준으로 배우자가 있는 가구 중 맞벌이가구는 약 553만 가구로, 비율은 44.9%를 차지한다(통계청, 2017).

1) 맞벌이가족의 특징

맞벌이를 하는 기혼여성의 취업 동기는 크게 네 가지로 구분된다. 첫째, 생계유지형이다. 가정의 경제적 어려움 때문에 자발적 혹은 비자발적으로 취업한 경우이다. 둘째, 내조형이다. 생계에 위협을 받지는 않으나 가족의 보다 나은 경제적 여유를 위하여 아내가 취업을 하거나, 남편의 학업이나 출세를 위하여 여성이 생계를 전적으로 담당하는 경우이다. 셋째, 자아실현형이다. 중산층 이상의 고학력 여성들이 자신의 능력을 발휘하면서 사회적으로 인정받고, 평등한 부부관계를 정립하려고 취업하는 경우이다. 넷째, 여가활용형이다. 자신의 취미를 살리고, 여가를 활용하기 위해 직업을 가지고자 하는 경우이다. 우리나라 기혼여성의 취업 동기는 주로 생계유지형 그리고 내조형에 해당된다.

맞벌이가족의 가장 큰 어려움은 자녀양육 문제이다. 특히 어린 자녀를 둔 맞벌이가족은 자녀를 맡아 줄 양육자를 찾는 일이 주요한 일이다. 일반적으로 친정어머니나 시어머니 등의 친인척, 전문적으로 아이를 돌보는 대리양육자, 어린이집 등에 아이를 맡기게 된다. 친정어머니나 시어머니가 자녀를 돌봐주면 안전하고 경제적으로도 부담이 덜 되지만 상황이 여의치 않은 경우가 많다. 국공립보육시설이나 직장어린이집은 매년 증가하고 있으나 부모들의 요구수준에 맞는 질적으로 우수한 보육시설은 부족한 실정이다.

자녀가 초등학생인 경우도 자녀양육의 어려움은 있다. 초등학생도 부모의 보호를 받아야 하는 연령이며, 방과 후 집에서 맞아 줄 사람이 없거나 어린 자녀끼리만 집에 남겨지는 것은 문제이다.

취업모는 자녀와 많은 시간을 함께 보내지 못한다는 것에 대한 죄책감 때문에 부적절한 양육을 할 수도 있다. 예를 들면, 과도한 죄책감으로 자녀의 요구를 무조건 충족시켜 주거나 적절한 통제를 하지 못하는 경우가 많다.

그러나 어머니의 취업이 아동발달에 부정적인 영향을 미친다는 증거는 없다(Hoffman, 1989). Galinsky(1998)의 취업모와 그 자녀를 대상으로 한 연구결과에서 어머니에 대한 자녀들의 태도와 부모-자녀관계에 대한 평가는 어머니의 직장유무와 직무시간과는 무관했다. 오히려 자녀가 중요한 존재로 사랑받고 있다고 느끼는 수준과 자녀의 생활에서 중요한 사건에 어머니가 참여하는 수준이 중요한 요인이었다.

다수의 다른 연구에서도 어머니의 취업여부보다는 어머니의 자기효능감, 사회적 지지, 자녀와의 상호작용 질이 아동발달에 영향을 미친다고 보고하고 있다(Jackson, 2000; Shon, 2012; 신나리 · 안재진, 2014). 또한 취업모에 비해 미취업모가 양육스트레스를 더 받는다는 연구결과도 있다(Lee & Chin, 2103; Yoon, Hwang, & Cho, 2009).

맞벌이가족의 어머니는 다중역할에 시달리고 있다. 직장에서의 역할과 가정에서의 역할까지 이중역할의 부담을 안고 있다. 더욱이 자녀양육 책임까지 어머니가 담당하고 있다. 통계청(2015)의 생활시간 조사에 따르면 맞벌이가족 어머니의 가사노동시간은 2시간 29분으로 맞벌이가족의 아버지의 42분보다 3.5배 많은 것으로 나타났다. 맞벌이가족의 역할 과중과 스트레스는 자녀양육에 부정적인 영향을 미칠 수 있으므로 이에 대한 대책마련이 필요하다.

2) 맞벌이가족의 부모역할

(1) 대리양육자와 보육시설 선택

맞벌이가족은 부모를 대신하여 자녀를 키워줄 대리 양육자나 보육시설이 필요하다. 대리양육자에게 양육을 맡길 경우, 부모와 대리양육자간의 양육의 일관성과 역할분담이 중요하다. 부모는 자녀교육의 신념과 훈육의 기준을 명확히 정립해서 대리양육자와 공유하고, 대리양육자에게 부모와 동등한 수준의 통제권을 부여해야 한다. 대리양육자의 권위를 존중하고, 그러기 위해서는 이들의 잘못을 아이들 보는 앞에서 지적하지 않는 것이 좋다. 부모와 대리양육자의 훈육이 일치하지 않으면 자녀는 가치관 정립이 어려우며, 정서적으로 불안정하게 된다. 그리고 대리양육자의 권위가 손상되면 교육의 효과가 감소된다.

보육시설을 이용하는 경우에는 보육시설을 잘 선택해야 하며 이는 부모의 의무이다. 보육시설을 선택할 때 고려해야 할 사항은 첫째, 교사와 아동의 비율이 적절한지 살펴보아야 한다. 영유아보육법(2012)의 종사자 배치기준(법 제17조 및 시행규칙 제 10조)에 따르면 표 5-3과 같다.

표 5-3 아동 연령에 따른 교사 1인당 아동 수

아동 연령	교사 1인당 아동 수
만 1세 미만	3명
만 1세 이상~ 만 2세 미만	5명
만 2세 이상~ 만 3세 미만	7명
만 3세 이상~ 만 4세 미만	15명
만 4세 이상 미취학유아	20명
취학아동	20명
장애아	3명

둘째, 보육시설 종사자의 자질과 훈련정도를 점검해야 한다. 유치원 교사 자격증이나 보육교사 자격증을 소지하였는지, 보수교육을 정기적으로 받는지, 자녀의 연령에 맞게 보호와 놀이를 제공하는지를 파악해야 한다.

셋째, 보육시설의 환경을 고려해야 한다. 위생, 건강, 영양 등의 문제가 없는지, 연령에 적합한 활동과 교구들이 준비되어 있는지 확인해야 한다.

(2) 아버지의 자녀양육 참여

최근에는 좋은 아버지역할에 대한 관심이 늘어나면서 자녀양육에도 아버지들이 적극 참여하고 있다. 하지만 아버지가 가사와 육아를 '도와주기'가 아닌 '함께 하기'로 여기는 등의 인식 변화가 있어야 한다. 이러한 인식의 변화를 위해서는 우선 제도적인 변화가 필요하다. 스웨덴의 경우 아버지도 가사와 육아에 동참하도록 제도를 설계한 결과 큰 변화가 있었다. 스톡홀름대학 Anita Nyberg 교수는 "스웨덴 정부의 양성평등, 일

-가정 양립 정책이 실제 효과를 보기 시작한 것은 아버지의 의무 육아휴가제도를 도입하고서부터"라고 말했다. "단순히 보육시설을 만들고 재정지원만 했던 초기에는 육아에 따른 비용이 낮아지면서 어머니 쪽의 육아 부담이 계속 늘고 가부장적인 가족구조는 오히려 계속 유지됐다"며 "아버지 쪽의 육아 참여를 제도적으로 의무화한 것이 양성평등이 강화된 원동력"이라고 주장했다(조선일보, 2017.10.09).

우리나라에서도 아버지 육아휴직제도, 아버지 출산휴가제, 아버지 육아휴직 할당제, 육아기 근로시간 단축제 등이 실시되고 있으며, 이로 인해 아버지들의 자녀양육에 대한 인식이 변화하고 육아에 대한 참여가 증가할 것으로 보인다.

(3) 어머니의 역할

Galinsky는 맞벌이부모들이 자녀의 요구를 충족시키기 위해 들이는 시간과 에너지, 중점사항을 의도적 양육(intentional parenting)이라는 용어로 표현했다. 부모들은 자녀와 함께 식사하고, 운동하고, 즐기고, 숙제를 도와주는 데 시간을 투입할 때 자녀양육을 잘하고 있다고 느낀다. 그리고 부모로서 성공적이라고 느끼고 스트레스를 덜 받는다.

맞벌이를 하는 어머니는 자녀와 많은 시간을 함께 지내지 못한다는 죄책감을 가지기도 한다. 하지만 자녀양육 때문에 취업을 포기한 어머니는 우울증의 위험이 있으며, 자녀에 대한 애정과 반응이 부족한 것으로 나타났다(Hock & DeMeis, 1990). 맞벌이하는 여성이 어머니로서 역할 갈등을 느끼거나 어머니의 역할을 다하지 못한다는 자책감은 부모-자녀관계에 부정적인 영향을 미칠 수 있다. 취업모는 자녀와 함께 하는 시간이 부족하다는 미안함 때문에 물질적으로 보상하려는 경향이 있는데, 이는 바람직한 양육태도가 아니다. 자녀의 바른 가치관 형성을 위해서는 짧은 시간일지라도 질적으로 우수한 상호작용을 하는 것이 바람직하다.

3) 맞벌이가족을 위한 지원 방안

(1) 다양한 보육시설의 확충

우리나라 맞벌이가구를 자녀 연령별로 그 비율을 보면, 취학 이전인 6세 이하 자녀를 둔 맞벌이가구 비율은 39.7%로 가장 낮고, 초·중학생 연령의 자녀를 둔 맞벌이가구 비율은 절반을 넘어 7~12세가 52.7%, 13~17세가 58.3%로 나타나고 있다(통계청, 2017). 이 자료를 근거로 어린 자녀를 둔 여성은 육아 문제로 직장생활이 어려운 것으로 추정된다.

대다수의 맞벌이가족은 조부모에게 영유아 자녀양육을 위탁한다. 맞벌이가정 1000곳을 대상으로 설문조사한 결과, 맞벌이가정 90.2%가 조부모에게 자녀양육을 맡겨 본 적이 있다고 답했다. 조부모에게 영유아 손자녀를 맡기는 이유는 '남에게 맡기는 것이 불안하다', '직장생활을 계속하기 위해서' 등이 주된 이유였다. 이외에도 '주변에 어린이집이나 유치원이 없거나 기관 이용시간이나 비용 등의 문제'로 조부모에게 양육을 위탁했다(조선일보, 2017.03.31).

만 2세 미만의 자녀를 둔 취업 여성의 약 40%는 조부모, 10%는 친지나 파출부, 약 20%는 어린이집, 놀이방을 이용하여 자녀 보육문제를 해결하고 있다. 자녀가 만 3~5세가 되면 조부모에게 맡기는 비율이 줄고, 유치원, 어린이집, 학원에 자녀를 맡기는 비율이 80%로 증가하였다(신희숙, 2008).

하지만 조부모에게 자녀를 맡기는 것이 자녀의 정서적 안정이나 경제적인 면에서 도움이 되기는 하나, 우리나라 50세 과반수 이상은 황혼육아를 원하지 않는 것으로 나타났다(EKNEWS, 2015). 조부모도 그들의 인생을 누려야 할 권리가 있기 때문에 육아문제를 떠맡기는 것은 무리가 있다.

맞벌이가족의 육아문제는 질 좋은 보육시설 확충으로 해결해야 한다. 우선 0~2세 영아를 위한 보육시설의 확충이 필요하다. 시간제 · 휴일 보육, 24시간 보육, 방과 후 보육, 특수아를 위한 보육시설, 직장 보육시설의 지속적인 확충이 필요하다.

(2) 맞벌이가족을 위한 정책적 제도 마련

맞벌이가족을 위한 제도 중 하나가 육아휴직제이다. 육아휴직제는 산전 · 산후 휴가기간이 비교적 짧은 것을 보완하여 만든 제도이며, 유급육아휴직제는 소득의 일부가 고용보험에서 지급되는 제도이다. 이 제도는 2000년 남녀고용평등법의 개정으로 남녀 구분 없이 모든 근로자가 이용할 수 있으며, 생후 1년 미만의 자녀가 있는 경우 산전후 휴가 90일을 제외하고 최장 10.5개월의 육아휴직을 사용할 수 있고, 고용보험기금을 통해 정액의 육아휴직급여를 받을 수 있다.

남녀고용평등법 개정안이 시행된 2008년 7월부터 배우자 출산휴가제와 시간제 육아휴직제도가 처음으로 도입되었다. 법률명도 남녀고용평등법에서 남녀고용평등과 일 · 가정 양립지원에 관한 법률로 변경되었다.

남녀고용평등법이 개정됨에 따라 남성 근로자에게도 3일 간의 출산휴가를 부여하는 '배우자 출산휴가제도'가 새로 도입되어 출산을 앞둔 아내가 있는 배우자는 회사의 눈치를 보지 않고 휴가를 낼 수 있게 되었다. 이 제도는 출산이 남녀 공동책임이라는 사회적 인식을 확산시키기 위해 마련된 것으로 아내가 출산한 지 30일 이내에 신청하면, 누구나 3일의 출산 휴가를 받을 수 있게 되었다.

또한 근로자의 편의에 따라 육아휴직을 다양하게 활용할 수 있게 되었다. 먼저 육아휴직이 가능한 자녀의 연령이 확대되었다. 기존에는 1세 미만의 자녀에 대해서만 육아휴직을 허용했기 때문에 자녀가 1세가 되면 육아휴직기간이 자동으로 끝났는데, 제도가 바뀌어서 만 8세 이하 또는 초등학교 2학년 이하 자녀를 양육하기 위해 육아휴직을 신청할 수 있다. 맞벌이부부의 경우 아빠와 엄마가 교대로 육아휴직을 사용하면 같은 자녀에 대해 최대 2년까지 사용할 수 있게 된다.

전일제 육아휴직만 사용할 경우 휴직으로 인해 여성 근로자의 경력이 단절되고 월 소득이 줄어드는 문제가 있었으며, 더욱이 동료의 업무 가중이나 기업의 대체인력 비용 등의 부작용이 생겼다. 이런 부작용을 줄이고 육아로 인한 근로자들의 노동시장 이탈을 방지할 수 있는 다른 대안으로 육아기 근로시간단축제가 있다. 근로시간단축제는 2008년 7월부터 시행된 것으로, 6세 이하 취학 전 자녀를 가진 근로자가 근로시간을 단축해서 일할 수 있는 제도이며 12개월을 신청할 수 있다. 시간단축제 근무는 주 15~30시간(일 평균 4~6시간)을 선택해서 일을 할 수 있는 근무형태이며 육아휴직과 병행할 수 있다.

남성의 육아휴식은 빠른 속도로 늘고 있다. 2016년 기준 육아휴직 중인 남성은 7616명으로 전년보다 56.3%가 늘었다. 다만 전체적인 육아휴직 사용률로 보면 0~5세 자녀를 둔 아빠의 1%만이 육아휴직에 들어간 것으로 나타나 엄마의 사용률(42.9%)과 큰 격차를 보였다(매일경제 2017.12.15).

유연근무제도는 근로자가 일하는 시간과 장소를 유연하게 사용할 수 있는 제도다. 주5일 전일제 근무에 얽매이지 않고 다양한 방식으로 근무할 수 있다. 근로자의 편의에 따라 근무시간과 장소를 유연하게 사용할 수 있기 때문에 자녀를 양육하는 맞벌이가족에게 도움이 되는 제도이다.

2012년부터 실시된 무상보육은 만 0~2세 영아에 대해 보육시설 이용 시 부모의 소득에 관계없이 보육료를 전액 지원하는 제도이다. 그러나 무상보육제도가 시행되면서 곳곳에서 예상치 못한 부작용이 발생하고 있다. 불필요한 수요를 부추겨 정작 시설보육이 필요한 가정은 시설을 이용하지 못하고, 지방자치단체는 예산이 바닥나 보육비 지원을 중단해야 할 상황에 처해 있다(동아일보, 2012.09.13). 2016년도에는 보건복지부가 예산감축을 위해 맞춤형 보육제도를 시행하겠다고 했다.

맞벌이가족에게 도움이 되는 다양한 정책 마련을 위해 직장과 정부가 노력하고 있고, 이에 가족이 협조한다면 맞벌이가족의 부모역할 수행이 효율적으로 될 것이다.

4 다문화가족의 부모역할

다문화가족이란 다른 민족 또는 다른 문화적 배경을 가진 사람들이 포함된 가족을 말한다. 즉, 국제결혼을 통해서 다른 민족이나 외국인을 만나 결혼하여 구성된 가족이다.

다문화가족이라는 용어는 한국인 남성과 결혼한 이주여성가족, 한국인 여성과 결혼한 이주남성가족 그리고 이주민가족(이주노동자, 북한이탈주민, 유학생) 등을 포함한다.

다문화가족과 관련된 연구를 바탕으로 다문화가족의 범주를 크게 세 집단으로 구분할 수 있다(서혁, 2007; 하승민 외, 2006).

첫째, 국제결혼가족이다. 한국인 남성과 외국인 여성 간의 결혼과 한국인 여성과 외국인 남성의 결혼으로 이루어진 가족이다. 국제결혼 건수는 2008년 이후 매년 조금씩 감소하고 있다. 통계청(2016) 자료에 의하면 2016년 국제결혼은 총 결혼 281,635건 중 7.7%에 해당하는 21,709건이었고, 그중 한국인 남성과 외국인 여성의 결혼이 14,255건(65.7%), 외국인 남성과 한국인 여성의 결혼이 4,207건(19.4%), 귀화자 3,247건(15.0%) 순이었다(통계청, 2017).

둘째, 이주노동자가족이다. 이주노동자가족은 이주노동자인 남성과 여성이 결혼하여 이루어진 가족, 외국인 남성과 여성이 그들의 나라에서 결혼한 후 한국에 이주한 가족, 이주노동자로서 결혼하지 않고 단독 또는 동료와 함께 생활하는 가족이 포함된다.

셋째, 새터민가족이다. 탈북자 출신의 남성과 여성의 결합으로 이루어진 가족이 한국에 입국한 경우와 탈북자 출신의 남성 또는 여성이 한국에 입국한 후 한국의 여성 또는 남성과 결혼해서 이룬 가족이다.

1) 다문화가족의 특성

국제결혼으로 형성된 다문화가족은 사회문화적 차이, 의사소통의 어려움, 가족 간 갈등, 차별대우 등 적응상의 어려움이 많다. 이는 가정폭력으로 연결되기도 하고, 이혼으로 이어지기도 한다. 국제결혼의 이혼은 10,631건으로 전체 이혼건수의 9.9%에 해당한다. 우리나라의 다문화가족은 역사가 그리 오래되지 않아서 대부분 어린 자녀를 둔 가족이 많다. 다문화가족의 어려움을 살펴보면 다음과 같다.

(1) 다문화가족의 부모

첫째, 언어적 어려움이 있다. 한국어가 능숙하지 못한 경우 가족 간에 소통이 원활하게 이루어지지 않는다. 의사소통이 어려우면 가족과 대화를 기피하게 되고, 부부 간에 갈등이 생겨도 해결이 어려워 결국 결혼생활을 어렵게 만든다. 한국어가 서툰 어머니는 자녀에게 한국어를 교육시키기도 어렵다.

둘째, 문화적인 갈등이다. 국제결혼 중 다수가 사랑으로 맺어진 결혼이라기보다 서로 간의 애정, 신뢰, 준비가 없이 이루어진 결혼이다. 서로를 알지 못하는 가운데 결혼이 성사되어 다문화가족이 된 경우 문화적인 갈등이 생기기 마련이다. 이주여성은 한국어와 한국문화를 습득하지 못한 상태에서 결혼생활을 시작하고, 가족 및 친지와 의사소통이 원활하지 않아 서로의 문화를 이해하지 못하고, 이로 인해 스트레스를 많이 받는다. 이러한 상황에서 자녀를 양육하는 일은 더욱 어려울 수 있다.

셋째, 경제적으로 어려움이 있다. 보건복지부의 2006년 국제결혼이민여성 실태조사에 따르면 18세 미만의 자녀가 있는 여성결혼이민자 가구의 경우 절대 빈곤율은 57.5%인 것으로 나타났다. 여성결혼이민자 가구의 52.9%가 최저생계비 이하의 가구소득을 갖고 있는 것으로 나타났다. 절대빈곤 하에 있는 여성결혼이민자가구 비율이 절반을 넘어섰음에도 불구하고 생계비를 지원받는 가구는 10.2%에 머물고 있다(보건복지가족부, 2006). 이 자료를 통해 여성결혼이민자들이 많은 경제적 어려움을 겪고 있다는 것을 알 수 있다.

넷째, 사회적 편견이다. 많은 사람들이 언론을 통해 피상적으로 알게 된 내용을 근거로 여성결혼이민자들은 후진국 여성이며 학력도 낮을 것이고, 경제적인 문제로 결혼을 했을 것이라는 선입견을 가지고 있다. 여성결혼이민자들은 배우자의 가족과 친지로부터도 차별을 받으며, 상점이나 음식점, 직장, 학교, 보육시설, 공공기관 등에서도 무시와 차별을 경험한다고 보고되고 있다(우복남, 2016). 이러한 편견과 차별은 여성결혼이민자뿐만 아니라 가족과 자녀들도 힘들게 한다.

다섯째, 가정폭력과 인권침해 또한 여성결혼이민자들이 겪는 어려움 중의 하나이다. 한국의 문화를 이해하지 못하고 적응이 어려운 외국인 아내에게 한국식 생활방식과 문화를 강요하며 학대하는 남편이 많다. 가정폭력과 불화는 이혼으로 연결되며, 이는 여성결혼이민자들의 체류 자격의 문제로 확대되기도 한다. 배우자의 비협조로 국적이나 영주권을 취득하지 못한 결혼이민자들은 가정폭력 피해를 입더라도 배우자가 신원보증을 철회해 불법체류 상태로 전락할 우려 때문에 참고 지내는 경우가 많다(연합뉴스, 2014).

(2) 다문화가족의 자녀

첫째, 정체성 형성의 어려움이 있다. 다문화가족의 자녀들은 부모의 서로 다른 문화와 가치관 사이에서 혼란을 겪을 수 있다. 또한 다른 친구들과는 달리 아버지 나라, 어머니 나라가 다르다는 점에서 혼돈을 겪게 된다. 또래로부터 놀림을 받거나 학교에서 차별을 받게 되면 긍정적인 자아존중감을 형성할 수 없게 된다.

둘째, 다문화가족의 자녀는 한국어 습득에 어려움이 있다. 언어습득기에 한국어를 잘 하지 못하는 어머니와 함께 생활하면서 한국어 습득이 지연되기도 한다. 오성배(2005)의 연구에 의하면 다문화가족 자녀의 언어능력은 연령에 비해 낮으며, 일상적인 의사소통에는 큰 문제가 없으나 독해와 어휘력, 쓰기, 작문 능력이 부족한 것으로 나타났다. 언어발달 지연은 학교 부적응과 학습능력 부진으로 연결되기도 하고, 또래로부터 따돌림을 당하는 이유가 되기도 한다.

셋째, 다문화가족의 자녀는 교육의 기회가 다른 가족에 비해 적은 편이다. 다문화가족의 유아교육기관(어린이집, 유치원) 이용비율(27.5%)은 우리나라 6세 이하 미취학 유아들의 유아교육기관 이용비율(56.8%)에 비하면 현저히 낮다. 한국어를 능숙하게 하지 못하는 어머니가 자녀를 양육하다 보니 자녀들의 언어발달이 늦고, 따라서 취학시기를 늦추는 경우도 있다(오성배, 2005). 2012년 통계청이 지방자치단체 외국인 주민현황 자료를 분석한 결과, 지속적으로 증가추세인 다문화가족 자녀들은 상급학교로 갈수록 진학률이 떨어졌다. 이는 경제적인 이유보다도 편견과 차별로 인한 학교생활 부적응 탓으로 보인다(박혜영 외, 2013).

2) 다문화가족의 부모역할

다문화가족은 부모 자신이 문화적인 적응, 의사소통의 문제, 사회적 편견, 경제적인 어려움 등의 문제를 안고 있기 때문에 자녀양육에도 어려움을 가지게 된다. 어머니가 외국인인 경우 아버지의 역할이 매우 중요하다. 아버지가 가사와 양육에 적극적인 다문화가족의 자녀는 그렇지 않은 가족의 자녀보다 훨씬 적응을 잘하고 언어발달도 빠르다.

다문화가족은 부모가 다른 문화와 가치관을 가지고 있기 때문에 자녀 교육에서도 부모가 서로 의견이 다를 수 있다. 부모의 일치되지 않은 교육관은 자녀에게 혼란을 줄 수 있다. 자녀의 정체감 형성에도 부정적으로 영향을 미칠 수 있다.

다문화가족 중 어머니가 한글에 능숙하지 못하여 발음이나 어휘가 부정확하면 이에 영향을 받은 자녀의 언어발달이 미숙하기도 하며, 자녀에게 무능력한 어머니로 인식되기도 한다. 이렇게 되면 어머니로서 권위형성이 어려우며, 자녀양육에 어려움을 겪게 된다.

외국인 부모는 의사소통의 문제, 사회적 차별 등의 핸디캡으로 대인관계의 어려움과 소극적인 관계망을 가지게 된다. 이는 자녀에게도 영향을 미치게 되는데, 자녀들은 또래와 관계 맺기가 어렵고, 낯선 상황에서는 매우 소극적인 모습을 보이기도 한다. 한국어가 서툰 어머니와 많은 시간을 보내는 영유아들은 언어발달이 지체되기 쉽다. 다문화가족의 자녀가 어린이집이나 유치원에 처음 갔을 때 위축되는 원인은 외모의 차이보다도 서툰 언어 능력 때문이다. 그래서 대부분의 아이들이 입을 닫아 버리는 경우가 많다. 다문화가족의 부모는 본인에 대한 차별과 자녀가 어린이집이나 유치원에서 받는 차별로 인해 스트레스를 많이 받는다.

3) 다문화가족의 부모역할을 위한 지원방안

앞에서 설명한 바와 같이 다문화가족의 부모는 자녀양육에 어려움이 많다. 부모역할의 어려움은 자녀의 정서발달과 사회성발달에 부정적인 영향을 미칠 수 있다. 이는 이후 학교부적응, 학업성취도 저하, 심리적 위축, 나아가 대를 이은 빈곤 문제를 낳을 수 있다.

정부는 다문화가족을 지원하기 위해 2010년~2012년까지 제1차 다문화가족 지원정책 기본계획을 실시하였고, 2013년~2017년까지 2차 다문화가족정책 기본계획을 실시하였다. 관련 주요 사업은 다음과 같다.

첫째, 다문화가족의 구성원들 간에 상대방의 문화 및 제도에 대한 이해를 높이고 존중하는 평등한 가족 문화를 구축하도록 하는 것이다. 즉, 국제결혼 안내 프로그램을 강화하고, 다양한 나라와 문화교류를 확대하기 위해 아리랑TV에 외국어 프로그램 편성을 확대하고, 케이블 다문화 방송을 추진할 계획이다. 또한 도서관, 박물관, 미술관을 활용하여 문화 다양성 프로그램을 활성화할 계획이다.

둘째, 다문화가족 자녀의 성장과 발달지원을 위해 다문화가족 자녀의 한국어교육 및 이중 언어의 교육을 확대하며, 결혼이민자에게 '찾아가는 부모교육서비스'를 지원할 계획이다.

셋째, 안정적인 가족생활 기반구축을 위해서 국제결혼사증심사를 강화하고, 대상자별 특성에 따른 맞춤지원을 위해 다문화가족지원센터에 '다문화가족코디네이터'를 양성·지원할 계획이다. 또한 가족해체 예방을 위한 가족교육을 강화하고, 맞벌이하는 다문화가족의 자녀 돌봄서비스를 우선적으로 지원할 예정이다.

넷째, 결혼이민자의 사회경제적 진출 확대를 위해서는 결혼이민자를 채용하는 사회적 기업에 최저임금 수준의 인건비 및 보험료를 지원하고, 사회서비스 일자리 발굴 및 시간제 일자리를 적극 마련할 계획이다.

다섯째, 다문화가족에 대한 편견 및 차별을 없애기 위해 인종·문화 등 차별에 대한 법과 제도를 개선하고 문화다양성을 위한 정책 및 법령을 마련한다.

여섯째, 다문화가족지원센터의 장기발전방안을 마련하고 이주노동자 가족, 유학생가족 등 합법적으로 체류하고 있는 외국인가족에 대해 가족상담, 자녀발달지원을 확대한다.

5 입양가족의 부모역할

입양은 혈연관계가 없는 사람들이 부모-자녀관계를 맺는 것을 말한다. 입양은 임신·출산을 통해 부모가 되지 못하는 사람에게 부모가 될 수 있는 기회를 제공한다. 그리고 자녀를 키울 수 없는 부모와 친부모에게서 자랄 수 없는 아이를 위한 해결방안이 될 수 있다.

최근에는 결혼 평균연령이 높아지면서 불임률 또한 증가하고 있다. 가장 오래된 불임의 해결책이 입양이다. 하지만 우리나라는 혈통을 중시했던 유교 사회의 분위기로 인해 국내입양은 많지 않았다. 그 때문에 한때 고아수출 1위국이라는 오명도 있었다. 입양에 대한 의식을 변화시키자는 사회전반적인 분위기도 있고, 2007년도부터 국외 입양쿼터제를 도입해 국외 입양아동 수를 인위적으로 해마다 10%씩 줄이려는 정책도 마련하였다.

보건복지부 통계에 의하면 2013년 입양된 아이는 922명(국내 686명, 국외 236명)으로 2012년 1880명에 비해 51% 감소했다. 입양이 줄어든 것은 부모가 양육을 포기하거나 유기한 아동의 숫자가 2012년 6926명에서 2013년 6020명으로 906명 감소한 것이 첫째 이유이다. 특히 미혼모나 미혼부가 아이를 직접 키우는 비율이 증가하였기 때문이다. 입양아동의 90% 이상이 미혼모(부)의 자녀인 점을 고려할 때 미혼모(부)가 직접 아동을 양육하는 경향이 늘어나는 것이 입양 규모에 영향을 미치고 있는 것으로 추정된다. 두 번째 이유는 아동학대 등 범죄나 약물중독 경력이 있는 자를 배제시키는 등 양부모 요건이 강화되었다. 그리고 가정법원 허가제가 도입되어 예비양부모가 직접 법원에서 조사를 받게 되면서 종전의 비공개, 비공식입양이 어려워졌기 때문이다.

1) 입양가족의 특징

입양은 혈연관계가 없는 타인의 자녀를 법적인 절차를 통해 자신의 자녀로 입적하여 부모-자녀관계를 형성하고, 부모로서의 권리와 책임을 지는 것을 의미한다.

우리 사회는 혈연관계를 중요하게 생각하는 유교문화의 영향으로 과거에는 혈연관계가 있는 가족 내 입양을 많이 했었다. 즉, 가계계승과 가산의 상속을 위해 자식이 꼭 있어야 한다는 유교의 가치관 때문에 혈족 중심의 가족 내 입양이 이루어졌다. 그러나 최근에는 저출산과 자신의 자녀를 다른 친지의 자녀로 입양하는 것에 대한 거부반응으로 가족 내 입양은 없어지고, 혈연관계가 없는 가족 외 입양이 이루어지고 있다.

혈연관계가 아닌 가족 외 입양은 부모-자녀관계를 해소하는 파양을 쉽게 선택할 수 있다는 문제가 있다. 양부모가 친부모로부터 자녀에 대한 권리와 의무를 이양받았다 하더라도 절대 고정적인 것이 아니다. 입양제도에는 파양이라는 대안이 있고, 파양하여 부모의 권리와 의무를 포기할 수 있다. 하지만 부모-자녀 간 문제가 발생하여 양부모가 파양을 선택할 경우 입양아는 엄청난 정신적 충격을 받는 것으로 알려져 있다.

우리 사회에는 입양부모에 대한 사회적 편견이 존재하고 있다. 이러한 편견으로 인해 부모-자녀 간에 흔히 있을 수 있는 갈등도 친부모-자녀관계가 아니라는 이유로 갈등이 발생한 것으로 왜곡해서 보는 경향이 있다. 이러한 사회적 편견과 혈연을 중시하는 가치관 때문에 우리나라는 외국과는 달리 비공개입양 비율이 높다. 그리고 입양자녀를 양자로 입적하지 않고 친자로 입적하는 경우가 대부분이다. 입양되는 아이의 연령을 보면 3개월 미만 영아의 비율이 95%를 넘는다. 이러한 현상은 입양을 숨기고 친생자처럼 양육하려는 의도가 반영된 것으로 보인다.

2) 입양가족의 부모역할

입양과 관련된 연구를 보면 입양아가 시설이나 위탁기관에서 사라는 아이들보다 적응을 잘하며, 양육 의사가 없는 친부모에 의해 양육된 아이보다 입양아가 적응을 더 잘하는 것으로 나타났다(정옥분 · 정순화, 2008 재인용). 아동의 자아존중감, 애착 등 사회성발달에서는 입양아와 비입양아 간의 차이는 그다지 없다.

입양가족이 경험하는 부모역할과 자녀양육문제를 정옥분 · 정순화(2008)가 정리한 내용을 중심으로 살펴보면 다음과 같다.

첫째, 입양 동기는 양부모-자녀관계에 영향을 미친다. 이타심에 의한 입양은 그다지 문제가 없지만, 대부분의 입양은 불임으로 인해 이루어진다. 입양부모는 불임으로 수년간 고통을 받았거나, 불임치료로 수년간 병원에 다니면서 보조생식의 방법을 시도하였거나, 입양에 대한 불확실성으로 고민하였던 경험을 가지고 있다. 이런 경험으로 형성된 자신감 부족은 양부모-자녀관계 형성을 어렵게 한다.

둘째, 양부모와 자녀 간의 애착형성이 어렵다. 입양아들은 친부모로부터 버림받은 공통적인 특성을 가지고 있고, 이러한 사실은 이후 입양부모와의 애착관계 형성에 부정적인 영향을 미칠 수 있다. 입양을 의뢰하는 친부모는 배우사 사망이나 빈곤 등의 이유로 자녀를 양육하기 힘든 경우이거나 미혼부모가 대부분이다. 친부모는 자녀와 애착 형성을 제대로 하지 못하고 자녀를 입양 보내게 된다. 입양 자체가 문제가 되기보다는 생애 초기의 애착형성 실패가 입양 후 애착 형성에 영향을 미치게 된다.

셋째, 양부모가 가지는 과잉기대가 관계 형성을 어렵게 한다. 대부분의 양부모는 빠른 시일 내에 입양아가 자신의 가정에 적응하기를 바란다.

그러나 입양아는 이전 가정에서 경험한 분리불안으로 인해 새로운 관계 맺기가 쉽지 않다. 양부모가 성급하게 동화되기를 바란다면 아이에게 스트레스가 될 수 있다.

넷째, 입양 후 양부모의 온정적이고 수용적인 양육태도와 개방적인 의사소통은 입양자녀의 적응을 돕는다. 그리고 양부모가 젊고 고소득, 고학력일 경우 입양자녀의 적응이 수월하다.

다섯째, 입양자녀의 연령과 성별에 따라서도 적응수준은 달라진다. 입양아의 연령이 증가할수록 입양 후의 적응에 어려움을 보인다. 또한 성별로도 남아가 여아에 비해 적응에서 보다 많은 문제를 보인다.

여섯째, 입양자녀가 위탁시설에 체류한 기간도 적응에 영향을 미친다. 가족으로부터 분리된 정서적인 충격의 경험뿐 아니라 위탁가정에서 분리경험을 또 하게 되고, 입양되기까지 겪었던 거부와 학대나 양육환경의 많은 변화 등의 경험도 입양 이후의 부모-자녀관계 형성에 영향을 미칠 수 있다.

일곱째, 입양아와 친부모와 관계, 즉 근원가족과의 경험이 입양 이후 적응에 영향을 미칠 수 있다. 폭력가정이었거나 출생 전 친부모의 스트레스 수준, 영양상태, 약물복용, 흡연, 음주 등의 요인이 입양아의 적응에 영향을 미칠 수 있다.

3) 입양가족의 부모역할을 위한 지원

한국에서 입양은 대부분 비공개로 이루어진다. 부부가 아이를 입양할 경우 직계가족 이외 다른 사람들에게는 비밀로 하며, 입양하는 아이가 영유아일 경우에는 아이에게도 입양된 사실을 알리지 않는다. 한국에서 비공개입양을 선호하는 이유는 다음과 같다.

첫째, 양부모들은 입양아들이 자라며 겪게 될 수 있는 편견과 차별에 대해 걱정한다. 둘째, 한국 사회에는 불임부부에 대한 부정적 편견이 있다. 셋째, 한국에서는 다름에 대해 인색하다. 한국 사회에서는 흔하지 않는 입양에 대해 사회인식이 부정적이고, 굳이 공개입양을 해 관심거리가 되길 원하지 않는다.

그런데 비공개입양의 경우 비밀 유지가 최우선 조건이어서 부모의 자산, 직업 등에 대한 확인 검증과 심사가 상대적으로 허술할 수밖에 없고 입양 절차의 신뢰성이 확보되지 않는다는 우려가 있다.

입양부모를 위한 사회적 지원에서 우선 고려해야 할 점은 공개입양을 위한 제도적 지원이다. 최근 입양에 대한 사회적 인식이 변화하고 공개입양에 대한 사회적 공감이 형성되면서 점차 공개입양의 비율이 증가하고 있기는 하다.

둘째, 입양절차와 입양이후에 대한 체계적인 관리가 이루어져야 한다. 우리나라는 입양의 법적인 조건을 규정하고 있다. 입양부모의 연령은 입양아와 나이 차이가 60세 미만이여야 하며, 독신으로 입양하고 싶다면 나이 차이가 만 35세가 넘어야 가능하다. 아이를 양육할 수 있는 경제적 여건이 충분해야 하고, 가정이 화목하며 정신적으로나 신체적으로 장애가 없어야 한다. 정신과 진료나 성폭력과 아동학대의 전력이 있다면 입양이 안 된다. 입양의 동기도 건전해야 한다.

셋째, 입양에 대한 사회적 인식이 변화되어야 한다. 최근에는 공개입양의 비율도 증가하고 있고, 이타적인 동기로 입양을 하는 경우도 증가하고 있다. 하지만 입양에 대한 인식이 좀 더 긍정적으로 변화해야만 한다.

입양 후 성공적인 부모-자녀관계를 형성하기 위해서 양부모가 해야 할 일을 다음과 같이 정리할 수 있다. 첫째, 자녀의 입양사실에 대해 개방적인 태도를 가지도록 한다. 입양사실을 숨기는 것 자체로 자녀에게 출생의 비밀을 만들어 주는 것이 된다. 자녀가 성장과정에서 우연히 입양사실을 알게 되면 혼란에 빠질 수 있다. 자녀에게 이른 시기에 입양사실을 알려 주고, 자녀도 입양에 대해 자유롭게 감정을 표현하도록 도와 준다.

둘째, 출생에 대해 알고자 하는 자녀의 욕구를 인정해 주어야 한다. 자신의 부모를 찾고자 하는 욕구를 존중해 주고 지지해 주는 것이 중요하다. 2017년 입양특례법 개정안에 해외입양에 한해서 아이를 입양보낸 친생부모와 입양인의 형제자매가 입양인과 관련된 입양정보 공개를 청구할 수 있도록 하는 '입양정보공개청구권'을 신설하고자 하였다. 이는 뿌리를 찾고자 하는 입양아의 권리를 존중하는 내용이다.

셋째, 자녀가 이전 부모나 보호자로부터의 분리나 상실의 문제를 해결할 수 있도록 도와 주어야 하며, 양부모와 애정관계를 형성하는 것이 친부모를 배신하는 것이 아님을 이해시켜야 한다.

넷째, 부모의 애정적이고 수용적인 양육태도는 자녀의 적응력을 높여준다. 양부모는 자녀에게 애정표현을 적절히 하고, 자녀의 활동에 적극 참여하여 부모-자녀관계 형성에 노력해야 한다.

PART III

부모 – 자녀관계 향상을 위한 이론

자녀는 태어나면서부터 부모와 상호작용을 하며 그 과정을 통해 세상을 알아간다. 부모가 자녀의 주장이나 요구에 어떻게 반응하느냐에 따라 자녀의 발달은 다른 양상으로 나타날 수 있다. 때문에 부모는 자녀의 성장과 발달에 중요한 책임을 가지고 있다. 부모의 자질을 향상시키고, 부모와 자녀 간의 관계를 돈독하게 할 수 있는 방법들에 대해 많은 연구가 이루어졌으며, 부모교육 이론들이 정립되었다. 부모교육 이론에 근거한 부모교육 프로그램들도 많이 개발되어 왔다.

부모교육 이론들은 Freud와 Erikson의 정신분석학 이론, Adler의 개인심리학, Watson의 조건형성, Piaget의 인지발달 이론, Rogers의 인본주의 심리학 등의 발달심리 이론들을 근거로 하고 있다.

Dreikurs의 민주적 부모교육 이론은 Adler의 개인심리학을 근거로 평등주의 개념을 강조하여 발전시킨 이론이다. Ginott와 Gordon은 Rogers의 인본주의 심리학을 근거로 아동 스스로 자신의 문제를 해결할 수 있다는 부모-자녀 간의 관계에 대한 이론을 정립하였다. Berne은 정신과 의사로 정신분석학을 공부하여 심리분석에 관한 이론을 부모-자녀 간의 상호관계를 설명하는 데 적용하였다. 행동수정 이론은 Watson의 조건형성 이론을 근거로 해 많은 부모들이 쉽게 적용할 수 있는 부모교육 이론이다. 이들 이론은 부모들이 부모역할에 대해 가지고 있는 잘못된 신념들을 수정하고 부모역할에 대한 새로운 인식을 갖게 한다. 뿐만 아니라 부모가 자녀들과 상호작용하는 데 필요한 정보와 기술을 제공하여 바람직한 부모역할을 수행할 수 있도록 하고 있다.

CHAPTER 06

Dreikurs의 민주적 부모교육 이론

민주적 부모교육 이론은 Dreikurs가 Adler의 개인심리학(individual psychology)을 부모교육에 적용하여 개발한 이론이다. Adler는 Freud, Jung과 함께 세계 3대 심리학자로 거론되는 학자이며, 개인심리학의 창시자이다. Adler는 1900년경 정신병리에 대한 연구를 시작했고, 1902년 Freud와 돈독한 관계를 갖고 교류하였지만 학문적 견해에서 차이가 생기면서 멀어졌다.

Adler의 개인심리학에서는 인간의 성격을 통합적인 관점에서 보고 있다. Freud는 성격을 의식, 무의식, 자아, 초자아, 원초아 등 여러 차원으로 구분하지만, Adler는 성격을 여러 차원으로 분리할 수 없는 하나의 통합체로 보고 있다. 자아통합적 성격구조는 분리되지 않는다. 개인의 의지, 정서, 행동은 하나의 덩어리로 개인의 통합적 성격을 구성하게 된다.

Adler는 개인의 통합적 성격을 생활양식이라 명명했다. 또한 개인은 완전성을 추구하며 이를 위해 열등감과 부적절성을 극복하려 한다고 주장했다. 그래서 열등감에 의해 정서적으로 무능력해진 사람들을 사회적으로 유능하고 성숙한 사람으로 개선시킬 수 있는 지지심리요법을 개발했다.

Dreikurs는 Adler의 제자였으며, Adler의 아동상담센터에서 함께 일했던 동료이기도 했다. Dreikurs는 1939년 미국 시카고에서 정식으로 부모상담센터를 개설하여 Adler 이론을 적용하여 부모상담, 부모교육, 정신치료 등을 실시하였다.

Dreikurs의 민주적 부모교육 이론은 부모와 자녀는 동등한 관계를 유지해야 한다는 기본 개념에서 시작된다. 사람은 누구나 자신의 행동을 통제할 수 있으며, 완전성을 추구하려는 동기를 가지고 있다. 그러므로 부모는 자녀의 능력을 인정하고 신뢰하며 자녀 스스로가 자신의 문제를 해결하도록 도와 주어야 한다는 것이 민주적 부모교육 이론의 핵심이다.

1 민주적 부모교육 이론의 근거

민주적 부모교육 이론은 Dreikurs가 Adler의 개인심리학 이론을 부모자녀관계에 적용시킨 것이다. Dreikurs는 시카고의 부모상담센터에서 Adler 이론을 적용하여 부모상담과 부모교육을 실시하였고, 부부관계 개선에도 적용하였다.

1) Adler의 개인심리학

Adler는 Freud와 Jung과 함께 심리학의 3대 거장으로 알려져 있다. Adler는 1870년에 오스트리아 빈의 유태인 가정에서 태어났다. 4남 2녀 중 둘째로 태어났으며 어려서부터 병치레를 많이 하였다. 4세까지 구루병으로 잘 걷지 못했으며, 폐렴을 앓아 사경을 헤매기도 하였다. 질병으로 고생한 Adler는 의사가 되고자 하였다. 1895년 빈 의과대학에서 학위를 받고 안과의사 생활을 시작하였다. 이후 정신과로 전환하여 1902년부터 Freud와 '수요모임'에서 함께 활동하였으나, 학문적인 이견이 생겨 1911년 Freud와 결별하고 1912년 개인정신분석학회를 창설하였다. 이후 개인심리학회로 개명하였다.

Adler는 개인의 성격을 의식, 무의식, 원초아, 자아, 초자아로 구분하는 Freud의 견해에 동의할 수 없었다. 그리고 인간을 이해하는 데 있어서 지나친 성적 접근과 성에 대한 편견에도 거부감을 가졌다. 그리하여 Adler는 Freud의 견해와는 달리 인간의 성격은 여러 차원으로 구분할 수 있는 것이 아니고 하나의 전체로 보아야 한다고 주장했다. Freud는 Adler의 개인심리학이 지나치게 의식적인 자아 기능만을 강조한다고 비판했다.

Adler는 사회적 요인과 가족적 요인에 의해 개인이 형성된다고 보았다. Adler의 개인심리학의 주요한 개념을 정리하면 다음과 같다.

(1) 열등감과 보상

Adler의 주장에 의하면 대부분의 사람들은 한 가지 열등한 특징을 가지면 그 약점을 보상하려고 노력한다. 또한 사람들 대부분은 본질적으로 열등감을 발달시키고 있으며, 완전한 사람은 없다. 모든 사람은 다른 사람과 각자 다른 능력을 가지고 태어나며 다르게 양육되는데, 그 결과 사람의 능력은 비교 우월적 차이가 있게 마련이다. 그리고 인간관계는 서열지어질 수밖에 없기 때문에 대부분의 인간관계에서 서로 비교를 하게 되고, 그 차이에 대해 열등감을 느끼게 된다.

그러나 사람들은 최고 수준의 자기완성을 향한 의지를 갖고 있으므로 이러한 열등감을 극복하려고 노력하며, 이 열등감은 자기완성을 이루고자 하는 심리적인 보상 동기로 작용한다. 그러나 성공적으로 보상을 얻지 못하면 열등감 콤플렉스를 가지게 된다.

(2) 우월을 향한 노력

사람은 누구나 우수한 사람이 되고자 하는 욕구가 있다. 그러나 Adler가 말하는 우수성은 조금 다른 개념이다. Adler의 우수성은 자신의 인생에 대해 주어지는 모든 사회적 평가를 고려하지 않고 자신이 생각하는 최고의 수준에 도달하고자 하는 노력을 의미한다.

Adler는 사람이 가진 공통된 기본적 동기가 '우월을 향한 노력'이라고 결론짓는다. 우월을 향한 노력은 열등감을 보상하려는 욕구에서 나오며, 환경을 보다 잘 통제할 수 있는 권력 혹은 힘을 성취하려는 노력으로 나타난다. 그는 우월을 향한 노력은 사람의 선천적인 특징으로 보았다. 그러나 우월을 향한 노력이 선천적인 것이라 해도 노력의 특별한 모습은 개인적인 것이다.

(3) 사회적인 관심

Adler의 이론에서 후기에 첨가된 것이 사회적 관심이라는 개념이다. 사회적 관심은 상당히 포괄적인 개념이며, 자기완성을 지향하는 사람들이 완전한 사회를 이루고자 하는 관심을 의미한다. 사회적 관심은 경험에 의해 키워진 사회에 공헌하는 성향이며 타인들을 향한 감정이다.

Adler는 사람은 사회적 동물이므로 사회적 관심을 갖게 되는 것은 당연하지만, 사람은 이러한 사회적 관심을 선천적으로 갖고 태어난다고 보았다. 이는 사회적 유전(socail heritage)이라고 볼 수 있다. 즉, 사람은 집단에 기여하고 협력하는 것과 같은 사회적 행동을 발달시키는 능력을 갖고 태어난다는 것이다.

사회적 관심은 아동이 사회화되면서 구체화되는 것이기에 아동을 어떻게 양육하느냐가 중요하다. 아동의 사회적 관심에 영향을 주는 요인들은 다음과 같다(박성연 · 이숙 편역, 1996).

첫째, 사회적 관심은 아동의 자아존중감에 의해 영향을 받는다.

둘째, 사회적 관심은 중요한 성인과의 상호작용에 의해 길러진다.

셋째, 아동의 지각은 사회적 관심에 영향을 미친다. 부정확한 지각이든 정확한 지각이든 사회적 관심에 영향을 미친다.

(4) 생활양식

열등감을 극복하기 위해 개인은 '생활양식'을 발달시킨다. 사람들의 생활양식은 제각각이다. 그래서 사람들은 누구와도 동일하지 않는 각자의 독특한 방식으로 살아간다. 독특한 생활양식은 각 개인이 가진 열등감을 극복하기 위한 방식이며 이러한 생활양식은 각 개인의 인성을 특징짓는다.

Adler는 5세경에 개인의 생활양식이 결정된다고 보았다. 가족관계 및 다른 중요한 경험들이 일생동안 개인의 특징이 될 기본적인 생활양식을 형성하는 것이다.

2 민주적 부모교육 이론

민주적 부모교육 이론은 부모의 민주적 양육태도에 초점을 두고 있다. 민주적 부모양육태도란 민주주의의 가치관인 상호존중과 평등성 개념을 바탕으로 하는 양육태도이다. 즉, 민주적 부모교육 이론에서는 부모 – 자녀관계의 평등성을 강조하여 전통적인 권위적인 양육태도가 아닌 자녀의 의견과 생각도 존중하는 민주적인 양육태도를 취해야 한다고 주장한다. 부모는 자녀들이 행동양식을 습득하도록 지도하는 주요 인물이므로 자녀에 대한 지식을 가지고 자녀를 잘 양육해야 한다.

1) 부모 – 자녀관계에 대한 견해

전통적인 봉건 사회의 권위주의적 부모양육태도에서는 부모는 우수하고 전지전능하며 자녀는 열등하다는 전제를 가지고 있다. 부모는 자녀에게 지시하고 강요하고, 상벌을 이용하여 가르친다. 자녀는 부모의 가르침에 따라야 하며 그렇게 조직의 일원으로 사회화되었다. 오늘날 현대사회는 만인의 평등을 추구하며, 인권을 우선시하는 민주적 사회이다. 권위주의적 부모양육태도로 자녀를 훈육한다면 자녀는 사회에 적응하기가 어려울 것이다. 따라서 현대 사회에는 민주적인 양육태도로 자녀를 양육하는 것이 적절하다.

민주적 부모교육 이론에서는 부모의 민주적 양육태도를 강조한다. 민주적 부모양육태도란 민주주의의 가치관인 상호존중과 평등성 개념을 바탕으로 하는 양육태도이다. 부모가 자녀를 열등한 존재로 보는 것이 아니라 동등한 지위에 있는 인격체로 보고 상호관계를 형성해간다.

평등성(equality)이란 동등한 권리를 가지는 것을 의미한다. 동등한 권리를 가진 부모와 자녀가 상호 존중하는 것은 허용(permission)이라는 개념과는 다르다. 허용은 민주주의의 개념과는 거리가 있으며 무질서라는 개념에 가깝다. 무질서는 질서가 없는 자유라 할 수 있다. 민주주의는 평등성을 근거로 하고 있다. 평등하다는 것은 권리나 의무가 차별 없이 고르다는 것을 의미한다. 즉, 민주주의는 질서 있는 자유를 의미한다.

자녀는 부모만큼 성숙하지도 않고 경험과 정보도 부족하다. 항상 부모의 도움의 받아야 하는 존재이다. 그럼에도 불구하고 부모와 자녀가 평등하다고 하는 것은 인격과 가치에 있어서 동등하다는 것을 의미한다. 부모-자녀 간의 관계는 평등한 관계 속에서 상호작용이 이루어져야 한다.

민주적 부모교육 이론에서는 부모라는 우월한 지위를 이용하여 자녀를 벌하고 훈육하는 것은 바람직한 양육태도가 아니라고 본다. 자녀를 열등하게 보고 명령하고 지시하게 되면 자녀는 반항하게 된다. 현대 사회의 부모는 상호존중과 평등이라는 가치를 인식하고 사회질서를 유지할 수 있도록 민주적으로 자녀를 양육해야 한다. 자녀들은 부모의 민주적인 양육태도에 의해 제한된 범위, 즉 한계 내에서 자유를 경험하고, 자발적으로 행동하는 성숙된 인간으로 성장할 수 있다.

민주적 부모교육 이론에 근거한 부모교육 목표는 첫째, 부모와 자녀가 평등성에 기초하여 민주적으로 부모-자녀관계를 맺어가도록 하는 것이다. 부모는 자녀를 한사람의 인격체로 볼 수 있어야 하며, 자녀 스스로 자신의 일을 결정하고 책임지도록 가르칠 수 있어야 한다. 민주적 부모교육 이론에 근거한 부모교육 프로그램에서는 자녀양육 시 발생하는 여러 문제를 해결하기 위해 전문가의 이론교육을 받고, 각 가정에서 발생하는 다양한 문제를 해결하기 위해서 같은 처지의 부모들과 실제 경험담을 나누는 집단 모임을 가진다. 이러한 방법을 통해 부모는 자녀들의 행동을 이해하고 민주적인 부모 - 자녀관계를 유지하면서 자녀와의 관계에서 발생하는 문제를 해결할 수 있게 된다.

둘째, 민주주의 부모교육의 목표는 부모가 자녀에게 안정된 소속감을 제공해 주도록 도와 주는 것이다. 인간은 사회적인 동물이다. 인간은 출생 시부터 타인에게 관심을 보이는 성향을 가지고 있다. 이는 스스로 독립적으로 존재할 수 없고 부모의 도움을 받아야 하는 의존기간이 긴 인간의 특성 때문이다. 이런 특성으로 인간은 타인에게 관심을 보이며 의존적일 수 있다. 따라서 인간은 자신이 속한 집단에 소속하고자 하는 강한 욕구를 가지고 있다. 자녀는 가족이라는 집단에서 소속감을 얻고자 하는 강한 욕구가 있기 때문에 부모는 자녀가 안정된 소속감을 느끼도록 해 주어야 한다.

셋째, 자녀가 사용하는 잘못된 행동목표를 인식하고 이에 대처 할 수 있는 능력을 갖게 하는 것이 부모교육의 목표이다. Adler는 인간은 목표지향적 존재이며, 인간의 모든 행동이면에는 목표가 있다고 했다. 인간은 목표에 따라 행동하며, 본능적인 충동에 의해 행동하는 것도 아니고, 또한 경험이나 환경에 의해 행동하는 것도 아니라고 했다. 인간은 자신의 목표를 성취하는 것에 가치를 두고 자기 스스로 행동을 선택하고 통제할 수 있는 존재이다. 인간은 행동의 주목표를 소속감에 두고 의사결정을 하는 사회적 존재이다. 자녀들은 가족에 대한 소속감을 느끼고 싶고 인정받고 싶은 강한 욕구를 가지고 있다. 그렇기 때문에 좋은 방법으로 가족에게 인정받거나 소속될 수 없다고 느낄 때 잘못된 행동목표를 설정하고 그 잘못된 목표에 따른 잘못된 행동을 해서 가족에 소속되려고 한다. 부모는 자녀들의 잘못된 행동 이면에 있는 잘못된 목표를 찾아서 바른 행동을 하도록 도와 주어야 한다.

Dreikurs의 민주적 부모교육 이론에서는 다음과 같은 기본 가정을 제시하며 이를 근거로 부모역할을 설명한다.

첫째, 인간은 누구나 기본적으로 사회집단에 소속하고자 하는 욕구가 있다. 인간은 사회적 존재이다. 출생한 그 순간부터 가족의 일원이 되며 이후에도 다양한 사회 집단에 소속하고자 한다. 이러한 소속감에 대한 욕구를 충족시키기 위해 모든 인간은 끊임없이 노력한다.

둘째, 인간의 행동에는 언제나 목적이나 원인이 있다. 인간이 행동을 할 때는 항상 목적을 이루기 위함이다. 인간의 모든 행동은 우연히 일어나는 것이 아니고 항상 행동의 목적 또는 원인이 있다.

셋째, 인간은 자신의 목표를 성취하는 것에 가치를 두고 자기 스스로 행동을 선택하고 통제할 수 있다. 자녀들도 목표를 가지고 인생을 설계하려 한다.

넷째, 자녀는 시행착오를 통하여 상황에 적합한 행동양식을 학습한다. 자녀의 행동을 이해하려면 사회적 배경을 고려해야 할 필요가 있다. 행동은 항상 사회적 관계 속에서 형성된다.

다섯째, 자녀의 행동을 이해하려면 부모는 자녀가 자신의 행동에 대해 어떻게 설명하는지를 경청할 필요가 있다.

2) 자녀양육의 원리

Dreikurs는 가정에서의 사회화 과정을 중요하게 생각했다. 가정 분위기, 가족 간의 관계, 가족들의 태도나 가치관 등은 자녀의 성격 형성에 영향을 미치는 결정적인 매개체이다. 부모와 형제자매들을 비롯한 가족과의 다양한 경험을 통해 아이는 건전한 성격을 형성하며 성장하게 된다. 가족을 통해 타인에 대한 이미지를 형성하고 나아가 더 큰 세상에 대한 개념을 키워간다.

사람은 태어나면서부터 타인에게 관심을 가지는 선천적인 성향이 있다. 이는 출생 당시 양육자에게 의존할 수밖에 없는 무능함에서 비롯된다. 동물과 비교해보면 사람은 오랜 기간 양육자의 도움을 필요로 하는 존재이다. 이러한 특성으로 인해 사람은 타인에게 관심을 가지고 조직의 일원으로 소속감을 추구하는 욕구를 가지게 된다.

사람은 집단에 소속하고자 하는 욕구가 강하며 이러한 욕구를 충족하기 위해 많은 노력을 한다. 사람이 어떤 특정 행동을 하는 이유는 집단에 소속하고자 하는 강한 욕구 때문이다. 자녀도 가족이라는 집단에 대한 소속감을 느끼기 위해 가족의 인정을 받고자 한다. 가족의 인정을 받기 위해 행동목표를 설정하고 행동을 하게 된다.

(1) 심리적 목표

사람은 사회적 존재로 사람들의 행동에는 목표가 있으며, 기본적인 목표는 소속감을 성취하는 것이다. 사람들의 행동목표는 크게 세 가지 심리적 목표로 나눌 수 있다. 첫째는 직접적 목표이다. 직접적 목표는 상황에 따라 바로 설정하게 되는 목표이다. 둘째는 중간적 목표이다. 중간적 목표는 심리적 안정감, 신체적 편안함, 다른 사람을 기쁘게 하기, 다른 사람을 조정하기, 다른 사람보다 우세하게 느끼기, 삶의 의미 찾기 등을 추구하는 것이다. 셋째는 장기적 목표이다. 장기적 목표는 모든 상황에서 주의집중을 받아 집단 내에서 중심이 될 수 있도록 목표를 설정하고 그것을 위해 노력하며, 항상 좋은 사람이 되려고 하는 것이다. 또한 장래에 타인으로부터 무시당하지 않고, 남들보다 우월하기 위해 노력하는 것도 장기목표에 속한다(이원영, 1985).

Dreikurs는 아동들은 발달 특징상 먼 미래를 내다보며 목표를 세우는 것이 아니라 지금 현재 상황에 반응하기 때문에 직접적인 목표를 주로 설정한다고 주장한다. 아동이 바람직한 방법으로 행동을 하였는데 집단에서 인정받지 못하거나 소속감을 느끼지 못하게 되면 잘못된 목표를 세워 행동함으로써 인정을 받으려 한다.

잘못된 행동목표 설정을 자주 경험하게 되면 잘못된 생활양식을 형성하게 된다. 그러므로 부모는 자녀가 잘못된 행동목표를 설정하고 잘못된 생활양식을 형성하지 않도록 배려해야 한다. 자녀가 설사 잘못된 행동목표를 가지고 행동하더라도 바로 지도할 수 있어야 한다.

(2) 잘못된 행동목표(직접목표)

Dreikurs는 잘못된 행동을 유발하게 하는 행동목표는 잘못된 목표라고 명명하였다. 자녀의 잘못된 목표는 상황에 따라 즉시에 설정되는 목표이기에 직접목표이다. 자녀는 목표에 따라 행동을 계획하기 때문에 부모는 자녀의 행동목표를 파악할 수 있는 안목을 길러야 한다.

자녀들의 잘못된 행동을 유발하는 직접목표, 즉 잘못된 목표는 관심끌기(주의집중), 힘 행사하기(반항하기), 앙갚음(보복하기), 무능함 보이기(부적절함 보이기)로 구분된다.

① 관심끌기(주의집중)

사람들은 자신이 속한 집단에서 인정받지 못하거나 집단에 공헌하지 못하면 그 집단에 소속되지 못한다고 생각한다. 집단에 소속감을 느끼지 못하면 다른 사람들의 관심을 끌거나 주의집중을 받으려는 심리적 목표를 설정하게 된다. 집단 내에서 안전한 위치를 차지하고자 하는 심리적 목표가 있기 때문에 정당한 방법으로 이를 차지할 수 있으면 다행이지만 그렇지 못할 경우에는 잘못된 심리적 목표를 설정할 수도 있다.

자녀들도 마찬가지이다. 자녀들은 가족들, 특히 부모의 관심을 끌기 위해 나름 바람직한 행동을 하려고 하며, 좋은 방법으로 주의집중을 받으려고 한다. 그러나 그러한 행동이나 방법으로 관심끌기를 성공하지 못하면 나쁜 행동을 해서라도 관심을 끌고자 한다. 예를 들면, 엄마가 통화중일 때 옆에서 칭얼댄다든지, 엄마가 요리 중일 때 물병을 쏟는다든지, 엄마가 손님 접대중인데 동생을 건드려 울게 한다든지, 이상한 행동이나 욕을 하며 가족들의 관심을 끌고자 한다.

부모는 자녀의 행동을 잘 관찰하여 자녀의 행동목표가 관심을 끌기 위한 것인지 판단해야 한다. 자녀가 관심을 끌기 위해서 한 행동에 대해 부모가 주의 집중하여 달래주거나 요구를 들어주거나 한다면 자녀의 입장에서는 관심끌기 목표를 달성한 것이 된다. 또한 자녀의 행동을 고치고자 야단을 치거나 행동 수정을 위해 애쓰는 부모의 행동도 자녀 입장에서는 부모의 관심끌기 목표를 달성한 것이 된다. 부모의 관심을 끌게 된 자녀는 일시적으로 행동을 중단하게 되지만 이후 다시 부모의 관심을 끌기 위해 그와 같은 행동을 반복하게 된다. 이러한 과정이 연속적으로 반복되면 자녀의 관심끌기를 위한 잘못된 행동은 습관처럼 되어 생활양식으로 발전하게 된다.

부모의 주의나 관심을 끌기 위해 잘못된 목표를 설정하고 행동하는 자녀를 지도하기 위해서는 우선 자녀에게 잘못된 행동으로 관심을 끄는 것이 효율적이지 않다는 것을 알려 주어야 한다. 이는 자녀의 행동에 대한 부모의 반응을 바꾸는 것으로 가능하다. 부모는 관심을 끌기 위한 자녀의 잘못된 행동에 대해서는 무시해야 한다. 대신 자녀의 건설적인 행동에 관심을 보여야 한다. 평소 자녀의 행동에 관심을 가지고 자녀들이 예기치 못한 상황에서 부모의 사랑과 관심을 구체적으로 표현해 주어야 한다.

때로는 부모의 관심을 얻기 위해 자녀가 긍정적인 행동을 할 경우도 있다. 이런 경우도 부모는 자녀의 심리적 목표를 파악할 필요가 있다. 자녀의 요구에 따라 부모가 관심을 보여서는 안 된다. 왜냐하면 부모의 관심을 얻기 위한 자녀의 행동을 강화하기 때문이다. 부모의 관심은 자녀가 원해서 얻어지는 것이 아니고 부모가 주는 것이 되어야 한다. 자녀가 관심을 원하기 전에 부모가 먼저 주어야 한다. 부모가 자녀에게 관심을 가지고 사랑을 충분히 표현하여 자녀가 부모의 관심을 끌고자 하는 목표를 세우지 않게 해야 한다.

② 힘 행사하기(반항하기)

사람은 자기가 하고 싶은 대로 행동하거나 누구도 자신을 지배할 수 없을 만큼 힘을 가지고 있다고 믿을 때 집단에서 강한 소속감을 느낀다. 집단 내에서 힘 행사는 강한 소속감을 주기 때문에 힘을 가지기 위한 잘못된 심리적 목표를 설정하기도 한다. 자녀도 모든 것을 자기 마음대로 할 수 있고, 누구도 자기를 지배할 수 없다고 생각할 때 가족집단에서 소속감을 느끼게 된다. 자기가 하고 싶은 대로 행동하거나 자신이 할 수 있는 한 반항하기도 한다. 그렇게 할 수 있어야 가족 내에서 자신이 인정받고 자신의 입지가 확고해진다고 생각한다. '나는 무엇이든 내 마음대로 할 수 있어, 내게 이래라 저래라 할 수 없어, 난 절대 지지 않아'라는 잘못된 목표를 설정하고 자기 하고 싶은 대로 행동하거나 부모의 말을 무시한다. 부모가 하라는 행동은 하지 않고, 하지 말라고 하는 행동을 해 버리는 반항적 행동도 하게 된다. 예를 들면, 식사 준비를 해놓고 자녀를 부르는데 자녀는 들은 척도 하지 않고 TV를 보고 있다든지, 장난감을 정리하라는 부모의 말을 무시하고 나가버리는 행동 등이다.

자녀의 이러한 힘 행사하기 목표를 이해하지 못하는 부모는 자녀의 이러한 반항 행동에 대해 흥분하고 화를 낸다. 그리고 부모라는 권력을 이용하여 자녀의 반항이나 고집을 꺾으려고 한다. 부모의 완강한 권력 행사로 자녀는 일시적으로 순종하거나 행동을 중단하지만, 곧 더 심한 행동을 하게 된다. 때로는 부모와 힘겨루기를 하는 아이도 있다. 그리하여 부모와 자녀 간에 심각한 갈등을 야기하는 경우도 있다.

자녀가 힘 행사하기라는 잘못된 목표를 가지고 반항하거나 고집을 피울 때 부모의 지도방법으로는 우선 부모가 흥분하거나 화를 내면 안 된다. 그리고 자녀와 힘겨루기를 해도 안 된다. 부모는 자녀와의 권력싸움에서 초연해야 한다. 힘 행사하기라는 목표를 가지고 반항하는 자녀에게 부모가 이기고자 더 큰 힘을 행사하는 것은 자녀에게 힘의 가치를 알게 하여 더욱 힘 행사하기 목표를 설정하도록 만든다. 부모는 자녀에게 도움을 청하거나 협동하는 경험을 하게 해서, 힘은 함부로 쓰는 것이 아니라는 것과 힘을 건설적으로 사용하는 방법을 가르쳐야 한다.

③ 앙갚음(보복하기)

앙갚음은 네 종류의 잘못된 목표 중 가장 바람직하지 않은 심리적 목표이다. 앙갚음이라는 잘못된 목표를 설정하는 사람은 다른 사람에 의해 마음의 상처를 받은 만큼 되돌려 주어야 자신이 집단에 소속되었다고 여기거나 중요한 인물로 인정받을 수 있다고 믿는 사람들이다.

앙갚음이나 보복하려는 목표를 가지고 행동을 하는 자녀는 자신이 가족들로부터 사랑받지 못한다고 느끼는 경우가 많다. 자신이 속상하고 화나고 불안한 만큼 다른 사람도 속상하고 상처받도록 해줘야 자신이 가족의 일원이 된다고 느끼며 앙갚음의 목표를 세우게 된다. 엄마가 동생만 사랑한다고 생각하여 마음이 상한 아이는 엄마의 눈을 피하여 동생을 다치게 한다. 그래서 엄마도 마음의 상처를 받게 한다. 그러한 행동으로 가족 집단 내에서 자신의 위치를 확보하려고 한다. 앙갚음이나 보복이라는 잘못된 목표를 가지고 미운 행동을 하게 되면 사랑받지 못하는 아이로 성장하게 된다.

자녀가 부모로부터 상처받고 부모에게 앙갚음을 하게 되면 부모 역시 상처를 받게 된다. 자녀로부터 상처받은 부모는 무의식중에 자녀에게 앙갚음을 하게 된다. 그러면 자녀는 더 못되게 굴거나 더 잔인하게 부모에게 상처를 줄 방법을 찾게 된다. 자녀가 앙갚음이라는 잘못된 목표를 가지고 행동할 때 부모는 자녀의 행동이 좌절에서 비롯된다는 것을 인식해야 한다. 부모는 자녀가 부모의 사랑을 간절히 원한다는 것을 알아야 한다. 물론 보복하려는 자녀의 행동원인이 반드시 부모에게 있는 것만은 아니라는 것도 인식할 필요가 있다.

앙갚음하려는 마음을 가진 자녀를 도우려면 부모는 보복하지 말아야 한다. 부모는 좌절한 자녀의 마음을 읽어 주면서 선의로 대하며 부모-자녀 간의 신뢰를 회복할 수 있는 방법을 모색해야 한다. 자녀가 상처받았다는 것을 이해하고 상처받은 자녀 마음을 다독여 주는 것이 좋다. 부모와 자녀가 서로 앙갚음하려는 투쟁을 하게 되면 결국 서로 상처를 주고받게 되고 자녀는 좌절하게 된다. 그렇게 되면 부모-자녀관계는 신뢰를 회복하기 어려운 관계로 발전하게 된다.

④ 무능함 보이기(부적절함 보이기)

모든 노력에도 불구하고 심리적 목표를 성취하지 못하거나 실패를 경험하게 되면 사람들은 무능함 또는 부적절함을 보인다. 쉽게 포기하고, 사회적 관계나 책임을 회피하며, 퇴행적 행동을 하는 등의 무능함을 보임으로써 집단 내에서 자신의 위치를 확보하려 한다.

자녀가 너무 쉽게 좌절하고 포기하며, 매사에 의욕이 없으며 무기력한 행동을 보인다면 이는 무능함 보이기라는 잘못된 목표를 설정하고 있는 것이다. 아무 것도 할 수 없다는 생각을 하고, 포기해버리는 것으로 위안을 얻으려고 한다.

이때 부모는 자녀를 비난하거나 동정하지 말아야 한다. 무시해서도 안 된다. 대신 자녀의 장점이나 특기를 강조하며 긍정적인 격려를 아끼지 말아야 한다. 부모는 자녀가 할 수 있는 일을 찾아 주고 조금씩의 성공을 경험하게 도와 준다. 그리고 자녀가 자기 자신을 향상시키고자 하는 의욕을 가지도록 해 주어야 한다. 자녀가 조금의 의욕이라도 보이면 그것이 아무리 작아도 칭찬해 주고 격려해야 한다.

Dreikurs에 의하면 유아기 때부터 자신을 가치 있다고 평가하고, 가족들에게서 인정받으며 가정 내에서 중요한 위치에 있다고 확신하는 자녀는 위의 네 가지 잘못된 목표를 설정하지 않는다. 즉, 가족이라는 집단 내에서 소속감, 안정감, 인정받고 있는 느낌을 받는 자녀는 잘못된 목표를 설정하려 하지 않고, 상황에 따라 자연스럽게 행동한다. 주위 사람들이 자신에게 관심을 보이지 않거나 인정해 주지 않는다고 생각되며, 가족이라는 집단에서 자신의 입지가 불안한 자녀는 네 가지 잘못된 목표를 세우고 잘못된 행동을 하게 된다.

Dreikurs에 의하면 직접목표인 네 가지 잘못된 행동목표는 10세 이하 아동에게서 쉽게 관찰되며, 연령이 증가할수록 직접적인 목표에서 중간목표 또는 장기목표로 바뀌게 되며 목표를 쉽게 관찰하지 못하도록 숨길 수 있게 된다.

자녀의 잘못된 행동목표와 긍정적인 행동목표에 대한 설명을 STEP(Systematic Training for Effective Parenting) 프로그램에서는 표 6-1, 표 6-2와 같이 설명하고 있다(이경우 역, 1989).

표 6-1 잘못된 행동목표

자녀의 잘못된 생각	목표 행동	부모의 느낌과 반응	부모반응에 대한 자녀의 행동	부모를 위한 대안
내가 관심을 끌 때에만 소속감을 느낀다.	관심 끌기	• 느낌: 귀찮다. • 반응: 관심을 보이고 달래려고 한다.	• 일시적으로 잘못된 행동을 중단한다. • 후에 같은 행동을 다시 재개하거나 다른 방법으로 방해한다.	• 부모가 벌주거나 보상을 주거나 달래고 시중드는 것은 지나친 관심이다. • 가능한 잘못된 행동을 무시한다. • 고의적으로 관심을 얻으려 하지 않을 때 긍정적 행동에 대해 관심을 보인다.
내가 모든 것을 마음대로 할 수 있고 누구도 나를 지배하지 못할 때 소속감을 느낄 수 있다.	힘 행사하기	• 느낌: 권위에 도전받았다 생각하여 흥분한다. • 반응: 싸우거나 포기한다.	• 수동적이거나, 적극적이거나 공격적이며, 그 행동이 심해진다. • 반항적 순종을 하기도 한다.	• 갈등에서 한걸음 물러난다. • 자녀에게 도움을 청하거나 협동하게 하면서 힘을 건설적으로 어떻게 사용하는지 가르쳐 준다. • 부모가 자녀와 싸우거나 양보하면 자녀는 더욱 힘을 행사하고 싶어 한다.
내가 상처받은 만큼 다른 사람도 아프게 해야 소속감을 느낀다. 나는 사랑받지 못하고 있다.	앙갚음	• 느낌: 깊이 상처받는다. • 반응: 보복하려는 경향을 보인다.	• 더욱 심하게 잘못된 행동을 함으로써 복수심을 나타내거나 다른 무기를 선택한다.	• 감정을 상하게 하지 말아야 한다. • 벌을 주지 말고 보복을 하지 않는다. • 신뢰적 관계를 세운다. • 사랑받는다는 것을 확신시킨다.
다른 사람이 나에게 아무것도 기대하지 않게 함으로써 소속감을 느낀다. 나는 무능력하고 무기력하다.	부적절성 보이기	• 느낌: 절망, 포기, 무기력해진다. • 반응: 어떤 일도 할 수 없다고 인정하려는 경향을 보인다.	• 어떤 것이든 수동적으로 반응하거나 거의 반응하지 않는다. • 어떤 향상도 보이지 않는다.	• 절대 아이를 비난하지 않는다. • 조그만 긍정적 시도에도 격려해야 하며, 사소한 일일지라도 관심을 보인다. • 동정하거나 포기하지 말아야 한다.

표 6-2 긍정적 행동목표

자녀의 신념	목표	행동	긍정적 목표 격려방법
나는 유익한 행동을 함으로써 소속된다.	• 관심 • 참여 • 공헌	• 돕는다. • 자원해서 한다.	• 자녀로 하여금 남에게 도움을 주게 하여 그 가치를 인식하도록 한다.
나는 스스로 결정할 수 있고 나의 행동에 책임을 질 수 있다.	• 힘 • 자율성 • 행동에 대한 책임	• 자기훈련한다. • 자신의 일을 스스로 한다. • 지력이 풍부해진다.	• 자녀가 의사결정을 하도록 격려한다. • 자녀로 하여금 긍정적 또는 부정적인 결과를 다 경험하게 한다. • 자녀에 대한 신뢰를 표현한다.
나는 협동하는 것이 재미있다.	• 정의 • 공평	• 상한 마음에 대해 친절로 베푼다. • 좌절하게 하는 비난은 하지 않는다.	• 자녀의 협동에 대해 부모가 높이 평가하고 있음을 알게 한다.
나는 갈등에서 물러설 수 있다.	• 갈등상황에서 물러섬 • 싸우기의 거절 • 다른 사람의 의견 수용	• 자신의 행동을 결정하기 위해 힘을 사용하지 않는다.	• 성숙하게 행동하려는 자녀의 노력을 인정한다.

(3) 행동통제 전략

영유아기 자녀는 상황에 항상 즉각적으로 반응하는 특성이 있기 때문에 가족으로부터 인정과 소속감을 느끼기 위해 직접적인 목표를 세우고 목표에 따라 행동한다. 인정을 받지 못하거나 소속감을 느끼지 못할 때는 관심 끌기, 힘 행사하기, 보복하기, 무능함 보이기 등 잘못된 목표를 세우고 행동하게 된다. 이때 부모는 자녀들의 심리적 목표와 행동을 이해하고 파악하여 자녀들이 바람직한 행동을 할 수 있도록 부모의 반응을 개선하고 가정의 생활환경을 변화시켜야 한다.

부모가 민주적인 태도로 자녀를 대하면 자녀가 잘못된 목표를 설정할 이유가 없게 되며, 잘못된 행동목표로 유발되는 행동도 민주적 양육태도로 바로 잡을 수 있다. 자녀의 잘못된 행동목표를 수정하기 위해서는 부모가 먼저 자녀를 대하는 태도를 점검하고 변화시켜야 한다. 부모가 자녀의 존재가치를 존중하고 자녀의 바람직한 행동을 격려한다면 자녀는 잘못된 행동목표를 설정하지 않거나 잘못된 행동목표를 수정하게 될 것이다.

부모는 자녀가 긍정적인 행동목표를 설정할 수 있도록 부모 자신의 양육태도와 자녀에 대한 감정을 점검하고 자녀의 행동을 세심하게 관찰하는 관심을 가져야 한다. 자녀가 잘못된 행동목표를 설정하였을 경우 인식반응, 자연적 귀결, 논리적 귀결을 사용하여 자녀행동을 통제할 수 있다.

부모가 자녀의 잘못된 행동을 관찰하여 잘못된 목표를 발견하게 되면 자녀가 자신의 행동 원인을 알도록 이야기해 주어서 인식반응(recognition reflex)이 일어나도록 한다. 순진한 자녀는 인식반응을 보이는 것만으로도 행동수정이 일어난다. 인식반응만으로 행동 수정이 일어나지 않는 경우에는 좀 더 구체적인 지도 전략이 필요하다.

자녀의 잘못된 행동을 통제하는 적극적인 방법으로 자연적 귀결과 논리적 귀결이 있다. Dreikurs의 민주적 부모교육 이론에서는 벌보다 자연적 귀결과 논리적 귀결이 민주적이고 적절한 양육태도라고 제안하고 있다.

① 인식반응

자녀가 잘못된 행동목표를 가지고 행동을 하였을 때 그 상황이 심각한 갈등상황이 아니라면 부모가 자녀에게 행동목표를 언급해 줄 수 있다. 예를 들면, 엄마가 바쁘게 부엌일을 하고 있을 때 엄마의 관심을 못 받는다고 느끼는 자녀는 칭얼대며 엄마를 부른다. 엄마는 부엌일로 바쁜데 아이를 돌볼 여유가 없고, 그러다 보면 아이를 나무라게 되는데, 아이는 엄마가 자신에게 관심이 없다고 느끼며 더욱 칭얼대는 악순환이 계속될 것이다. 이 때 자녀의 행동이 잘못된 목표에 의한 것이라고 깨달은 부모가 "엄마가 일하고 있으니 네게 관심이 없다고 생각해서 그러는 거지?

엄마가 너랑 놀고 있으면 좋겠지?"라고 이야기해 주면 자녀는 '어! 엄마가 내 마음을 어떻게 알았지?' 하고 놀라거나, '내 마음이 그런 거구나' 하고 깨달으면서 미소를 짓거나 눈을 깜빡이는 등의 인식반응(recognition reflex)을 보인다.

Dreikurs에 의하면 인식반응(recognition reflex)은 자신이 왜 그렇게 행동했는지 이해하는 순간에 나타나는 반응으로, 자녀가 어느 순간 자신의 목표를 갑자기 깨닫고 멋쩍은 미소나 눈빛으로 나타내기도 한다. 인식반응이 일어나게 하려면 부모는 아이를 나무라는 듯이 비난하는 어조로 말하면 안 되고, 따뜻한 어투로 말해야 한다. 자녀가 자신의 잘못된 행동목표를 확인하고 인식반응을 보인다면 자녀는 더 이상 잘못된 행동목표를 설정하지 않게 된다. 엄마가 자신의 마음을 이해하고 있다는 것으로 인정하거나 소속감을 느끼게 되기 때문이다.

② 자연적 귀결

자연적 귀결은 자연적인 상황에서 자녀가 한 행동으로 인한 결과를 자연스럽게 경험하도록 하는 것이다. 즉, 아이가 자신이 한 행동의 결과를 경험한 후, 스스로 할 수 있는 행동과 해서는 안 되는 행동을 배우도록 하는 것이다.

예를 들면, 엄마의 하이힐을 신고 나가다가 넘어진 경험을 하게 되면 다음부터는 엄마의 하이힐을 신고 나가려 하지 않을 것이다. 하원 준비에 늑장을 부리다가 친구들이 모두 하원하고 혼자 남게 된 경험을 한 유아는 다음 날 서둘러서 하원 준비를 하게 될 것이다. 식사시간에 밥을 먹지 않은 아이는 한참 후 배가 고프게 된다.

자연적 귀결은 사건의 자연스런 흐름 속에서 어떤 행동을 하는 것이 유리한지 배우게 한다. 자녀가 자신이 한 행동의 결과를 자연스럽게 경험하여 스스로 행동을 통제하기 때문에 부모와 불필요한 힘겨루기를 하지 않아도 되고 부모와 갈등관계를 만들지 않는다. 자녀는 일상생활 속에서 자신이 한 행동의 결과를 경험하고 그것이 피드백이 되면서 스스로의 행동을 조절하게 되어 자율성을 발달시킬 수 있다. 자녀가 자연적 귀결을 경험할 수 있는 상황에서는 부모가 절대 개입하지 말아야 한다. 부모가 인내심을 가지고 행동의 결과를 자녀가 경험할 수 있도록 지켜봐 주어야 한다.

③ 논리적 귀결

자연적 귀결을 적용할 수 없거나 자연적 귀결을 적용하기에 적절하지 않은 상황에서는 논리적 귀결을 사용한다. 논리적 귀결은 자녀의 행동에 대한 결과를 부모와 자녀가 합의하여 정하는 것으로 사회질서나 상호권리를 존중하는 민주적 원칙에 의한 행동통제법이다.

매일 정해진 시간만큼만 컴퓨터 게임을 해야 하고 그것을 어긴 경우에는 다음 날 컴퓨터 게임을 할 수 없게 된다는 규칙을 부모와 자녀가 합의하여 결정했다면, 약속한 시간보다 게임을 더 많이 한 날 아이는 다음 날 컴퓨터를 만지지 못한다는 것을 예상하게 된다. 규칙을 지키지 않았다면 그 행동에 따르는 결과, 즉 논리적으로 수반되는 대가를 치르는 것이 논리적 귀결이다. 자녀는 자신의 잘못된 행동으로 인한 불편함, 즉 행동의 대가를 경험하고 나면 잘못된 행동목표를 수정하게 된다.

자연적 귀결과 논리적 귀결의 차이는 사전에 합의한 규칙이 있느냐의 여부이다. 자연적 귀결은 일상 속에서 자연스럽게 행동에 따르는 대가를 경험하는 것이고, 논리적 귀결은 자녀의 문제되는 행동에 대해 규칙을 정하고, 그 규칙을 지키도록 하는 것이다.

자연적 귀결이나 논리적 귀결은 행동의 책임이 부모에게 있는 것이 아니라 자녀에게 있다. 부모가 소리치거나 화를 내거나 야단칠 일 없이 자연적 귀결이나 논리적 귀결을 경험하게 하면 자녀들은 자신의 행동을 통제할 수 있고, 자신의 행동에 책임지는 것을 배우게 된다.

논리적 귀결을 사용할 경우에는 꼭 지켜야 할 사항이 있다.

첫째, 부모와 자녀가 규칙을 결정할 때 자녀에게 선택의 기회를 주어야 한다. 자녀가 자신의 행동에 대해 어떤 방식으로 책임질 지에 대해 선택을 하면 부모는 이를 수용하는 것이 좋다.

둘째, 정해진 규칙은 반드시 지키도록 한다. 부모는 엄격하게 규칙을 지키도록 지도해야 한다.

셋째, 결정한 규칙을 몇 번 시행한 후 자녀가 원하면 규칙을 조정할 수 있다는 점을 인식시켜 주어야 한다. 규칙이 합당하지 않을 수도 있으며, 너무 과한 규칙일 경우에는 다시 조정할 기회를 주어야 한다.

넷째, 논리적 귀결을 위한 규칙을 결정하려면 부모－자녀관계가 편안한 상태여야 한다. 부모－자녀관계가 좋지 못하거나 갈등관계에 있다면, 그런 상황에서 규칙을 정하는 것은 자녀에게 벌로 인식될 수 있다. 규칙을 결정하는 상황에서 부모가 위협적인 태도로 큰 소리를 내거나 또는 부모주도적으로 규칙을 결정하면 자녀 입장에서 그 규칙은 벌로 느껴진다. 부모는 담담한 목소리와 친절한 태도로 민주적 원칙에 따라 규칙을 결정하도록 유도해야 한다.

표 6-3 논리적 귀결과 벌의 비교

논리적 귀결		벌	
부모의 행동	특징	특징	부모의 행동
"우리는 규칙을 정할 수 있어."	사회적 질서 강조: 선택 부여	권위 강조: 복종 요구	"엄마가 시키는 대로 해야겠지."
"우유는 식탁에서 마시기로 약속했으니까, 소파에서는 마실 수 없어."	행동에 대한 논리적 설명	행동과 무관함	"혼나 볼래?" 우유 쏟았다고 팔 들고 서 있게 하기
행위와 행위자를 분리하여 반응: 행동에만 관심을 보임	인권존중	도덕적 판단	"넌 나빠." "벌 받을 행동을 한 넌 나쁜 아이야." : 인성을 지적
정해진 규칙에 따라 현재 행동의 댓가를 수행하게 함	현재와 미래 행동중심	과거행동 강조	잘못한 행동에 대해 처벌
"너의 의견을 존중해." "네가 원하면 규칙도 변경할 수 있어."	선의를 전달	위협	"엄마 말을 따르지 않으면 가만 두지 않을 거야."
잘못된 행동 대신 할 수 있는 합리적 대안을 제공함	대안 제시	대안이 없음	자녀의 욕구충족에는 관심이 없음

논리적 귀결과 벌의 구분이 때로는 모호하기도 하다. 부모가 자녀의 행동을 수정해야겠다는 마음이 있을 때 자녀에게 자녀의 행동이 왜 문제가 되는지에 대해 이야기를 나누고 행동에 대한 규칙을 함께 정하는 것은 논리적 귀결이다. 부모가 감정적으로 격앙되어 목소리가 격해지고 태도가 위압적이며 부모의 주장을 절대적으로 내세운다면 그것은 벌이 되고 만다.

CHAPTER 07

Ginott의 인본주의 부모교육 이론

Haim G. Ginott는 이스라엘에서 사범대학을 졸업하고 초등학교 교사로 한동안 근무하였다. Ginott는 교사로서의 자신의 역할에 만족할 수 없었다. 아동에 대한 이해가 부족하고, 아동발달에 대한 지식을 현장에서 제대로 활용할 수 없음을 자각하였다. 그래서 미국으로 건너가 콜롬비아대학에서 임상심리학 공부를 다시 시작하였다. 이때 Verginia Axline(딥스의 저자)의 조교가 되어 놀이치료를 배우게 되었다. 놀이치료를 통해 아동의 감정적 경험의 중요성을 알게 되었고, 성인이 아동의 경험에 민감하게 반응할 때 아동이 잘 자랄 수 있음을 배우게 되었다. 후에 Slavson으로부터 심리역동이론과 부모-자녀관계의 발달단계에 따른 변화과정을 배웠다.

이후 아동심리치료사, 부모상담가, 임상심리학자로서의 다양한 경험을 통하여 부모와 아이 간의 상호작용과 갈등을 이해하게 되었고, 이를 해결하기 위해 임상적 방법을 부모교육에 응용하게 되었다(Orgal, 1980). 인간의 내부에는 자아실현에 대한 강한 욕구가 있기 때문에 자신의 문제는 자신이 해결할 수 있는 능력이 있다는 Maslow, Rogers의 이론을 이은 Axline의 인본주의 심리학에 기초하여 Ginott는 아동중심 부모교육을 정립하였다.

Ginott는 30년 동안 정신치료요법으로 아이들 문제를 다루어왔고, 아이들 지도와 교육문제에 관심을 가지고 교사들과 함께 일을 하였다. 그 동안 다루었던 치료의 원칙들을 자녀의 양육에 적용시킴으로써 자녀양육의 문제들에 대한 해결책을 찾아내려고 했다. 그 내용을 「부모와 자녀 사이(Between parent and child, 1965)」, 「십대와 부모 사이(Between parent and teenager, 1969)」, 「교사와 학생 사이(Between teacher and child, 1972)」 등의 저서로 출간하였다. 이 책들은 국내에도 번역서로 출간되었다.

1 부모-자녀관계에 대한 견해

Ginott는 다양한 환경에서의 경험을 통해 부모와 자녀 간의 갈등은 부모가 자녀를 이해하지 못한 탓에 발생한다고 주장했다. Ginott는 자녀의 이야기를 잘 경청하는 방법 그리고 자녀의 이야기 속에 감추어진 '숨은 뜻'을 읽어내는 방법을 부모에게 알려 주어 부모가 자녀들의 치료적인 상담자역할을 할 수 있도록 돕고자 하였다.

Ginott는 세상의 모든 부모들은 자기 자녀가 행복하고 안정적이며 즐거운 하루를 보내기를 원한다고 보았다. "아침에 눈뜨면서부터 자녀의 하루 생활을 계획적으로 공포와 불안, 긴장 속에 몰아넣으려는 부모는 없다. '오늘 하루만은 아이들과 평화스러운 하루를 보내야지, 매를 들거나 소리를 지르지도 말아야지'라고 다짐한다. 그러나 결심은 순식간에 깨어지고 또 다시 새로운 다툼이 시작된다(Ginott, 1965)." 이처럼 매일 반복되는 부모와 자녀 간의 갈등의 원인은 무엇일까? Ginott는 이에 대한 답을 찾고자 했다.

Ginott는 부모-자녀 간에 생기는 갈등은 부모의 인성에 문제가 있는 것이 아니라 부모가 자녀를 효율적으로 양육하는 방법을 모르기 때문에 발생한다고 보고, 부모에게 적절한 양육방법을 알려 주고 훈련하는 교육이 필요하다고 생각했다.

인본주의 심리학에 기초를 둔 Ginott의 아동에 대한 견해는 '아동은 자기 자신을 이해하고 자신의 행동을 조정하며 적절히 통제할 수 있는 능력의 소유자'라는 것이다. 그러므로 부모는 자녀의 성별, 인성, 지능을 불문하고 자녀를 있는 그대로 수용해야 한다. 부모가 자녀의 감정과 행동을 있는 그대로 수용할 수 있어야 부모역할을 잘 수행할 수 있다.

효율적인 부모역할을 위하여 부모는 자신과 자신의 느낌에 대해 잘 알아야 하며 자기 확신이 있어야 한다. 부모가 자기 자신을 인식할 수 있을 때 자녀의 상태가 어떠하든지 간에 자녀의 이야기를 들어줄 수 있다. 자녀가 자신의 느낌과 감정을 부모에게 표현하고 싶은 마음이 일어나도록 하려면 부모는 상담자, 치료자의 기술을 익혀야 한다.

부모가 가능한 아동중심적 사고를 가지고 자녀의 입장에 서서 자녀를 대하면 자녀들의 문제를 더 잘 이해할 수 있다. 아동중심적 사고란 자녀에게 무조건 허용하고 방임하는 것이 아니다. 무조건 허용하고 방임하면 자녀는 더 많은 문제를 일으킬 수 있다. 아동중심적 사고는 아동의 감정과 생각을 읽어내고 공감한다는 것을 의미한다. 부모는 아동중심적 사고를 가지고 양육하지만 객관적인 태도를 가져야 한다. 그리고 적절한 통제와 합리성을 가지고 문제를 해결하고자 해야 한다.

아동중심적 사고를 가지고 자녀와 감정과 생각을 주고받는 부모는 부모-자녀 간에 문제가 발생했을 때 그 문제에 감정적으로 반응하지 않고 합리적으로 문제를 해결할 수 있는 습관을 형성할 수 있다. 따라서 원만한 부모-자녀관계를 유지할 수 있다(이원영, 1985).

2 자녀양육의 원리

Ginott는 「부모와 아이들 사이」라는 저서를 통해 부모와 자녀 사이의 이해부족에서 오는 갈등을 피하고 좀 더 사이좋은 부모와 자녀관계를 돕기 위해 생활 주변에서 일어나는 실제 상황들에 적용할 수 있는 구체적인 해답들을 제시하였다. Ginott의 자녀양육 원리, 즉 부모와 자녀 사이의 대화를 촉진시키기 위한 전략과 자녀행동 지도 내용은 다음과 같다 (Ginott, 1965).

1) 자녀와의 대화

(1) 말의 숨은 뜻

Ginott에 따르면 아이들과의 대화는 하나의 예술과 같다. 아이들의 말은 그 의미와 법칙이 특이하다. 아이들의 말에는 '숨은 뜻'이 있다. 그래서 아이들의 말을 이해하는 데에는 암호를 해독할 때와 같은 기술이 필요하다.

어느 날 어린 아들이 아버지에게 "이 도시에는 고아가 몇 명이나 있죠?" 또는 유치원에 처음 방문한 여자아이가 큰소리로 "누가 이렇게 보기 싫게 그림을 그렸어? 엄마! 이 장난감은 누가 부순거야?"하고 질문을 했다. 어린 아들이 갑자기 사회문제에 흥미를 가지게 되어 도시의 고아들의 숫자가 궁금해졌을까? 또 어린 여자 아이가 그림을 못 그린 친구가 누구인지, 장난감을 망가뜨린 아이가 누구인지 정말 궁금했을까?

아이들의 질문 이면에 있는 숨은 뜻이 무엇일까? 도시의 고아에 대해 질문을 한 아들은 고아들에 대한 동정심에 관심이 있는 것이 아니라 자기도 버림을 받을지도 모른다는 두려움에 때문에 질문을 하였고, 자기는 버림받지 않을 것이라는 확인을 하고 싶었던 것이다. 유치원에 처음 방문한 여자아이는 그림을 못 그린 친구, 장난감을 부순 친구가 누구인지 궁금한 것이 아니고 그림을 못 그리면 어떻게 되는지, 장난감을 망가뜨리면 이 유치원에서는 어떤 벌을 주는지가 궁금했던 것이다.

> 여름방학동안 함께 지내던 사촌언니와 헤어지게 된 외동딸이 눈물을 흘리며 슬퍼하고 있다.
>
> 딸 : (눈물을 글썽이며) 언니가 가버리면 난 또 외톨이가 될 거야.
> 어머니 : 다른 친구 사귀면 되지.
> 딸 : 난 외로워.
> 어머니 : 곧 괜찮아져, 걱정하지 마.
> 딸 : 아이 엄마는 .... 난 슬프다고(훌쩍거리며 운다).
>
> 딸은 절망적인 눈빛으로 어머니를 흘겨보고 자기 방으로 들어가며 방문을 꽝 닫아버린다.

사소한 일이지만 아이가 느끼는 감정을 어머니가 조금만 이해해 주었다면 딸과 어머니는 행복하게 대화를 마무리할 수 있었을 것이다. 아이들은 부모가 자신의 감정을 이해해 주고 있다고 느끼면 외로움이나 상처가 모두 사라진다. 그리고 부모와 자녀 간의 깊은 친밀감이 형성된다. 부모의 이해심은 아이의 마음을 달래주는 정서적인 치료제가 된다.

(2) 대화의 새로운 방법

아이들은 부모와 대화를 피하려고 할 때가 많다. 거의 모든 아이들은 부모로부터 설교 듣는 것을 싫어하고, 일방적인 이야기나 비난받는 것을 싫어하기 때문이다. 부모는 책망과 지시를 하고 아이들은 부인과 변명을 한다. 부모와 자녀 간에 이러한 의미 없는 대화는 사랑이 부족한 탓이 아니고 인격에 대한 존경이 부족하기 때문이며, 지식이 부족한 탓이 아니고 아이를 다루는 기술이 부족하기 때문이다.

아이와의 대화를 나누는 새로운 방법은 인격을 존중하는 태도와 대화의 기술이 필요하다.

첫째, 부모 자신의 자존심만큼 자녀의 자존심도 존중해야 한다.

둘째, 아이에게 충고나 지시를 할 때 부모는 먼저 아이가 처한 상황과 아이의 마음을 충분히 이해하고 난 다음에 전달을 해야 한다.

예들 들어, 손꼽아 기다리던 소풍 날 비가 와서 화가 난 아들에게 "비가 와서 못간 것을 울면 뭐하니. 다른 날 가면 되지", "내가 비 오라고 했니? 내게 왜 화를 내..." 어머니가 이렇게 반응한다면 아들은 더 이상 어머니랑 대화하고자 하는 의욕이 없어질 것이다.

아이가 어떤 감정에 사로잡혀 있을 때는 야단을 치거나 충고의 말은 도움이 되지 않는다. 이해만이 필요할 뿐이다. 아이는 자신의 마음속에 무엇이 일어나고 있는지를 알아서 달래주기를 원한다.

아이가 "오늘 나 선생님에게 꾸중 들었어"라고 했을 때 "왜 무슨 일을 했기에 꾸중 들었니?", "야단맞을 짓을 또 했겠지" 같은 말은 쓸데없는 말이다. 부모가 해 주어야 하는 것은 아이가 경험하는 속상함과 수치심, 분노에 대한 이해이다. 이해받았다고 느낄 때 송곳 같은 감정은 점차 완화되어 간다.

(3) 대화의 기본 원리

자녀와의 대화에서 기본 원리는 자녀가 어떤 사건에 대해 말을 하거나 질문을 할 때 사건 자체보다 사건이 암시하는 것이 무엇인지, 사건에 대한 자녀의 감정이 어떤지를 알고 반응을 해야 한다.

예 7-1 자녀의 말뜻을 이해한 부모의 반응

예) 여섯 살 난 딸이 어머니에게 "오빠만 선물을 많이 받아, 왜 오빠만 자꾸 사주는 거야?"라고 투덜댄다.

일반적인 부모의 반응	"오빠는 너보다 나이가 많아 필요한 것이 많아." "그렇지 않아, 똑같이 사주고 있잖아."
자녀 말이 암시하는 것	딸의 관심은 선물의 크기나 양에 있는 것이 아니다. 딸의 관심은 부모의 사랑이다.
자녀의 말을 이해한 부모의 반응	"엄마가 오빠를 더 사랑하는 것 같으냐?"라고 말하면서 딸을 꼭 껴안아 준다. 그리고 "엄마는 널 사랑해"라고 말해 준다.

연습 7-1 자녀의 말뜻을 이해한 부모의 반응

연습) 일곱 살 난 딸이 화가 잔뜩 나서 집에 들어와 하는 말이 "남자아이들이 친구 미경이를 떠밀어 넘어지게 만들었어"라고 이야기한다.

일반적인 부모의 반응	"친구를 왜 그렇게 밀었대?", "그렇게 밀어 넘어지게 하면 나쁘지", "친구들과 사이좋게 지내야 하는 거야."
자녀의 감정	
자녀의 감정을 이해한 부모의 반응	

아이들이 친구나 선생님 혹은 자신에 대해 불평을 할 때는 사건의 진상이나 잘잘못을 판단하기보다 아이의 감정을 읽고 이해해 주어야 한다. 때로는 자녀가 느끼는 감정뿐만 아니라 그 감정이 뜻하는 것까지도 이해해 주어야 한다.

사람들이 살아가는 삶의 현장을 보면, 사랑이 있는 곳에 미움이 있고, 칭찬하는 곳에 질투가 있고, 헌신이 있는 곳에 적개심이 있고, 성공이 있는 곳에 염려가 있다. 긍정과 부정이라는 상반된 개념을 동시에 수용하는 것은 결코 쉬운 일이 아니다. 우리는 어릴 때부터 부정적인 감정은 나쁜 것이며, 그런 감정을 가져서는 안 된다고 배워왔다.

밖으로 표출되는 행동은 좋다 나쁘다 판단할 수 있고 비난할 수도 있지만, 느끼는 감정은 비난해서도 판단해서도 안 된다. 감정을 판단하거나 상상을 비판하는 것은 자유로운 사고와 정신건강을 해치는 결과를 가져온다. 우리는 살아가면서 환희, 즐거움, 기쁨, 행복, 분노, 노여움, 두려움, 슬픔, 번뇌, 경멸 등의 감정을 느낀다. 그러나 많은 사람들이 자신이 느끼는 감정이 무엇인지 모를 때가 많다. 감정에 대한 교육은 아이들로 하여금 무엇을 느끼는가를 알게 해 준다. 아이들에게 '왜 느끼는지'보다 '무엇을 느끼는지'를 가르치는 것이 중요하다.

아이들이 자신의 감정을 인지하도록 어떻게 도와 주어야 할까? 부모는 아이들에게 감정의 거울과 같은 역할을 해 주어 아이들 스스로가 자신의 감정을 알도록 도와 주어야 한다. 거울의 역할은 있는 그대로 비춰 준다. 감정을 비춰주는 거울역할은 비난하지 않고 느끼는 감정을 그대로 보여 주는 것이다. "너는 몹시 화가 난 것 같구나", "네가 말하는 투가 나를 몹시 미워하는 것 같이 들리네", "네가 많이 기뻐하고 있구나" 등 아이들이 무엇을 느끼고 있는지 보여 주는 감정의 거울은 아이의 성장과 변화의 기회를 제공해 준다.

2) 칭찬과 비판 · 분노

부모는 자녀의 행동을 지도하기 위해 칭찬과 비판을 자수 하게 된다. Ginott는 칭찬과 비판을 사용할 때 지켜야 할 규칙이 있다고 주장하였다.

(1) 칭찬하는 법

칭찬은 아이에게 자신감과 안정감을 준다고 믿는다. 하지만 아이의 행동에 대한 칭찬과 강화가 남용되어서는 안 된다. 칭찬에도 원칙이 있다. 칭찬이나 강화는 아이의 노력과 행동에만 주어져야 한다. 인성에 대해 평가를 해서는 안 된다. '이쁘다', '똑똑하다', '착하다' 등의 칭찬은 인성에 대한 칭찬이다. 이렇게 인성에 대해 도덕적인 평가어로 칭찬을 하는 경우 오히려 역효과를 일으킬 수 있다.

많은 부모들이 자녀에게 똑똑하다 또는 착하다는 칭찬을 많이 한다. 똑똑하다는 칭찬을 많이 듣는 아이는 똑똑하게 보이기 위해 혹여 실수라도 할까봐 어떤 도전도 시도하지 않게 된다. 착하다는 칭찬을 듣는 아이는 자신의 이미지를 지키기 위해 거짓말이나 부정행위를 하게 된다.

적절한 칭찬은 자녀가 실제로 노력하고 성취한 만큼의 행동을 구체적으로 말해 주는 것이다. 칭찬하는 말은 아이를 위하여 아이가 이룬 성취를 그대로 비추어 주는 거울이 되어야 한다. 예를 들면, 현관의 신발을 정리한 아이에게 "참 착하구나"라고 칭찬을 하는 것은 아이가 한 일과는 아무런 관련이 없는 칭찬이다. 대신 "네가 현관에 널려있는 신발을 정리하니 현관이 깨끗해져 집안이 환하고 넓어 보이구나. 그동안 엄마는 다른 일을 할 수 있었네"라고 말해 준다. 아이는 자신이 한 행동이 엄마에게 도움이 되었으며, 자신이 집안을 넓어보이게 마법을 부린 것 같아 스스로를 대견해 한다.

일곱 살 난 딸이 거실에 널려 있는 장난감을 정리하고, 찻잔들도 부엌으로 치우고, 과자 부스러기도 모아 깨끗하게 정리하였다. 이를 본 어머니는 딸의 노력과 행동에 고마움을 표현하였다.

어머니 : 거실이 너무 지저분하여 네가 정리할 수 있을 거라 생각 못했어.
딸 : 내가 정리했어.
어머니 : 동생 장난감이랑, 물잔, 찻잔이랑 정리해야 할 것들이 많았는데...
딸 : 그걸 내가 다 치웠어.
어머니 : 힘들었겠다.
딸 : 응 좀 힘들었어. 과자 부스러기도 많았어.
어머니 : 거실이 깨끗해지니까 우리 집이 훨씬 더 좋아보인다. 아빠 오시면 기분 좋으시겠다. 고마워.
딸 : 나도 좋아.

어머니의 말들은 아이가 자신의 노력을 기쁘게 생각하고, 아이가 이루어놓은 일에 대해 자랑스럽게 생각하도록 만들었다. 아이의 자아존중감을 향상시킬 수 있는 칭찬이다. 이때 만약 어머니가 "넌 참 훌륭한 아이야", "착한 내 딸, 너 없으면 엄마가 어떻게 살겠니"라고 아이의 인성에 대해 칭찬했다면, 이런 칭찬은 아이에게 위협이 될 수도 있고, 아이의 마음에 걱정을 안겨줄 수도 있다.

칭찬은 아이의 개성과 인성에 관련해 말해서는 안 된다. 아이의 노력과 행동, 성취 등의 진가에 대해 명확하게 말해 주어야 한다. 그리고 아이가 자신에 대해 긍정적으로 결론지을 수 있게 해야 한다.

연습 7-2 도움이 되는 칭찬과 도움이 되지 않는 칭찬

도움이 되는 칭찬	아빠 구두 닦아줘서 고마워. 새 구두 같이 보이네.
아이 스스로 판단	내가 장한 일을 했네. 내가 한 일이 가치가 있어.
도움되지 않는 칭찬	너는 천사야. 착한 내 아들.
도움이 되는 칭찬	동생을 돌봐줘서 고마워.
아이 스스로 판단	나도 엄마에게 도움을 줄 수 있구나.
도움되지 않는 칭찬	형보다 네가 훨씬 나아.
도움이 되는 칭찬	내가 돈을 더 줬다는 거 말해줘서 고마워.
아이 스스로 판단	
도움되지 않는 칭찬	

(2) 비판 · 분노하는 법

자녀와 상호작용에서 유발되는 갈등이나 긴장을 다룰 때도 원칙과 주의가 필요하다. 아이의 행동을 비판하고자 할 때 행동의 한계를 제시하고, 아이의 행동의 결과가 무엇인지와 어떻게 행동하는 것이 좋은지를 이야기해 주어야 한다. 이때 아이의 인성에 관한 부정적인 비판은 절대 하지 말아야 한다.

예를 들면, 아이가 들고 있던 우유 한 컵을 쏟았다. 이때 부모가 "아식 컵 하나를 바로 들 줄 모르냐? 조심하라고 몇 번이나 말했니!"라고 말했다. 아이는 우유 한 컵을 쏟았는데, 부모로부터 조롱을 받았고 무엇보다도 더 중요한 자아존중감을 다치게 되었다. 이 상황에서 엄마가 "우유가 쏟아졌구나. 자, 여기 행주 있다"라고 말하며 새로 우유 한 잔을 건네준다면 아이는 엄마에게 감사한 마음을 가지게 될 것이다.

아이가 유리컵을 굴리며 노는 것을 보았을 때 어머니가 공을 대신 가

지고 놀게 하면서, 컵은 물 마실 때 사용하는 것이라고 이야기해 줄 수 있다. 그러다가 아이가 가지고 놀던 컵을 깨뜨렸을 때 어머니는 아이를 도와 유리조각을 치우고, 유리컵은 쉽게 깨어진다거나, 깨어지면 유리파편이 널리 흩어지고 다칠 수 있다고 말을 해 준다. 소리 지르고 혼내지 않아도 어머니의 이러한 조용한 행동은 아이에게 '컵은 가지고 노는 것이 아니구나'하고 스스로 결론을 내릴 수 있게 한다.

분노는 살아가면서 자주 느끼는 감정이다. 분노의 감정을 잘 다스려야 하지만 어릴 때부터 분노의 감정을 어떻게 처리하는 지에 대해서는 제대로 교육받지 않는다. 그리고 화를 내는 것은 나쁘다고만 배운다. 부모가 자녀들에게 화내는 것을 참아보지만, 화는 참으면 언젠가는 터지게 된다.

그리고 자녀를 양육하면서 부모가 화를 내야 할 때가 있다. 부모가 화를 내야 할 때 침묵해버리면 자녀는 그것을 선의로 받아들이기보다 오히려 부모의 무관심으로 받아들인다. 그렇다고 부모가 화가 난다고 격분하여 말을 함부로 퍼붓거나 매를 들라는 의미는 아니다. 자녀가 이해할 수 있고 수용할 수 있는 '용서에도 한계가 있음'을 보여 주어야 한다.

부모의 분노도 감정이다. 감정을 하찮게 취급해서는 안 된다. 분노의 적절한 표현은 부모 자신에게 고통을 덜어 주고, 아이에게는 반성의 기회를 줄 수 있다. 하지만 분노로 인해 싸우거나 상처를 주는 일이 있어서는 안 된다.

분노의 감정을 적절하게 표현하고 평화스런 마음 상태를 얻기 위해서는 우선 다음 세 가지 사실을 인정해야 한다. 첫째, 자녀들은 부모를 화나게 할 수도 있다. 둘째, 죄의식이나 부끄러움 없이 분노의 감정을 표현한다. 셋째, 느끼는 대로 감정을 표현한다.

분노는 세 단계를 통해 처리할 수 있다. 그리하면 부모는 자녀의 개성과 인격을 손상시키지 않고 분노의 감정을 해소할 수 있다.

첫 단계는 꾸중들을 짓을 한 자녀의 이름을 큰 소리로 부르는 것이다. 잘못을 저질렀거나 주의를 들어야 할 자녀에게는 좋은 경고가 된다.

두 번째 단계는 설명 없이, 짤막한 말로 감정을 표현하는 것으로 자녀의 그릇된 행동을 고칠 수 있다. 예를 들면, "화나게 하지 마라", "그렇게 하니까 너무 화가 나", "너무너무 화가 나서 못 견디겠다"라고 말하면 자녀는 부모가 화가 난 것을 알고 행동을 수정하고자 한다. 두 번째 단계에서 자녀행동이 수정되지 않으면 세 번째 단계를 취해야 한다.

세 번째 단계는 부모가 화가 난 이유와 그것으로 인한 마음 상태와 자녀들이 어떻게 행동하면 좋을지를 말한다. 예를 들면, "식사를 하라고 불렀는데 네가 바로 오지 않으면 엄마는 무지 속상해. 화가 날 때도 있어. 맛있는 음식을 준비하느라 애썼는데 맛있게 먹어 주면 얼마나 좋을까"라고 말한다.

3단계를 통한 분노 감정 처리는 누구도 상처입지 않고 분노를 해결할 수 있으며, 자녀들에게 분노를 해소시키는 방법에 대한 모델을 제공하게 된다. 정서를 있는 그대로 표현할 수 있고, 어떻게 표현하는지에 대한 방법에 대해서는 가르칠 필요가 있다.

3) 부모가 흔히 저지르는 실수

자녀양육이 서투른 부모들은 아이와 힘겨루기를 하다가 아이에게 지는 경우가 많다. 이때 자신의 패배감을 모면하려고 여러 가지 방법들을 사용하게 된다. 예를 들면, 위협, 약속, 빈정대는 말, 거짓말이나 도둑질에 대한 설교 투의 훈계, 논리적으로 따지며 가르치는 것이다. 이런 방법으로 자녀를 훈육하게 되면 자녀에게 좋지 않은 영향을 줄 수 있다.

(1) 위협

부모는 자신도 모르게 자녀에게 위협적인 말을 할 때가 있다. 부모의 위협은 자녀의 잘못된 행동을 유발한다. 또 위협은 자녀에게 바람직하지 않은 행동을 반복하게 하는 역할을 한다. 자녀에게 "너 그 짓 한 번만 더 해봐라"라고 부모가 위협을 한다면, 자녀는 "한 번만 더 해봐라"라는 말에 귀가 솔깃해진다. 아이는 진짜로 한 번 더 그런 행동을 해야 한다고 생각할 수 있다. 만일 자존심을 가진 아이라면 자기 자신과 다른 사람에게 자신은 졸장부가 아니라는 것을 보이기 위해 다시 한 번 잘못된 행동을 하게 될 것이다.

그럼 부모는 어떻게 아이를 지도해야 할까? 예를 들면, 아이가 방바닥에 색연필로 그림을 그리고 있다. 그때 어머니가 "바닥에 그림을 그리지 말고 여기 스케치북에 그림을 그리면 좋지 않겠니?" 라고 말하면, 아이는 색연필을 빼앗기거나 스케치북에 그림을 그리거나 둘 중 하나를 선택해야 한다는 것을 알게 된다.

(2) 설득

아이를 통제하는 것이 어려운 부모는 아이에게 "만일 네가 그것을 하면(혹은 하지 않으면) 상을 주겠다"라는 식으로 말한다. "애기 안 때리면 장난감 사줄게", "밥 잘 먹으면 게임하게 해 줄게"라는 식의 조건을 붙인 말은 일시적으로 아이의 행동을 수정하는 데는 효과가 있을지 모르나, 지속적인 행동수정에는 결코 효과가 없다.

조건을 붙인 말에는 아이의 능력을 의심하고 있다는 뜻을 내포하고 있다. "네가 안 때리면"이란 말은 늘 동생을 때렸다는 의미의 말이고, 장난감을 얻기 위해 동생을 때리지 않아야 한다는 뜻을 가지고 있다. 밥 먹는 것은 아이 본인을 위한 일이지만 "밥 잘 먹으면"이라고 설득한다면 밥 먹는 일의 책임은 부모에게로 전가될 수 있다.

조건을 붙여 설득하여 아이를 양육하면 아이들은 보상이 있거나 어떤 이익이 있을 때만 부모가 원하는 행동을 하게 된다. 즉, 타산적인 이익만 따지게 되는 아이로 성장하게 된다.

아이들이 인정받지 못했을 때, 기대하지 않고 있을 때 보상이 주어지거나, 아이의 행동을 인정하고 그에 대한 감사의 표현으로 보상이 주어진다면 보상은 가장 좋은 효과를 얻을 수 있다.

(3) 약속

아이들과의 관계에서는 진실이 중요하다. 부모가 자신이 한 말을 강조하기 위해 약속을 했다면, 약속하지 않은 말은 진실성이 없음을 인정하는 것으로 비춰질 수 있다.

약속은 아이들에게 비현실적인 기대를 가지게 한다. 아버지랑 워터파크에 가기로 약속한 아이는 그날은 비가 오지 않기를, 차가 고장나지 않기를, 아프지 말기를 바라게 된다. 그리고 예상치 못한 일이 생겨 약속을 지키지 못할 경우 아이는 단순히 약속을 어긴 것만 생각하고 부모가 진실하지 못하다는 확신을 가지게 된다.

(4) 거짓말

아이들이 거짓말을 하면 부모는 화를 많이 낸다. 아이들은 왜 거짓말을 할까? 아이들은 진실을 말하는데 인정받지 못하면 거짓말을 한다. 아이가 동생이 밉다고 말하면 어머니는 그렇게 말하는 것이 아니라고 다그친다. 아이는 거짓말인 줄 알면서 동생을 사랑한다고 말하고 어머니는 그 말에 착하다고 말해 주고 안아 준다. 어머니의 행동에 아이는 진실을 말하면 꾸중을 듣고, 거짓말을 하면 어머니에게 칭찬받는다고 결론짓게 된다. 사실을 말하는데도 야단을 맞으면 아이는 자신을 지키기 위해 거짓말을 하게 된다. 부모가 자녀에게 정직을 가르치려고 한다면 자녀들이 마음을 표현할 때 그것이 좋은 말이든 나쁜 말이든 귀를 기울여 들어 주어야 한다.

거짓말은 아이들의 욕망을 대변해 준다. 또한 거짓말은 아이들이 숨기고 싶은 것을 표현해 준다. 아이들이 거짓말을 할 때, 부정하거나 나쁘다고 야단치기 전에 그 거짓말이 무엇을 의미하는지 이해하려는 태도가 중요하다. 거짓말을 통해서 아이가 간절히 원하는 것이 무엇인지 알 수 있다.

아이들이 거짓말을 할 때 부모가 유의해야 할 태도 두 가지가 있다.

첫째는 부모가 일방적으로 판단하거나 타일러서 아이를 굴복시켜서는 안 된다는 것이다. 거짓말하는 아이의 욕구나, 거짓말의 의미를 파악해 볼 필요가 있다.

둘째는 부모가 알고 있다는 사실을 숨길 필요가 없다는 것이다. 즉, 부모는 아이들이 자신을 방어하기 위해 거짓말을 하도록 상황을 만들지 말아야 하고, 거짓말을 할 기회를 주지 말아야 한다. 아이가 거짓말을 할 때 화를 내거나, 도덕적인 훈계를 해서도 안 된다. 사실 그대로 받아들일 수 있는 아량을 가지고, 아이들이 부모에게 거짓말을 할 필요가 없음을 가르쳐 주어야 한다.

예 7-2 거짓말에 대한 반응

예) 일곱 살 민기는 아버지가 생일선물로 사준 로봇을 부숴버렸다. 혼날까봐 겁이 난 민기는 로봇을 침대 밑에 숨겨버렸다. 아버지는 이 사실을 알아버렸다.

적절하지 않은 반응	적절한 반응
아버지: 생일 때 받은 로봇은 어디 있지? 민기: 어디 있을 걸요. 아버지: 요사이 안보이던데.. 너 가지고 노는 것 못 봤는데.. 민기: 몰라요. 누가 가져 갔나봐요. 아버지: 너 거짓말 하는 것 다 알아. 어디 아빠 속이려고..	아버지: 너 요즘 로봇 갖고 놀지않는 것 보니 고장 냈구나. 멋진 로봇인데... 아까운데... 아빠가 고칠 수 있을지도 모르는데... 민기: 아빠가 고칠 수 있어요? 가지고 놀다 부서졌어요...
민기는 상처를 받았다.	민기는 아버지가 자신을 이해한다고 생각하고 잘못을 다 말할 수 있다.

연습 7-3 거짓말에 대한 적절한 반응

아이의 말	"아빠가 크리스마스 때 기린 선물해 준다고 했다."
적절하지 않은 반응	"아빠가 정말 그랬어?" "말도 안 되는 소리를 왜 하니?"
적절한 반응	

4) 책임감 형성 돕기

부모는 자녀들이 책임감 있는 사람으로 성장하기를 바란다. 책임감과 같은 가치 있는 행동은 직접 배울 수가 없다. 아이들은 존경하고 좋아하는 사람을 닮으려 하면서, 즉 존경하는 이를 모델링해서 자신의 인격을 형성해 나간다. 부모의 태도와 행동은 아이들의 책임감을 형성하는 결정적인 요인이 된다. 부모는 자신의 감정을 자녀들에게 솔직하게 보여 주어야 한다. 그리고 자녀의 모든 감정의 표현과 행동을 수용할 수 있어야 한다.

부모가 자녀의 감정이나 요구를 이해하려고 애쓸 때, 자녀는 스스로 자신을 변화시켜 나간다. 부모가 제공하는 특별한 경험들로 인해 자녀들의 인격이 형성된다. 책임감은 부모가 가르치기보다 아이 자신의 노력과 경험에 의해 커간다.

책임감에 대한 교육은 일찍부터 일상생활을 통해 시작할 수 있다. 세 살 난 아이에게 "무엇을 먹겠느냐?"고 묻기보다, "우유를 마시겠니?, 오렌지 쥬스를 마시겠니?", "계란찜을 해줄까?, 계란말이를 해줄까?"라고 질문을 해서 아이가 선택하게 한다. 또는 "오늘은 무슨 옷을 입을래?"라고 묻는 대신 "오늘은 바깥놀이가 있으니 바지를 입는 것이 좋을 것 같아. 노란색 바지 입을래, 초록색 바지 입을래?"라고 질문하여 아이에게 선택할 기회를 준다.

아이는 스스로 선택함으로써 책임지는 것을 배우게 된다. 선택지를 제공하는 것은 책임 있는 부모의 역할이며, 어느 하나를 선택하는 것은 아이의 책임이다. 아이가 자신의 생활을 영위하기 위해 무엇을 결정하고 선택하는 경험은 책임감뿐만 아니라 자아존중감도 높일 수 있다.

5) 훈육방법

아이들을 훈육할 때 아이들이 이해할 수 있는 범위 내에서 그 한계가 합리적으로 주어질 때 규율과 책임감 등 좋은 습관을 형성시킬 수 있다. "~하지 마라"라는 명령은 수용되지 않는 행동이 무엇인지 알려 주지만, 수용되는 행동이 무엇인지 알려 주지는 않는다. 그러므로 아이의 행동을 제지할 때는 대안까지 제시해 주어 아이가 선택하도록 한다. 예를 들면, "네가 무엇인가 던지고 싶다면 책을 던지지 말고, 공을 던지는 것이 좋겠다" 또는 "화가 나면 책을 던지지 말고, 네가 얼마나 화가 났는지 말로 이야기해라"라고 말해줄 수 있다.

아이의 행동을 제지할 때는 분명한 말로 구체적으로 어떤 행동은 허용되지만, 대신 어떤 행동은 받아들일 수 없다고 말해야 한다. 제지를 할 때는 단호히 "해서는 안 된다"고 해야 한다. 부모가 주저하면서 아이에게 호소하는 제지는 오히려 아이에게 갈등만 일으키게 한다.

예 7-3 책임감을 기르는 훈육방법

예) 어머니가 마트에서 물건을 사는 동안 일곱 살 딸 지경이는 장난감 코너를 돌아다니다 인형을 두 개 골랐다. 그리고 어머니에게 사달라고 졸랐다. 어머니는 예산한 돈을 다 써린 상태다.

A	B
어머니: "아유, 인형을 또 사? 집에 많잖아. 인형만 보면 다 사려 해? 도대체 어떻게 된 아이가 보는 것마다 사려고 해?" 지경이: "엄마는 사고 싶은 거 다 사잖아."(토라지거나 운다) 어머니: "아이스크림 사줄게. 응.. 화 풀어."	어머니: "지경이 그 인형이 가지고 싶구나. 마트에 있는 인형 모두 이쁘지? 가지고 싶지? 그런데 오늘은 인형을 살 계획이 없었어. 대신 머리띠나 머리핀을 사줄 수 있어. 지경이가 골라봐." 지경이: "머리핀 할래."

A와 B 차이는?

적절하게 아이를 제지하고 달래는 것은 쉽지 않다. 다음의 네 단계 절차대로 한다면 효과적일 수 있다.

첫 단계, 부모는 아이의 욕구나 원하는 바를 인정하고, 간단한 말로 표현해 준다. "너는 피아노가 치고 싶구나."

두 번째 단계, 특별한 행동에 대해서는 분명하게 제지해야 한다. "하지만 저녁 8시 이후에는 피아노를 치지 않기로 되어 있잖아. 아파트 규칙이 그러해."

세 번째 단계, 부모는 자녀가 원하는 바를 최소한 일부분이라도 성취할 수 있도록 다른 방법을 제시해야 한다. "내일 낮에 실컷 치는 것은 좋아" 혹은 "CD플레이어로 음악 들을까?"라고 제안한다.

네 번째 단계, 아이가 제지를 당할 때 느끼는 분개를 표현하도록 도와주어야 한다. "피아노 치고 싶은데 칠 수 없으니 기분 안 좋지?", "아파트는 이웃 생각도 해야 하니까 그런 규칙이 있는 거야. 하지만 그런 규칙 때문에 네가 피아노 치고 싶을 때 치지 못하니까 그런 규칙이 없으면 좋겠지?", "피아노를 맘대로 칠 수 있는 집으로 이사 가면 좋겠지?"

아이를 제지할 때 주의할 점은 아이의 인격을 무시하는 말을 삼가는 것이다.

3 부모교육의 형태

Ginott의 부모교육은 부모상담모임(guidance group for parents)을 통해 이루어진다. 그룹은 10~12명으로 구성되며, 15주 코스로 진행된다. 매주 1회에 90분 동안 모임을 갖는다. 회원들은 둥근 테이블에 앉아 자녀이름 카드를 놓고 자신의 느낌을 표현하게 된다. 이는 부모교육을 하는 전문가의 권위를 최소화하고, 아동중심의 교육이라는 것을 강조하기 위함이다.

부모교육은 네 단계로 진행되며, 네 단계에 걸쳐 부모들은 자신의 행동이나 습관, 태도를 분석하고 평가하여 자신들의 능력을 향상시키고 개발할 수 있는 통찰력을 갖게 된다.

4 부모교육과정단계

Ginott에 의한 성공적인 부모교육과정은 이야기하기단계(recitation phase), 민감성 높이기단계(sensitization phase), 개념형성단계(concept formation phase), 기술익히기단계(skill learning phase)로 나뉜다. 이를 좀 더 자세히 설명하면 다음과 같다(Ginott, 1972; Orgal, 1980).

1) 이야기하기단계

이 단계에서 지도자들은 부모들이 자녀들과 생활하면서 부딪히는 여러 가지 문제들과 이러한 문제들을 해결하기 위해 사용하였던 상호작용에 대해 솔직하게 말할 수 있도록 격려한다.

이러한 과정을 통해 부모들은 다른 사람들의 고민과 자녀문제를 공유하면서 감정이입의 경험을 갖도록 한다. 그러면서 지나치게 허용적인 부모와 지나치게 제한적인 부모의 입장에서 서로의 공통점과 차이점에 대한 경험을 나눈다(Orgal, 1980).

2) 민감성 높이기단계

두 번째 단계에서는 문제행동을 보이는 자녀들의 느낌에 초점을 두게 된다. 부모의 고민보다 자녀의 느낌이 어떠했을지를 자녀 입장에서 감수성 깊게 생각해 보는 단계이다. 자녀의 느낌과 행동 사이에 어떤 원인과 결과가 작용하는지에 대해 부모가 집중적인 관심을 가지도록 한다. 이유는 "어린이는 감정이 상했기 때문에 미운 짓을 한다"는 Ginott의 기본 철학 때문이다(Orgal, 1980).

자녀의 문제행동만 문제로 보고 그 행동에 내포된 자녀의 감정을 무시한다면 자녀의 문제행동을 고칠 수 없다. 그래서 Ginott는 이 단계에서 부모들에게 감정탐색을 하도록 격려한다. 부모들이 일상생활에서 겪는 상황과 정서적 경험을 주제로 토의하여, 상황에 따른 마음상태를 아는 감정탐색의 기술, 즉 민감성이 향상되게 한다.

3) 개념형성단계

이 단계에서는 부모로서 자신의 행동에 대해 분석해 보고, 나아가 부모로서의 행동이 향상될 수 있는 개념을 형성하도록 돕는다. 부모로서 자녀와의 갈등을 다루는 데 왜 실패했는지 그 원인을 파악하고 평가 · 분석하여 자녀양육에 대한 새로운 지식과 개념을 갖게 한다.

감정과 행동의 차이를 인식하고, 자녀들이 감정을 표현하는 것이 발달적으로 바람직하다는 것을 배운다. 자녀들의 감정과 행동을 수용하는 기술과 자녀가 감정을 건설적으로 표현하도록 도와 주는 기술을 배우게 된다.

4) 기술 익히기단계

이 단계에서는 프로그램에 참여한 부모들이 안고 있는 문제를 해결하기 위해 양육기술을 실제 상황에 적용해 보도록 하는 과정이다. 지도자는 참여한 부모들에게 그들이 겪고 있는 문제에 대해 도움이 될 만한 적절한 기술을 제시한다. 부모들은 자신의 문제에 대해서는 주관적이고 정서적으로 반응하지만 다른 부모의 문제에 대해서는 보다 객관적이고 통찰력을 가지고 접근한다. 배운 이론을 가정에서 적용해 본 후 그 결과에 대해서 다시 토의하여 새로운 양육기술과 자식을 익히게 된다.

Ginott의 부모교육 목표는 첫째, 이 과정을 통해 부모는 자녀의 감정을 잘 읽어서 보다 세련되고 정확하게 그리고 애정 어린 어휘로 표현하게 하는 것이다. 이런 어휘를 사용할 수 있게 되면 자녀와 의사소통하는 기술이 점점 더 늘게 된다. 둘째, 부모교육에 참여한 부모는 자녀와의 갈등에서 겪게 되는 분노와 원망의 감정을 자연스럽게 표현할 수 있는 안전한 공간을 제공받는다. Ginott는 부모가 자녀의 행동 때문에 속이 상할 때 그 감정을 표현할 수 있어야 한다고 했다(Ginott, 1965; Orgal, 1980).

CHAPTER 08 Berne의 교류분석 이론

교류분석 이론(Transactional Analysis: TA)은 부모-자녀 간의 의사소통과 상호교류방법을 개선시키기 위해 Erick Berne이 개발한 이론이다.

Erick Berne은 1910년 캐나다 몬트리올에서 의사인 아버지와 작가인 어머니 사이에서 둘째 아들로 태어났다. 그는 맥길대학에서 의학공부를 하고 이후 예일대학에서 정신과 의사로 근무했다. 1941년부터는 뉴욕의 마운터 병원에서 임상조교로 일하였으며, 뉴욕 정신분석 연구소와 샌프란시스코 정신분석 연구소에서 일하면서 정통 Freud 학파를 따르는 정신분석의가 되려고 애썼다.

Berne은 교류분석 이론을 개발하던 중 1956년 정신분석전문가 자격신청에 여러 차례 탈락하게 된 것이 사회적 상호작용 및 심리 치료, 인간의 성격에 대해 독자적으로 연구하는 계기가 되었다. 정통 Freud학파들이 사회적 인간관계를 별로 중요시하지 않았던 것과는 달리 Berne은 사회적 인간관계를 강조하였다. Berne은 자신의 상호교류 이론을 '사회적 정신의학의 일종'이라 하였다(Berne, 1983).

교류분석 이론의 핵심이 되고 있는 부모자아상태와 성인자아상태 그리고 아동자아상태에 대한 「심리치료에서 자아상태」라는 논문을 미국심리치료학회지에 발표하였다. 이후 1964년 「사람들이 하는 게임」이라는 저서를 출간하면서 상호교류 이론을 연구하기 시작했었다. Berne의 교류분석 이론을 세상에 알린 사람은 Harris이다. Harris는 「I'm O.K.-You're O.K.」(1969)에서 인간의 행동과 감정을 설명하는 새로운 이론 체계와 인간 성격에 내재하고 있는 기초적 원리를 설명하였다(Sirridge, 1980).

인간관계에서의 상호교류에 관심을 둔 Erick Berne은 심리 분석에 관한 이론을 부모교육에 적용하여 부모-자녀관계를 향상시키고자 했다. 상호교류분석(Transactional Analysis: TA)은 심리학의 새로운 분야로서 오늘날에는 심리치료의 방법뿐 아니라 상담, 학교, 가정 등 인간관계에서 의사소통이 중요시되는 곳에서는 어디서나 적용되고 있다.

1 부모-자녀관계에 대한 견해

1) 자극의 욕구

Berne에 의하면 사람은 환경과의 상호작용을 통하여 가치와 신념들을 이해하고 그 영향을 받아 개인의 인성을 형성한다. 그러나 근본적으로는 스스로 자신의 행동유형과 삶의 양식을 결정하는 자율적 존재이다. 또한 모든 사람은 자극을 받고자 하는 기본 욕구를 가지고 있다.

사람은 자극받고자 하는 욕구를 가지고 있기 때문에 끊임없이 자극을 갈망한다(Berne, 1964). 자극에 대한 욕구(stimulus hunger)는 연령에 따라 다르게 나타난다. 갓난아기는 안아 주고 토닥거려 주는 등의 신체적인 접촉을 통해서 자극의 욕구를 충족하게 된다. 나이가 들면 사회적 상호작용을 하면서 인정을 받고자 하는 욕구, 즉 인정에 대한 욕구를 충족하고자 한다.

Spitz(1945)는 자극의 욕구를 충족하지 못한 아기들은 마리스무스라는 병에 걸려 생명의 위협을 받게 된다고 했다. 마라스무스병은 제2차 세계대전 중 부모를 잃고 병원이나 시설에 수용된 아기들이 신체적 접촉을 받지 못하여 심하게 말라 죽음에 이르는 병이다. 신체적 접촉은 인간이 생존하는 데 필수불가결한 요소이다.

교류분석 이론에 의하면 사람들은 일생동안 계속적으로 자극을 필요로 한다. 자극의 결핍은 육체적 · 정서적으로 해를 끼치며 오랫동안 그 영향이 지속된다. 하버드대학에서 정상적인 성인을 대상으로 '감각박탈' 실험을 한 결과, 인지기능과 운동기능이 급격하게 저하하여 정상적인 환경으로 돌아온 후에도 며칠 동안 결핍이 지속되었다(Vernon, 1961).

2) 스트로크

자극에 대한 욕구는 스트로크(stroke: 쓰다듬기)를 통해 충족된다. 인간은 유아든 성인이든 간에 누구나 자극과 인정을 필요로 한다. 그 자극이 좋은 기분을 유발하든 나쁜 기분을 유발하든 상관없이 자극을 받고 싶어 한다. 이러한 자극의 허기를 채워주는 행동을 스트로크라고 한다. 스트로크는 '쓰다듬는다'라는 뜻으로 교류분석에서는 '인간인식 단위'라고 정의한다. 스트로크는 언어, 표정, 감정, 몸짓 등 다양한 교류단위로 언어적 또는 비언어적 방법으로 표현된다.

스트로크는 유형, 크기, 강도 면에서 다양하다. 긍정적인 또는 부정적인 스트로크, 조건적인 또는 무조건적인 스트로크까지 매우 광범위하고 포괄적이다. 스트로크는 개인의 연령과 상황에 따라 다르게 일어나며 부모마다 사용하는 스트로크가 다르다.

긍정적이고 무조건적인 스트로크를 많이 받은 아이는 자신을 중요하고 가치 있는 사람으로 여기게 될 것이고, 그 반대의 경우는 열등감, 부적절감 등을 느끼게 될 것이다. Dusay는 산모들이 임신 중에 자신의 배를 많이 쓰다듬는데, 이것이 최초 스트로크가 된다고 했다(Bert, 1984). 부부관계, 부모 - 자녀관계, 친구관계에서 스트로크가 어떻게 이루어지는가에 따라 기본적인 인생태도가 정해진다. 기본적인 인생태도는 네 가지로 구분된다(Berne, 1964; 김규수 외, 1996).

(1) 긍정적 · 부정적 스트로크

긍정적인 스트로크는 가볍게 등을 두드려 주거나 안아 주거나 인정해 주는 말을 하거나 좋은 기분을 느끼게 해서 스트로크를 받는 이가 자신에 대해 좋게 생각하도록 도와 주는 것이다.

부정적인 스트로크는 비난하거나 때리는 것과 같이 고통을 주어 스트로크를 받는 이가 기분 나쁘도록 하는 것이다. 누구의 인정도 사랑도 받지 못하는 사람은 부정적인 스트로크라도 원하는 경우가 있다.

(2) 조건적 · 무조건적 스트로크

조건적인 스트로크는 "네가 방청소를 잘했을 때 난 너를 좋아해", "네가 공부를 잘하니까 용돈 올려 줄게" 등 뭔가 이유가 있어 인정의 스트로크를 주는 것을 말한다.

무조건적인 스트로크는 "너는 소중한 존재이니까, 널 사랑해"라고 살아있는 인간의 존재 가치에 근거한 스트로크를 주는 것이다. 부모는 자녀에게 무조건적인 스트로크를 줄 수 있어야 한다.

3) 기본적인 인생태도

기본적인 인생태도는 어릴 때 부모와의 스트로크를 바탕으로 키워지는 자기나 타인 또는 세계에 대한 기본적인 반응태도이다. 또는 스트로크를 통해 형성된 자기상(self-image)이나 타인상(other-image)을 말한다. 기본적인 인생태도의 대부분은 부모로부터 어떠한 스트로크를 얼마나 받았는지에 따라 정해진다.

유아는 혼자서 살아가지 못하는 무력한 존재이므로 불안한 상태에 있다. 때문에 어머니의 애정 또는 스트로크가 절대적으로 필요하다. 어머니의 스트로크가 충분히 주어질 때 유아의 마음속에는 '나는 소중하게 사랑받고 있는 중요한 존재가 분명해, 나는 OK다' 라는 자기에 대한 신뢰감이 증대된다. 그래서 자기 이외의 사람도, 자신의 주변 세계도 OK임에 틀림없다고 느끼게 된다.

표 8-1 OK와 Not OK의 비교

OK	사랑받고 있다, 좋은 사람이다, 삶의 가치가 있다, 강하다, 아름답다, 할 수 있다, 도움이 된다, 하면 잘된다, 올바르다, 자기실현하고 있다, 안심할 수 있다 등
Not-OK	사랑받을 가치가 없다, 보기 싫다, 약하다, 어린아이 같다, 무지하다, 짓궂다, 바보이다, 동작이 느리고 머리가 둔하다, 실패한다, 무엇을 해도 안 된다, 뒤떨어진다, 안심할 수 없다 등

(1) 자기부정-타인긍정(I'm not OK-You're OK)

자기부정-타인긍정 인생태도는 아이가 출생했을 때의 상황과 관련되어 있다. 아이 자신은 무능하여 타인의 도움 없이는 생존할 수 없다(I'm not OK). 그리고 부모는 전지전능하며 무조건적인 스크로크를 제공한다(You're OK). 자기부정-타인긍정 인생태도를 가진 사람은 타인과 비교하여 자신이 부적절하고 열등하다고 느낀다. 타인과 친밀한 관계를 맺기 어렵고 타인을 불신하고 우울해한다. 다른 사람이 자신을 유능하고 가치 있다고 인정해줄 때만 자아존중감이 생긴다.

(2) 자기부정 – 타인부정(I'm not OK – You're not OK)

자기부정 – 타인부정 인생태도는 생후 1년 전후의 상황과 관련지어 볼 수 있다. 걷기 시작하면서 자신의 몸을 움직일 수 있으나 생각같이 되지 않고 넘어져서 다치고(I'm not OK), 그렇다고 부모가 이전처럼 무조건 지지해 주지도 않고 제재를 한다(You're not OK). 자기부정 – 타인부정 인생태도는 부모의 애정박탈을 경험하거나 기본적 신뢰감이 형성되지 못할 때 형성될 수 있다. 이 인생태도가 지속되거나 심해지면 인생에 대해 무가치감이나 허무감을 가지게 되거나 자신을 포함해서 아무도 믿지 않기 때문에 모든 것이 부정적이다. 인생을 무가치한 것으로 생각한다.

(3) 자기긍정 – 타인부정(I'm OK – You're not OK)

자기긍정 – 타인부정 인생태도는 2~3세경의 경험과 관련되어 있다. 자율성이 발달하면서 자신이 뭐든 할 수 있다는 생각을 하게 된다(I'm OK). 그리고 부모의 통제를 거부하게 된다(You're not OK). 이 인생태도가 지속되면 지배감과 우월감을 가지게 되며, 양심부재가 되기 싶다. 타인을 부적절하고 무가치하게 보고 타인을 무시하며 못 믿는다. 그리고 쉽게 분노하고 생색내는 인생태도를 가진다.

(4) 자기긍정-타인긍정(I'm OK-You're OK)

자기긍정-타인긍정 인생태도를 지닌 사람은 전인격적으로 건강하며 자기 자신과 타인과의 관계를 편안하게 느끼고 만족한다. 자기 가치와 타인의 가치를 인정하고 존중하며 상대를 배려한다. 모든 느낌과 인식이 OK로 표현되기 때문에 계속 활동하고 성장하려는 동기를 갖게 된다.

2 교류분석의 기본원리

교류분석의 기본은 개인의 자아상태를 분석하는 것이다. 이를 근거로 상호간의 의사소통의 교류방식을 분석한다.

1) 인성구조

Berne에 의하면 개인의 인성은 세 종류의 자아상태로 구성되어 있다. Berne은 자아상태를 '사고, 감정 그리고 그것들과 연관된 행동양식을 통합한 하나의 시스템'이라고 정의했다. 세 가지 자아상태는 부모자아상태(parent ego state), 성인자아상태(adult ego state), 아동자아상태(child ego state)로 나뉜다. 세 가지 자아상태는 원으로 도식화되며, 세 개의 원은 세 개의 자아상태가 각각 분리되어 있음을 나타내고 있다. 각 자아상태는 자세나 행동에 의해 파악될 수 있다.

Berne에 의하면 아동을 포함하여 모든 사람들은 누구나 그들 내부에 부모자아상태, 적절한 자아상태로 행동할 수 있는 성인자아상태, 현재 자신보다 어린 아동자아상태를 지니고 있다.

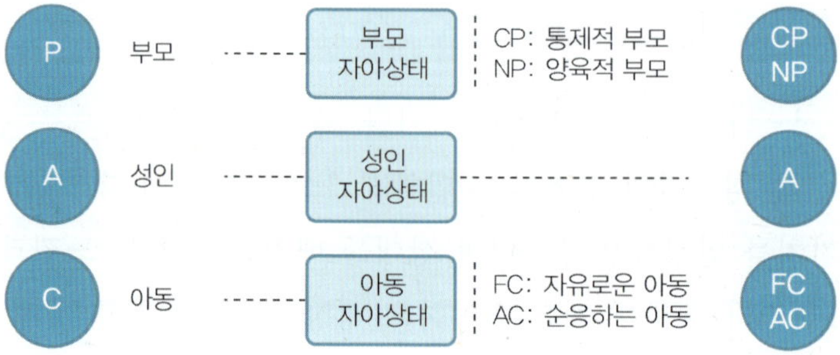

출처: 한국교류분석협회.

그림 8-1 교류분석에서의 성격의 구조 및 기능분석

(1) 부모자아상태

부모자아상태(parent ego state)는 개인의 삶에 영향을 주어왔던 의미 있는 타인들, 즉 부모, 형제, 교사들을 모방하거나 학습 또는 내면화하여 기록된 부분이다. 부모자아상태는 사람이 해야 할 일, 해서는 안 되는 일에 대해 배워 온 태도, 규칙, 예절, 전통, 가치 등을 포함한다.

부모자아상태는 한 개인이 살고 있는 조직 사회 안의 문화나 규범에 대해 녹화해 둔 비디오테이프와 같다. 부모가 자녀를 양육하고 통제하고 돕는 과정에서의 부모행동을 모두 기록한 것이기 때문이다.

한 개인의 부모자아상태는 자신을 양육한 부모의 가치와 태도를 그대로 반영하게 된다. 부모자아상태는 사회구성원으로서 효율적으로 행동할 수 있도록 도와 주는 기능과 생활에 필요한 규범적 행동들을 자동적으로 할 수 있는 기능을 가지고 있다.

부모자아상태는 양육적 부모(nurturing parent)자아와 통제적 부모(controlling parent)자아 또는 비판적 부모(critical parent)자아로 구분된다.

① 양육적 부모자아상태

양육적 부모자아상태(nurturing parent ego state)는 다른 사람을 돌보고 보호하는 행동과 관련이 있다. 즉, 자녀의 성장을 도와 주는 어머니와 같은 이타적이고 보호적이고 양육적인 행동을 나타낸다. 양육적 부모자아상태는 원만한 대인관계의 초석이 된다. 부모의 양육적 부모자아가 지나치게 강하면 자녀의 독립심이나 자립심을 저해하는 요인이 되기도 한다.

② 통제적 부모자아상태

통제적 부모자아상태(controlling parent ego state)는 주로 비난이나 제지와 관련되어 있다. 즉, 세상을 살아가면서 해야 하는 것과 하면 안 되는 것 등의 여러 가지 예의와 규범을 가르치고, 명령하고 지시하는 것과 같은 지배적인 행동을 보인다. 부모의 통제적 부모자아가 자녀의 사회생활을 위해 도움이 되는 규범을 가르치는 근간이 되기는 하지만, 지나칠 경우 자녀의 창의적인 능력을 제한하게 된다.

표 8-2 부모자아상태를 나타내는 언어적 · 행동적 단서

자아상태	언어적 단서	행동적 단서
양육적 부모자아상태	"그래 힘들지, 좀 쉬어." "힘내라 잘 될거야." "무리하지마, 병나면 안되니까."	안아 준다. 손잡아 준다. 챙겨 준다. 상대방에게 공감해 준다.
통제적 부모자아상태	"인사는 제대로 서서 해야지." "교사는 옷을 단정히 입어야지." "버릇없는 행동을 하면 안 되지."	눈빛을 쏜다. 제지시킨다. 막는다. 종교, 정치, 전통에 대한 자기 생각에 근거해 행동 기준을 설정한다.

(2) 성인자아상태

성인자아상태(adult ego state)는 주위 환경에서 정보와 자료를 수집하고 분석하여, 논리적이고 합리적으로 판단하고 결론을 내리게 하는 능력의 기초가 된다. 현실에 대한 정확한 관찰과 예측 기능을 한다. 성인자아상태는 유아기에도 존재하며 인지적 발달에 따라 질적으로 성숙해 간다. 성인자아상태는 12세가 될 무렵 그 기능이 성숙해지며, 추상적이고 가설적-연역적 사고가 가능한 16세쯤이면 더욱 원숙해진다. 각 개인이 가지고 있는 성인자아상태의 기능은 지식의 수준이나 인지 구조에 따라 다르다(Sirridge, 1980).

성인자아가 한 개인의 자아상태를 지나치게 지배할 경우에는 감정을 배제한 냉정하고 계산적인 사람으로 비쳐질 수 있다.

표 8-3 성인자아상태를 나타내는 언어적 · 행동적 단서

자아상태	언어적 단서	행동적 단서
성인자아상태	"언제, 어디서, 무슨 일이 있었지?", "왜 그랬을까", "몇 번을 했지", "시간이 얼마 걸렸어?", "양쪽 의견을 들어보는 것이 좋겠지."	주의 깊게 듣는다. 찬반 양쪽 의견을 듣는다. 일중심적으로 능률적으로 처리한다. 통계자료를 가지고 의견을 내려 한다.

(3) 아동자아상태

아동자아상태(child ego state)는 어린 시절 경험한 감정이나 행동이 내면화되어 형성된 것으로 개인의 본능적 욕구와 기본적인 감정들이 저장되어 있는 심리적 창고이다. Berne은 "아동자아상태는 인간 성격의 가장 가치 있는 부분으로, 개인의 삶을 매력적이고 유쾌하고 창의적이게 한다. 아동자아상태 안에는 직관력과 창의력, 자발적인 욕구, 즐거움이 존재한다. 그러나 개인이 혼란에 빠져있거나 불건전하면 그 결과는 불행하게 될 수

있다"고 했다.

각 개인의 아동자아상태는 그들 삶에서 가장 중요한 정서적 사건들 뿐만 아니라 영아기 경험까지 모두 기록되어 형성된다. 그래서 아동자아상태는 개인이 아동기동안에 느끼던 감정이나 행동을 그대로 느낄 수 있게 한다.

아동자아상태는 자유로운 아동자아상태(free child ego state)와 순응하는 아동자아상태(adapted child ego state)로 나눈다.

① 자유로운 아동자아상태

자유로운 아동자아상태(free child ego state)는 누구에게도 구속받지 않고 자연스럽게 오직 자신의 내적 욕구와 필요한 것들에 의해 행동한다. 자유로운 아동자아상태는 일상에서 겪은 느낌을 표현하는 것으로, 호기심이나 창조적인 힘의 원천이 된다. 지나칠 경우에는 현실을 고려하지 않고 즉흥적으로 행동하거나 자신의 행동을 제어하지 못하고 경솔하게 행동하는 경향이 있다.

② 순응하는 아동자아상태

순응하는 아동자아상태(adapted child ego state)는 주변인들, 특히 부모가 자신에게 원하는 것에 맞추어 행동하는 경향이 있다. 그래서 순응하는 아동자아는 자연스럽지 못하고 순종적이며 참을성이 있다. 때로는 양육자의 애정을 상실하지 않기 위하여 자신을 억제하므로 지나친 경우에는 심리적인 문제를 초래하기도 한다.

표 8-4 아동자아상태를 나타내는 언어적 · 행동적 단서

자아상태	언어적 단서	행동적 단서
자유로운 아동자아상태	"와아!", "야호!", "좋아!" 등의 감탄사, "신난다.", "~하고 싶다.", "이런 방법으로 시도해볼까?"	잘 웃는다. 활발하다. 유머러스하다. 장난친다.
순응하는 아동자아상태	"~해도 되나요?", "좀 봐주세요, 이리하면 되는 건가요?", "죄송합니다, 과제를 잘 못한 거 같아요."	타인의 표정을 살핀다. 한숨 쉬고 불안해한다. 두려움을 보인다. 비꼰다.

2) 자아상태의 오염과 폐쇄

사람들은 모두 부모자아, 성인자아, 아동자아를 가지고 있다. 건강한 사람은 이 세 가지 자아상태를 적절하게 사용한다. 즉, 개인이 외부세계와 교류할 때 유연하고 유동성 있게 자아상태를 선택할 수 있어야 한다. 그러나 자아상태의 경계가 파손되어 한 자아상태가 다른 자아상태를 침범하는 경우 또는 자아의 경계가 경직되어 있는 경우 문제가 발생하게 된다. 자아상태의 경계에서 문제가 생기는 대표적 형태는 오염과 폐쇄이다.

(1) 오염

이상적인 자아상태는 부모자아, 성인자아, 아동자아가 적절하게 분리되어 있다. 그런데 자아상태의 경계가 이완되어 하나의 자아상태가 다른 자아상태를 침범하는 것을 오염이라고 한다.

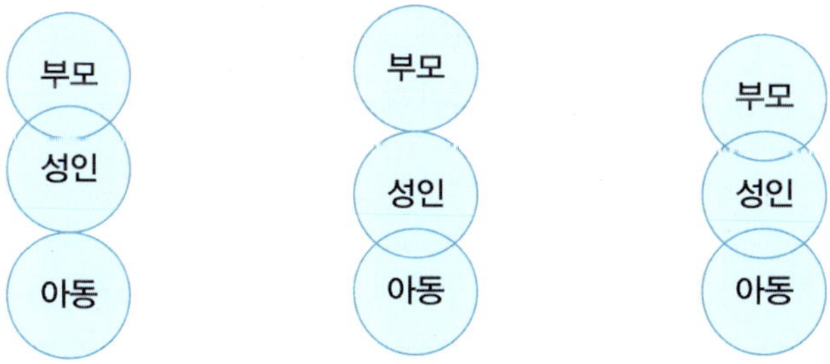

ⓐ
부모자아에 의해
오염된 성인자아

ⓑ
아동자아에 의해
오염된 성인자아

ⓒ
부모 및 아동자아에 의해
오염된 성인자아

그림 8-2 자아상태의 오염

그림 8-2의 ⓐ와 같이 부모자아가 성인자아를 침범한 경우 논리적인 판단이 어렵게 되고, 편견이나 고정관념을 가지게 된다. 예를 들면, '어떤 인종은 어떤 인종보다 우월해', '어떤 지역 사람과는 사귀지 않을 거야', '그런 직업은 맞지 않아' 등의 생각은 성인자아가 제 기능을 하지 못해 생긴 편견으로 바꾸기 쉽지 않다. ⓑ는 아동자아가 성인자아를 침범한 경우이다. 이 경우에는 지나치게 감정적이거나 망상이나 환상에 빠지게 된다. ⓒ는 부모자아와 아동자아 모두 성인자아를 침범한 경우이며 이때는 정신병리적 성격을 나타내게 된다.

(2) 폐쇄

각 자아상태의 폐쇄는 그 경계가 마치 벽처럼 차단되어 에너지가 한 곳에서만 머물고 침범하지 않는 상태이다. 그림 8-3의 ⓐ와 같이 부모자아와 성인자아의 영향이 폐쇄되어 아동자아에 고착된 사람은 자기가 하고 싶은 대로 행동하고 놀기 좋아하는 경향을 보인다. 반면 아동자아의 영향이 폐쇄되고 부모자아와 성인자아에 고착된 사람은 감정표현이나 여가에는 전혀 관심이 없고 경직되어 있고 일만 열심히 한다. 엄격하고 책임감으로 무장된 성격 특성을 보인다.

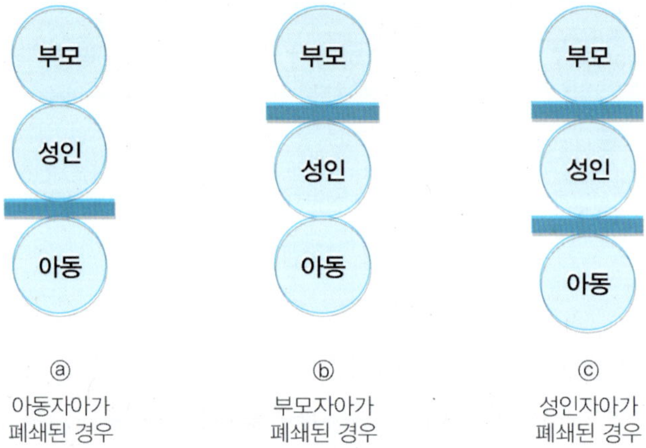

그림 8-3 자아상태의 폐쇄

그림 8-3의 ⓑ와 같이 성인자아와 아동자아의 영향을 폐쇄하고 부모자아상태에 고착되어 있는 사람은 비판적이고 지시적이며, 권위주의적인 태도를 보인다. 여가도 즐길 줄 모르고 자신을 희생하고 가족을 돌보는 데만 인생을 보내는 사람도 이 경우에 해당한다. 반면 부모자아의 영향이 폐쇄되고 성인자아와 아동자아에 고착된 사람은 사회의 규범이나 전통을 무시한다.

ⓒ와 같이 부모자아와 아동자아의 영향이 폐쇄되어 성인자아상태에 고착된 사람은 감정표현도 없고, 배려도 없이 지나치게 논리적이고 객관적이며 일중심적이다. 반면 성인자아의 영향이 차단되고 부모자아와 아동자아에 고착되어 있는 사람은 논리성과 객관성이 결여되어 있다.

3) 상호교류의 유형

Berne에 의하면 상호교류는 세 가지 자아상태를 이용해서 두 사람 간의 의사소통, 즉 스트로크를 교환하는 것이다. 상호교류의 유형을 이해하면 자신의 자아상태를 깊이 이해하면서, 자기와 타인이 어떤 관계를 맺고 있는지, 타인의 자극에 자신은 어떻게 반응하는 것이 좋은지를 통제할 수 있다. 개인은 다른 사람과 교류할 때 다양한 자아상태를 사용하게 된다. 사람들 간의 교류에는 세 가지 기본 유형으로 보완적 상호교류, 교차적 상호교류, 이면적 상호교류가 있다.

(1) 보완적 상호교류

보완적 상호교류는 부모 · 성인 · 아동자아상태에서 자극과 반응이 평행하거나 상호보완적이어서 의사소통이 원활하게 진행되는 유형이다. 보완적 상호교류를 하는 사람들은 다양한 자아상태로 스트로크를 교환할 수 있다. 보완적 상호교류에서는 기대한 대로의 반응이 얻어지기 때문에 원만한 인간관계를 유지해 나갈 수 있다.

① 부모－부모 상호교류

제 3자에 대한 동정이나 위안 또는 비난, 비판 등을 주고받는다.

교수1: "요즘 애들은 인사성이 없어요."
교수2: "큰일이에요, 교사 자격이 부족하다고 생각되지 않습니까?"

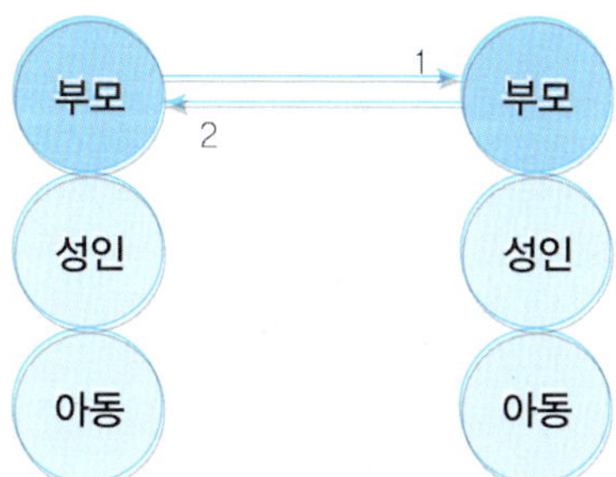

② 성인 - 성인 상호교류

일상적인 인사, 정보의 교환, 원인의 추적, 질의응답 등의 의사소통이다.

엄마: "오늘 수업 몇 시에 끝나니?"
자녀: "5시에 끝나요."

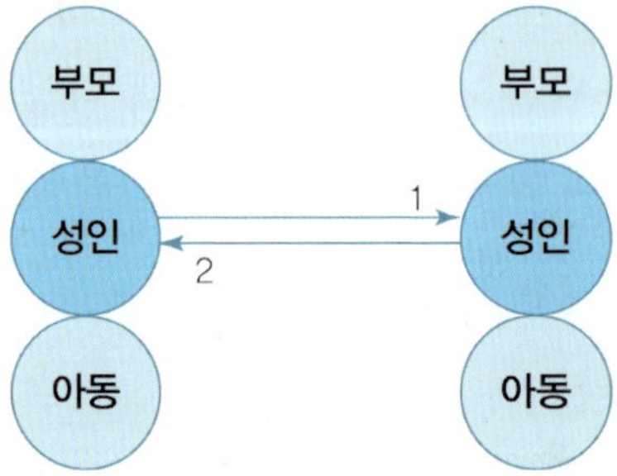

③ 아동 - 아동 상호교류

같이 노는 친구들이 주고받는 대화 또는 애인끼리의 대화 등이다.

남자: "너랑 같이 있으면 천국에 있는 것 같아."
여자: "나도 너무너무 행복해."

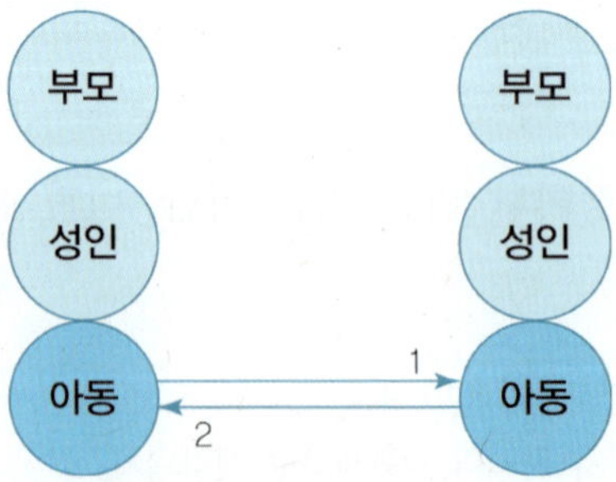

④ 아동-부모 상호교류

선배와 후배의 위로, 의료진과 환자의 교류이다.

후배: "속상해요, 발표 때 너무 떨려 말을 못할 뻔 했어요."
선배: "네 기분 알겠다. 위로가 필요하구나. 내가 네 얘기 들어 줄게."

환자: "여기가 너무 아파요. 한 번 봐주세요."
간호사: "이렇게 하면 덜 아파요. 이제 좀 나아지셨죠?"

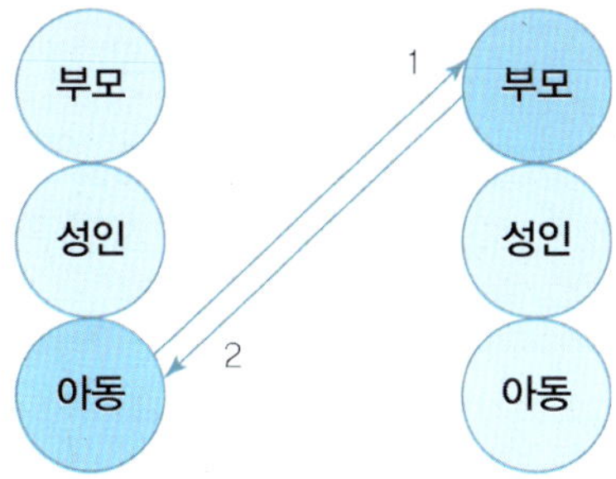

⑤ 성인-부모 상호교류

상담을 하거나 충고를 구하는 관계에서 이루어지는 교류이다.

학생: "학점 계산이 어렵네요, 해보겠지만 안 되면 좀 도와 주실래요?"
조교: "잘 할 수 있을 거예요. 그래도 안 되면 언제든지 도와 줄게요."

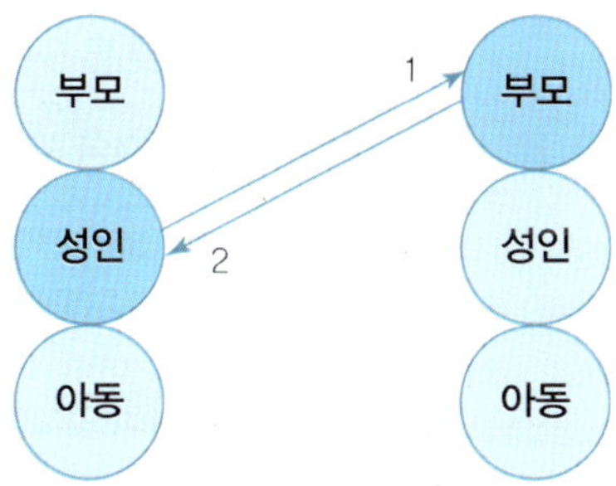

⑥ 아동과 성인의 교류

피드백과 같은 교류이다.

학생: "학과가 제 적성에 안 맞는 것 같아요."
교수: "공부가 어렵군요, 적응하기 힘든가요?"

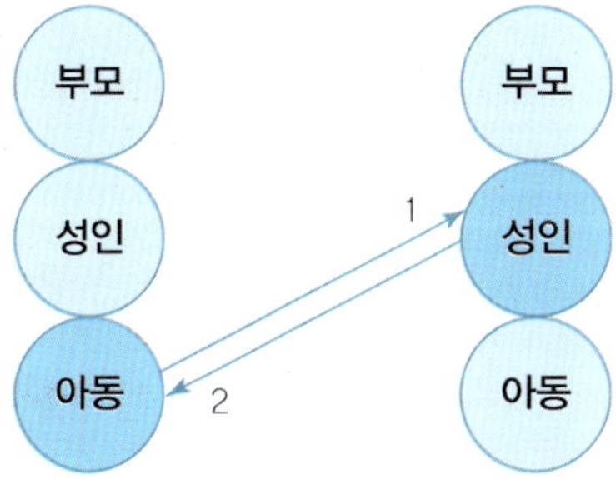

(2) 교차적 상호교류

교차적 상호교류는 한 사람이 상대에게 메시지를 보냈는데 상대가 상호보완적으로 반응을 해오지 않는 경우를 말한다. 상대에게 기대한 반응이 오지 않고 예상외의 반응이 되돌아오면 대화가 끊어지게 된다. 메시지를 보낸 사람은 무시당한 기분이 든다. 또 침묵현상이 일어나거나, 화제가 바뀌거나 싸움이 될 때도 있다. 따라서 교차적 상호교류는 인간관계를 어렵게 만드는 원인이 된다.

교차적 상호교류에서는 한 사람이 두 가지 자아상태로 대화하기 때문에 교류가 교차하게 된다. 예를 들어, "어머니, 지금 몇 시인가요?"라고 묻는 자녀에게 "6시란다"라고 대답을 하면 정보를 원하는 사람에게 객관적으로 정보를 제공하게 되므로 성인 - 성인자아상태로 교류가 된 것이다. 그러나 "숙제하는 것에 집중하면 안 되겠니, 왜 그리 산만하니"라고 말한다면 성인 - 성인자아상태의 교류를 원했던 자녀에게 부모자아상태에서 아동자아상태로 교류하게 된 것이다. 그러면 자녀는 어머니에게 반항하거나 분노하게 되어 원만한 상호작용을 할 수 없게 된다.

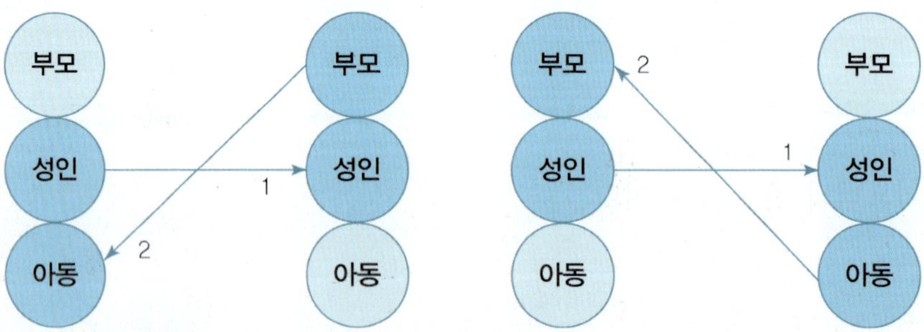

(3) 이면적 상호교류

이면적 상호교류는 표면적으로 보내는 메시지 이면에 주된 욕구나 의도 또는 진의가 숨겨져 있는 교류를 말한다. 보완적 상호교류와 교차적 상호교류는 자아상태가 외적으로 나타나고 있으나, 이면적 상호교류는 표면적으로 교류되는 자아와 숨겨져 교류되는 자아가 다르다. 일반적으로 표면적 메시지는 언어에 의해 전달되나 숨겨진 심리는 어떤 단어에 함축되기 있기도 하고 목소리의 억양이나 몸짓에 의해 나타나기도 한다.

표면적 수준은 성인－성인자아상태로 교류가 이루어지지만 본심은 부모자아상태나 아동자아상태로 교류하고 있다.

(표면)	(이면)
사장: "지금 몇 시니?"	사장: '시킨 거 아직도 못 했구나. 늘 늦어.'
비서: "3시 30분이요."	비서: '늘 비꼬시는군요.'

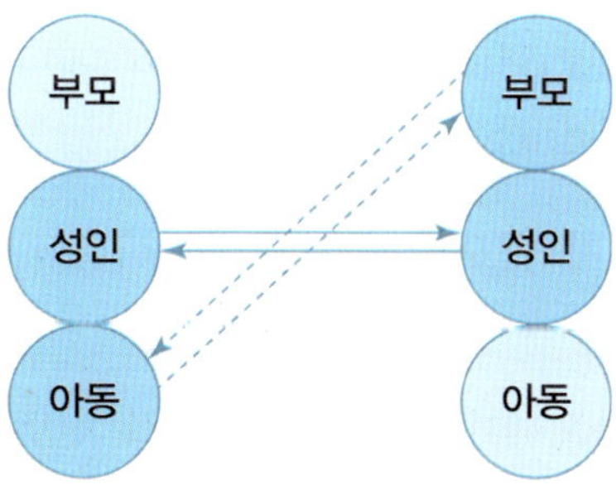

4) 게임

Berne에 의하면 모든 인간관계에서 일어나는 의사소통에는 숨겨진 함정이 있기 마련이며, 이러한 현상은 이면적 상호교류에 의해 일어난다. Berne은 이러한 이면적 상호교류를 게임이라고 하였다. 모든 게임은 기본적으로 속임수가 있고, 결과는 극적이고 흥분된 감정을 가지게 한다. 여기서 게임은 우리가 알고 있는 놀이의 활동을 의미하는 것이 아니다. 교류분석 이론에서 말하는 게임은 두 사람 또는 집단 내 사람들에게 일어나는 심리적 상호교류의 상태를 의미한다. 두 사람 간의 악화된 관계를 개선하기 위해서는 두 사람 사이의 이면적 상호교류의 근원을 파악하는 것이 중요하다.

Berne에 의하면 심리적 게임이 반드시 나쁜 것은 아니다. 사회생활 속에서 대부분의 사람들은 친밀감을 느낄 기회가 부족하고 심리적으로 친밀하지 않기 때문에 게임을 하는 데 시간을 많이 소비한다. 게임의 종류는 많다. 부부싸움, 파티, 빚쟁이, 이성관계 등도 모두 게임으로 이루어진다. 상호교류 분석에서는 인간관계를 맺을 때 사용하는 게임을 분석하여 보다 친밀한 관계를 맺을 수 있도록 돕고자 한다. 가장 이상적인 인간관계는 게임을 하지 않으면서 서로 친밀감을 느낄 수 있는 관계이다 (Berne, 1964; Sirridge, 1980).

Berne은 게임은 부모세대에서 자녀세대로 전달된다고 했다. 자녀들이 쓰고 있는 게임은 부모로부터 물려받은 것이다. 자녀를 양육하는 것은 자녀에게 어떤 게임을 해야 하는지를 가르치는 것과 같다.

교류분석 이론은 가정, 학교, 직장 등 인간관계에서 바람직한 의사소통을 할 수 있도록 돕는 방법이다. 특히 부모-자녀 간의 바람직한 관계를 위해 의사소통 분석을 제시하였다.

3 부모교육의 형태

교류분석 이론을 적용한 부모교육 프로그램은 일반적으로 집단의 형태로 진행되기 때문에 집단의 리더가 누구인지, 집단의 구성원 특성이 어떠한지 그리고 그들 간의 인간관계의 특성에 따라 부모교육 과정이 달라진다. 일반적으로는 다음과 같은 방법으로 진행된다.

첫째, 부모가 먼저 자신의 행동을 변화시켜야 하며, 자신과 자녀를 이해할 수 있는 능력을 길러야 한다는 가정 하에 진행해야 한다. 교육에 참여한 부모는 자녀에 대한 관심을 표현한다.

둘째, 타인과의 상호교류를 하는 기본과정으로 스트로크(쓰다듬기)의 개념을 소개하고, 부모교육 전후에 잠시 참가자끼리 서로 스트로크를 하는 시간을 5~10분 정도 가진다.

셋째, 교류분석의 이론은 여러 가지 새로운 개념과 용어들을 사용하고 있기 때문에 부모들이 이러한 개념에 익숙해지도록 읽을거리를 제공해 준다. 또한 집단 및 1:1의 관계를 통해 새로운 각도에서 자신과 타인의 문제해결을 시도해 보도록 돕는다.

CHAPTER 09

행동주의 부모교육 이론

행동주의 부모교육 이론은 Pavlov의 고전적 조건형성과 Skinner의 조작적 조건형성 이론에 기초해서 자녀의 행동을 수정하고 지도하고자 한 부모교육 이론이다. 행동주의 부모교육 이론은 사람의 행동은 선천적으로 타고난 유전적 요인의 영향을 받는 것이 아니라 성장 과정에서 환경의 영향을 통해 학습된 것으로 본다. 그러므로 학습된 행동이라 하더라도 강화와 벌과 같은 행동수정원리를 통해 바람직한 행동을 형성 또는 증가시키고, 바람직하지 않은 행동은 감소시킬 수 있다고 본다.

따라서 행동주의 부모교육 이론에서 부모역할이란 자녀에게 좋은 본보기가 되는 것이며, 자녀의 바람직한 행동은 강화시켜 주고, 바람직하지 않은 행동은 계획적으로 수정·변화하도록 훈련하는 것이다(Simpson, 1980). 행동주의 부모교육 이론은 이론적 지식에 대한 깊이 있는 이해를 필요로 하지 않기 때문에 누구나 쉽게 적용할 수 있는 장점이 있다.

1 부모 – 자녀관계에 대한 견해

행동주의 이론가 Watson은 아동 양육서를 저술하고 부모교육 강연을 다니면서 부모의 자녀양육에 대한 책임론과 자녀발달을 손상시킬 수 있는 양육법을 역설하였다. 아동은 백지와 같은 존재이며 부모의 양육과 훈련에 의해 발달의 방향이 정해진다고 보았다. 부모는 자녀의 출생 시부터 자신의 의도대로 자녀를 키우고자 하는 경향이 있다. 따라서 자녀를 바람직한 성인으로 성장 · 발달하도록 하려면 부모가 지속적으로 훈련을 시켜야 한다. 행동주의 이론에서 부모역할이란 좋은 모델이 되는 것이다. 자녀들은 부모를 모방하면서 행동을 형성해 나가기 때문이다.

행동주의 부모교육 이론에 의하면 자녀가 바람직하지 못한 행동을 한다면 그것은 자아존중감이나 자신감 결여와 같은 인성의 문제나 부모의 애정 결핍이 원인이 아니고, 잘못 학습된 행동이거나 훈련 부족이 원인이다. 그러므로 행동주의 부모교육 이론에서는 자녀가 바람직한 행동을 할 때는 긍정적으로 강화를 해 주고, 바람직하지 못한 행동을 할 때는 혐오자극이나 벌을 제공하는 행동요법을 통하여 자녀의 행동을 형성시킨다고 제시하고 있다.

2 자녀양육의 원리

행동주의 부모교육 이론은 고전적 조건형성, 조작적 조건형성, 사회학습 이론 등을 근거로 개발되었다. 행동수정 원리에 의한 자녀양육기술은 발달에 대한 지식이 그다지 없어도 습득이 가능하며, 기술 습득에 필요한 시간도 짧다. 행동수정 원리는 바람직하지 못한 행동을 감소시키는 방법과 바람직한 행동을 증가시키는 방법으로 구분할 수 있다.

1) 바람직하지 못한 행동을 감소시키는 방법

(1) 벌

벌은 아이에게 혐오자극, 즉 아이가 싫어하는 것을 제공하여 아이의 문제행동이 일어날 확률을 감소시키는 방법이다. 대표적인 벌이 체벌이다. 그러나 체벌은 모방학습을 통해 공격성을 증가시킨다는 문제점이 있다. 그리고 체벌을 받는 상황을 피하기 위해 더 바람직하지 못한 행동을 유발할 수도 있다. 또 체벌만으로 바람직한 행동을 가르칠 수 없다는 문제점도 있다.

(2) 소거

소거는 일단 학습된 행동도 그 행동에 대한 강화가 지속적으로 주어지지 않으면 점차 소멸한다는 원리에 근거한 방법이다. 아이가 문제행동을 할 때 부모나 교사가 처벌을 가하는 것도 한편으로는 관심을 보여주는 것이 된다. 그래서 처벌도 강화가 될 수 있다. 그러므로 문제행동에 대해서는 아예 관심을 보이지 않고 무시하여 행동을 감소시키는 것이 소거이다.

소거방법을 사용할 때 고려해야 할 점은 다음과 같다.

첫째, 문제행동을 무시하는 소거방법을 사용하면 부모나 교사의 관심을 끌기 위해 문제행동이 갑자기 폭발적으로 증가하게 되는데, 이를 '소멸저항'이라고 한다. 소거를 사용할 시 소멸저항이 나타난다는 것을 미리 알고, 이를 견뎌낼 의지가 있을 때 소거방법을 사용해야 한다.

둘째, 문제행동을 실제로 무시하는 것이 쉬운 일은 아니다. 문제행동을 무시하면서, 다른 바람직한 행동을 강화하는 방법을 병행하는 것이 시간과 노력을 절약할 수 있다.

셋째, 강화의 모든 근원을 차단할 수 있을 때 소거의 방법이 효과적이다. 부모는 아이의 행동을 무시하고 있는데 조부모가 행동에 관심을 보인다면 문제행동 수정은 어렵다.

(3) 고립

현재 아이가 접하고 있는 상황이 문제행동을 유발시킨다고 생각되면 그 상황으로부터 아이를 일시적으로 격리시키는 방법이 고립(time out)이다. 고립방법을 사용하는 과정에서 유의해야 할 점은 다음과 같다.

첫째, 현재 상황이 고립되는 것을 싫어할 만큼 즐거운 상황이어야 한다.

둘째, 고립되어 있는 곳에 아이가 좋아할 만한 장난감이나 물건이 없어야 하며 고립되는 동안 아이의 행동을 엄격히 통제할 수 있어야 한다. 그러나 요즈음은 고립을 과도하게 실시하면 아동의 권리 침해로 간주될 수 있기 때문에 주의해서 사용해야 한다.

셋째, 아이의 연령에 따라 고립되는 시간을 고려해야 한다. 유아의 경우 5~10분을 넘지 말아야 한다. 그 이상이 되면 효력도 없으며 아동학대로 간주될 수 있다.

넷째, 고립되는 것 자체가 관심 끌기의 효과를 거두어서는 안 된다.

(4) 포만

아무리 좋은 것도 지나치면 싫증이 난다는 원리에 근거한 행동수정방법이다. 예를 들면, 책을 찢는 아이에게 헌책을 여러 권 주어, 실컷 찢게 해서 더 이상을 책을 찢고 싶은 생각이 들지 않게 한다.

포만의 방법을 실시할 때 고려할 점은 다음과 같다.

첫째, 포만의 방법은 문제행동이 위험하지 않은 행동일 때 가능하다.

둘째, 포만의 방법을 실시하는 과정에서 성인이 먼저 포만이 되어서는 안 된다. 예를 들면, 아이에게 책을 실컷 찢게 하고서는 방이 어질러지는 것을 엄마가 못 참아서 그 행동을 멈추게 해서는 안 된다는 것이다.

셋째, 포만시키고자 하는 행동은 수정하고자 하는 행동과 일치되어야 한다. 책을 찢는 행동이 문제인 아이에게 책에 그림을 실컷 그리게 해서는 안 된다는 의미이다.

(5) 반응대가

반응대가는 아이가 누리던 권리를 박탈하는 것으로 행동을 수정하는 방법이다. 약속을 미리 해서 이를 어길 경우 주어진 권리의 일부를 박탈하여 잘못된 행동을 수정하기에 권리박탈이라고도 한다. 예를 들면, 하루에 30분씩 게임을 하기로 약속했는데 이를 어기는 경우 게임을 할 수 있는 시간을 5분씩 박탈하는 것이다. 반응의 대가를 사용하는 과정에서 유의할 점은 다음과 같다.

첫째, 자녀에게 반응대가를 미리 제시하고 협의하여 자녀가 반응대가를 수용할 때 이 방법이 효과적이다.

둘째, 적정 수준의 대가여야 한다. 자녀가 지불해야 하는 대가의 수준이 지나치게 높으면 자녀는 행동을 수정하려는 의욕을 상실하게 된다.

(6) 대체행동 강화

대체행동 강화는 바람직하지 못한 행동과 상반되거나 동시에 수행할 수 없는 다른 행동을 강화하여 문제행동을 수정하는 방법이다. 예를 들면, 손톱을 뜯는 아이에게 종이접기를 하게 하고 종이접기 활동을 칭찬해 준다. 대체행동의 강화가 효과적으로 이루어지기 위해서는 아이가 대체행동을 잘 수행하였을 경우 강화를 해 주어야 한다. 대체행동을 잘 수행하지 못했다 하더라도 벌과 같은 불쾌한 경험을 하게 해서는 안 된다.

(7) 체계적 둔감법

체계적 둔감법은 아이가 어떤 특정 대상에 대해 공포를 보일 때 공포의 대상에 조금씩 점차적으로 노출시킴으로써 공포 반응을 감소시키는 방법이다. 예를 들면, 물에 들어가는 것을 무서워하는 아이에게 심리적으로 부담을 주지 않도록 유쾌한 활동과 함께 점진적으로 물을 접하도록 하는 것이다. 체계적 둔감법을 사용하는 과정에서 고려할 점은 다음과 같다.

첫째, 체계적 둔감법을 사용하기 이전에 먼저 특정 대상에 대해 공포를 느끼게 된 원인을 찾고, 아울러 예방이나 차단이 가능한 것인지 먼저 생각해야 한다. 즉, 아이가 공포를 형성하는 대상을 만들지 않도록 예방이나 차단을 하는 것이 우선임을 명심해야 한다.

둘째, 공포를 느끼는 상황이나 대상에 천천히 단계적으로 아이가 접하도록 한다. 성급하게 서둘러 진행하면 효과가 없다.

셋째, 아이에게 공포를 유발하는 대상과 편안함을 유발하는 대상을 동시에 짝지어 제시함으로써 공포감이 상쇄되도록 해야 한다. 예를 들면, 자녀가 물을 무서워하면 편안함을 주는 엄마의 손을 잡고 조금씩 접근하게 한다.

(8) 과잉정정

과잉정정은 바람직하지 못한 행동에 대해 그 행동을 지나칠 정도로 충분히 연습시킴으로써 문제행동을 수정하는 방법이다. 바람직하지 못한 행동을 하기 이전의 상태로 회복시키는 원상회복법과 어떤 행동을 올바르게 수행할 때까지 충분히 연습시키는 과잉정정의 방법이 있다. 예를 들면, 바닥에 낙서를 한 아이에게 낙서를 다 지우도록 하는 것은 원상회복법이라 할 수 있다. 수저질이 서툰 아이에게 수저질을 바로 하도록 계속 반복해서 실시하게 하는 것은 충분히 연습을 시키는 과잉정정의 방법이다. 두 방법을 적용하는 과정에서 고려할 점은 다음과 같다.

첫째, 원상회복법을 적용할 때 아이가 원상회복시키는 행동을 재미있게 생각한다면 다른 행동수정방법을 선정해야 한다.

둘째, 충분히 연습을 시키는 경우에 자녀가 거부반응을 보일 때에는 다른 행동수정방법을 고려해야 한다.

(9) 이완법

이완법은 자녀가 편안한 상태를 유지할 수 있도록 이완된 분위기를 조성하여 행동을 수정하는 방법이다. 이완법에는 편안한 마음을 가질 수 있는 장면이나 상황을 연상하는 명상법과 호흡이나 간단한 체조를 통해 신체근육의 긴장을 이완시키는 방법이다.

2) 바람직한 행동을 증가시키는 방법

(1) 정적 강화와 부적 강화

강화는 특정한 보상을 제공하여 행동의 발생빈도를 높여 주는 것을 의미한다. 정적 강화는 아이가 바람직한 행동을 했을 때 칭찬이나 상을 제공하여 바람직한 행동을 더 많이 하도록 하는 방법이다. 반면 부적 강화는 바람직한 행동을 했을 때 평소 싫어하던 화장실 청소를 면제해 주는 것과 같이 혐오자극을 제거해 주어 바람직한 행동의 빈도를 증가시키는 방법이다. 예를 들면, 책을 읽고 있을 때는 어머니가 잔소리를 하지 않는 것이다. 잔소리를 하지 않는 것은 부적 강화이다.

정적 강화와 부적 강화를 사용하는 과정에서 유의할 점은 다음과 같다.

첫째, 행동수정 초기단계에서는 바람직한 행동이 일어난 즉시 강화물을 제공해 주어야 한다. 혐오자극도 즉시 제거해 주어야 한다. 그러므로 강화물은 즉시 제공할 수 있는 것으로 선정해야 한다. 행동 직후 강화물이 제공되어야 행동-강화물 간의 연합, 즉 조건형성이 형성된다.

둘째, 행동수정 초기단계에서는 일관성 있게 강화물이 제공되어야 한다. 행동이 어느 정도 형성되면 가끔씩 강화물을 제공해 주는 간헐 강화의 원리를 적용하면 행동이 오래 지속된다.

셋째, 강화물을 선정할 때는 개인차를 고려해야 한다. 단 것을 좋아하는 아이에게는 사탕이 강화물이 될 수 있지만 단 것을 싫어하는 아이에게 사탕은 강화물이 될 수 없다.

넷째, 강화물의 양도 고려해야 한다. 강화물의 양이 너무 적으면 행동에 대한 강화효과를 기대할 수 없다. 강화물의 양이 너무 많아 포화가 일어나도 강화물로서 매력을 상실하게 된다. 강화물의 양은 처음에는 충분하게 주다가 점차 줄여나가는 것이 행동의 지속효과가 높게 나타난다.

표 9-1 강화의 종류

유형	의미	강화물
물질적 강화	바람직한 행동에 대해 물질적인 것을 제공하여 그 행동을 습관화하는 것	• 좋아하는 음식물(과자, 사탕, 피자 치킨) • 장난감
사회적 강화	바람직한 행동에 대해 칭찬 및 애정표현 등을 사회적 보상으로 제공하여 그 행동을 습관화하는 것	• 칭찬 • 안아 주기 • 미소 지어 주기
간접적 강화	바람직한 행동에 대해 화폐기능을 지닌 간접적 보상으로 그 행동을 습관화하는 것	• 스티커 • 토큰 • 동전
활동적 강화	바람직한 행동에 대해 아이가 좋아하는 활동을 할 수 있게 허용하는 보상으로 그 행동을 습관화시키는 것	• 게임하기 • 영화보기 • 놀이공원 가기

출처: 이순형 외(2012).

(2) 행동형성과 행동연쇄

바람직한 행동을 증가시키는 방법 중 행동형성은 목표행동을 설정한 뒤 최종 목표행동에 도달하기까지 각 단계의 행동이 나타날 때마다 강화해 주는 방법이다. 책 읽는 행동을 형성하기 위해서는 책에 관심을 가지게 하고, 책을 펼쳐보게 하고, 책의 그림만 보게 하고, 다음에는 글을 읽게 한다. 각 단계의 목표행동이 학습되면 즉시 강화를 주어 행동빈도를 증가시켜 나간다.

행동연쇄는 학습할 행동을 여러 단위행동으로 단계별로 나누어서 가르치는 방식이다. 표 9-2와 같이 목표행동에 점차적으로 접근하도록 행동을 세분화하여 각 단계별로 강화물을 제시하는 방법이다. 단계의 구분은 아이의 발달수준에 따라 적절하게 세분화하는 것이 좋다. 또한 목표행동에 따라 첫 단계부터 순서대로 가르치는 방법보다 마지막 단계에서 역으로 가르치는 방법이 효과적인 경우도 있다. 이를 역순행동연쇄라고 한다.

표 9-2 행동연쇄

1단계: 자기 칫솔을 잡는다.	4단계: 컵에 물을 받는다.
2단계: 칫솔에 치약을 바른다.	5단계: 물로 입안을 헹군다.
3단계: 양치질을 한다.	6단계: 칫솔을 씻어 제자리에 둔다.

(3) 토큰강화

자녀가 바람직한 행동을 했을 때 물질적, 사회적 보상을 대신하는 스티커나 점수를 주는 강화체제이다. 토큰이 보상역할을 할 수 있으려면 구매력이 있어야 한다. 가정이나 유치원에서 통용되는 화폐와 같은 것으로 토큰이 모이면 자녀가 원하는 것과 교환할 수 있도록 해 주어야 한다.

표 9-3 토큰 보상물 예

토큰 5개: 원하는 반찬 만들어 주기	토큰 20개: 장난감 1개 사기
토큰 10개: 게임 20분 더하기	토큰 25개: 외식하기
토큰 15개: 피자 한 판	토큰 30개: 놀이동산 가기

토큰은 행동이 일어난 즉시 보상물을 제공할 수 있고, 포화형성이 쉽게 일어나지 않으며, 사용하기 간편하고, 토큰이 모아지는 것을 보고 자신이 개선되고 있다는 사실을 확인할 수 있어 행동이 개선될 여지가 많다. 장기간 토큰을 모으면 보다 좋은 보상으로 교환할 수 있어 강화효과가 높다. 토큰강화를 실시할 때 고려해야 할 점은 다음과 같다.

첫째, 가능한 많은 종류의 보상물을 준비하는 것이 포화가 일어나지 않아 좋다.

둘째, 토큰을 받을 수 있는 행동은 5~6가지 정하는 것이 바람직하다. 3~4개는 쉽게 성취할 수 있는 것으로 하고, 나머지는 부모가 원하는 것으로 정한다.

셋째, 보상물은 반드시 비싼 물건일 필요는 없다. 지키기 어려운 보상을 제시하는 일이 없도록 해야 한다.

넷째, 바람직하지 않은 행동을 할 때는 토큰을 뺏기기도 한다는 것을 명시해두면 행동수정효과가 높다.

3 행동 수정 절차

행동주의 원리를 적용하여 자녀행동을 통제할 때 우선 고려할 점은 관찰 가능하고 측정 가능한 행동에 초점을 맞추어야 한다는 것이다. 자녀행동의 변화를 목표로 설정하려면 자녀의 행동을 정확히 관찰하고 측정할 수 있어야 한다. 부모는 수정하고 싶은 자녀의 행동을 목표행동으로 설정하고, 목표행동을 객관적으로 관찰하여 기록한 뒤, 행동수정 원리를 적용하여 자녀의 행동을 수정할 수 있다.

1) 목표행동의 정의

부모가 자녀의 행동을 수정하고 변화시키고자 할 때 먼저 그 행동에 대한 조작적 정의를 내려야 한다. 즉, 문제가 되는 행동이 관찰가능하고, 측정이 가능한 구체적인 행동이어야 한다. 그래서 '언제, 어디서, 어떻게, 무엇을' 하였는지 관찰하여 정의해야 한다. 이렇게 해서 정의된 하나의 행동을 목표행동이라고 한다.

부모에게 자녀의 어떤 행동을 수정하고 싶은지 물으면 "우리 아이는 말을 잘 안 들어요"라며 막연하게 말한다. '말을 잘 안 듣는다'는 구체적으로 측정하기 어려운 전체행동이다. '동생을 때리는 행동, 욕을 하는 행동, 불러도 대답하지 않는 행동, 손톱을 물어뜯는 행동, 밥을 안 먹는 행동' 등을 관찰할 수 있고 측정할 수 있는 하나하나의 단위행동을 목표행동이라 한다. 수정하고 싶은 자녀의 목표행동을 설정하고, 모든 목표행동을 한꺼번에 수정할 수 없으므로 우선순위를 정하여 하나씩 수정해 나가도록 계획한다.

2) 기록하기

부모는 수정하고자 하는 목표행동이 결정되면 목표행동과 관련된 자료를 수집해야 한다. 직접 자녀의 행동을 관찰하면서 기록하거나 관찰 직후 기록하는 방법이 있으나 요즘은 비디오로 녹화해서 기록할 수도 있다. 관찰기록은 일화기록, 사건중심기록, 지속기록, 간격기록, 시간표집법 기록으로 나눈다.

기록을 할 때 부모는 목표행동의 빈도, 지속성, 강도 등을 객관적으로 평가해야 한다. 기록이 부실하면 아무리 효과적인 행동수정 원칙을 쓴다 해도 효과를 거둘 수 없다. 실제로 부모들이 쉽게 사용할 수 있는 기록은 사건중심기록이다(이원영, 1985). 사건중심기록은 사건을 일으키는 행동을 모두 누적하여 기록하는 것으로 자녀와 목표행동을 깊이 관찰할 수 있는 장점이 있다.

행동수정을 계획하기 전에 자녀의 행동을 직접 관찰해서 문제행동의 빈도와 강도가 얼마나 되는지 측정하여 기초선을 정해야 한다. 기초선은 행동수정 전과 후를 비교하여 행동수정 효과를 알 수 있게 해 준다.

자녀의 행동수정 과정 동안의 변화를 기록하는 것은 중요한 의미가 있다. 행동수정 속도를 알 수 있고, 자녀도 자신의 변화를 알 수 있고, 그것 자체가 강화가 될 수도 있다.

3) 행동분석

관찰된 행동에 대한 기록이 끝나면 수집된 자료를 통하여 자녀의 행동을 분석한다. 행동분석은 행동을 유발시키는 선행자극과 목표행동 그리고 행동 뒤에 따르는 후속자극을 찾아내는 과정이다.

표 9-4 **행동분석의 3가지 요소**

선행자극 (antecedent)	➡	행동 (behavior)	➡	후속자극 (consequences)
식별자극		목표행동		강화
행동단서 (엄마가 동생을 안아주며 돌본다.)	➡	문제행동 (동생을 때리거나 발로 찬다.)	➡	벌 (엄마가 야단치거나 달래 준다.)

출처: Peters, Neisworth, Yawkey(1989).

자녀가 문제행동을 주로 언제, 어디서, 얼마나 심하게 하는지, 문제행동을 할 때 주변에서 어떤 일들이 일어나고 있는지, 문제행동이 발생하고 어떤 대응이 있었는지 세밀하게 분석한다.

자녀의 생활 속에서 문제행동이 발생되는 전후 사건을 관찰해보면 문제행동을 유발시키는 선행자극과 문제행동을 강화시키는 후속자극이 무엇인지 알게 되어 행동을 변화시키는 수정계획이 쉬워진다. 선행자극이 문제행동을 유발할 경우에는 선행자극을 없애 주고, 후속자극이 문제행동을 강화시킨다 생각될 때는 후속자극을 제거하면 문제행동 발생을 막을 수 있다.

PART IV

부모 – 자녀관계 형성을 위한 훈련

CHAPTER 10

Gordon의 부모효율성훈련

부모효율성훈련(Parent Effectiveness Training; P.E.T.)은 Gordon이 개발한 부모교육 이론 및 프로그램이다.

Gordon은 시카고대학에서 임상심리학 박사학위를 받은 후 모교에서 재직하면서 정서적, 정신적, 심리적으로 문제가 있는 사람들을 치료하였다. 그러면서 자신이 배운 정신의학적 지식이 부모-자녀문제 해결에는 적절하지 않다는 것을 알게 되었다. Gordon은 자신의 임상적 경험에 비추어볼 때 아동들의 정서적 문제는 정신의학적으로 다룰 것이 아니고, 부모-자녀 간의 인간관계에 문제가 있는 것으로 생각해야 하며, 이를 개선시키기 위해서는 부모들을 교육시켜야 한다고 생각했다.

그리하여 Gordon은 자신의 고향인 캘리포니아 파사데나에서 17명의 부모를 대상으로 부모효율성훈련을 실시하였는데, 이는 전국적으로 확산되었고, 부모효율성훈련협회까지 창설하게 되었다. 처음에는 주로 자녀와의 관계가 악화되어 있는 부모들이 참여하였으나 점차 자녀문제를 예방하는 데 도움이 되는 기술을 교육하는 프로그램으로 인식되어 다양한 문제를 지닌 부모들과 예비부모들이 참여하게 되었다. Gordon은 이 기구를 통하여 아동과 청소년을 위해 일하는 전국의 교사, 행정가, 부모들을 대상으로 전문적인 훈련을 실시하였다. 그 후 뉴욕타임즈에서 전국적인 운동이라고 논평할 만큼 1980년에는 60만 명 이상의 부모들이 부모효율성훈련에 참여하였고, P.E.T.를 교육하는 강사도 15,000명에 이르렀다. 1990년대 이후부터는 일본 및 세계적으로 확산되어 우리나라에도 널리 보급되었다.

Gordon의 부모효율성훈련은 창의적인 것이 아니고 정신분석, 아동심리, 아동발달에 관한 여러 이론을 통합하여 인간관계에 적용할 수 있도록 만든 이론이다. Gordon의 부모효율성훈련은 조직운영이 체계적이어서 그 파급효과가 다른 프로그램에 비해 컸다.

1 부모－자녀관계에 대한 견해

대부분의 부모들은 자녀들이 말을 안 듣는다고 생각하고, 말 안 듣는 아이들이 가족에게 많은 괴로움을 준다고 믿고 있다. Gordon은 말 안 듣는 아이는 없다고 믿었다. '말 안 듣는 아이'라는 개념은 부모가 설정한 행동 기준에 맞지 않는 행동을 자녀들이 할 때 사용된다. Gordon은 말 안 듣는 아이라고 판정된 아동들을 심리치료하는 과정에서 정작 아동들은 자신이 말 안 듣는 아이라고 생각하지 않는다는 것을 발견하였다.

또한 아동들이 자신의 부모와 가족생활에 대해 이야기하는 것을 종합하여 본 결과, 부모와의 갈등과 언쟁, 부당한 대우, 부모의 대화, 훈육방법, 자신들의 좌절과 분노 등에 대해 모든 아동들이 유사하게 이야기하는 것을 알 수 있었다. 이를 통해 Gordon은 심리치료가 필요한 이는 아동이 아니라 부모라고 생각하게 되었다.

부모들은 개인으로서의 자신은 부족하고 실수도 하는 완전하지 못한 사람이라는 것을 알지만, 자녀를 기르는 부모로서는 무엇이든 다 아는 사람이어야 하고, 행동도 완벽해야 한다는 이중적인 역할개념을 가지고 있다. 이러한 이중적인 역할개념 때문에 부모는 자녀와 갈등을 겪게 되고, 의사소통의 어려움을 겪는다.

부모-자녀관계는 애정과 존경을 바탕으로 한 따뜻하고 평온한 관계여야 한다. 이러한 관계가 유지되기 위해서는 효율적인 인간관계 형성과 원만한 의사소통이 필요하다. 그러므로 부모들은 자녀들의 문제행동을 수정하기 위한 효과적인 방법과 의사소통기술을 배워야 한다. 그리고 자녀들의 욕구 충족을 위한 행동들을 수용할 수 있는 안목과 인내가 필요하다. 또한 자녀를 '말 안 듣는 아이'라고 함부로 말하거나 벌을 주어서도 안 된다는 것이 Gordon의 견해이다(정갑순, 1996).

2 자녀양육의 원리

Gordon이 제시한 부모효율성훈련 원리는 모든 인간관계에 관한 원리이다. 모든 인간관계에 있어서 기본적인 사실은 상호관계를 맺고 있다는 것이다. 부모와 자녀관계도 상호작용 수준에 의해 결정되는 것이므로 Gordon의 자녀양육의 원리도 이러한 관점에서 논의되고 있다.

1) 수용성 수준 파악하기

Gordon의 주장에 의하면 부모-자녀관계를 개선하기 위해서는 먼저 부모들이 자신의 수용성 수준을 파악해야 한다. 부모는 일상생활에서 자녀의 행동을 보는 견해가 항상 일정하지 않다. 같은 자녀의 행동도 부모의 수용성 수준에 따라 바람직한 행동이 될 수도 있고, 바람직하지 않은 행동이 될 수도 있다. 따라서 부모는 자신의 수용성 수준이 어느 정도인가를 파악할 수 있어야 한다.

부모가 자녀의 행동을 수용 또는 비수용하는 정도에 영향을 주는 요인을 크게 세 가지로 구분할 수 있다(Gordon, 1976).

첫째, 부모 자신의 영향이다. 부모가 자라온 환경, 가치관, 도덕관 등에 따라 부모의 수용성 수준은 달라진다. 수용형 부모는 정서적으로 안정되어 있고, 주위의 환경에 의해 감정이 흔들리지 않는 경향이 있으며, 그런 부모에게 자녀는 터놓고 대화할 수 있고, 자신의 있는 그대로의 모습을 보일 수 있다.

반대로 전혀 수용적이지 않은 부모도 있다. 그런 부모는 타인의 행동 중 많은 부분을 받아들이지 못하는 까다로운 사람이다. 어떤 행동은 옳고 어떤 행동은 나쁘다는 고정관념을 강하게 가진 경우가 많다. 자녀는 수용적이지 않은 부모에게 다가가기 어렵고 자신이 받아들여지지 않을 것이라는 느낌을 받는다.

또한 같은 부모의 수용성 수준도 경우에 따라 달라질 수 있다. 부모의 신체적·정신적 상태는 자녀의 행동을 수용하는 데 상당한 영향을 미친다. 부모의 기분, 욕구에 따라 자녀의 행동을 수용하기도 하고 수용하지 않기도 한다. 예를 들면, 평소에는 수용할 수 있었던 자녀의 행동이었지만 부모 자신의 몸이 아프거나 또는 중요한 일이 생겨 신경이 예민해져 있는 상황이라면 수용할 수 없다.

둘째, 자녀의 영향이다. 부모는 자녀의 성격특성이나 연령에 따라 수용정도나 조건이 달라질 수 있다. 예를 들면, 어린 유아가 수저질이 서툰 것은 수용이 가능하나 고등학교 다니는 자녀가 수저질이 서툰 것은 수용할 수 없는 경우이다.

셋째, 환경의 영향이다. 자녀의 행동이 일어나는 시간과 상소에 따라서 부모는 자녀의 행동을 수용하는 정도가 다르다. 예를 들면, 평상시에는 수용되지 않던 행동이 손님이 와 계실 때는 수용되기도 한다. 집에서는 뛰는 행동이 수용되지 않지만 놀이터에서는 뛰는 행동이 수용된다.

수용성 수준은 특정한 환경에서 자녀의 행동에 대해 부모가 어떻게 느끼는가에 따라 결정된다. 자녀의 행동을 수용 또는 비수용, 어느 쪽에 둘 것인가 하는 수용성 수준의 정도는 어머니와 아버지가 다를 수 있으며, 부모 각자의 수용성 수준도 항상 일정하지 않을 수 있다. 이러한 부모의 수용성 수준은 자녀와의 상호작용과 자녀양육 태도에 영향을 미친다 (Gordon, 1975).

그림 10-1 자녀행동의 수용성 수준

그림 10-1을 보면 ①의 경우, 부모가 서로 수용성 수준이 다르다. 어머니는 수용성 수준이 높아 자녀를 긍정적으로 평가할 수 있다. 아버지는

수용성 수준이 낮아 자녀를 부정적으로 평가할 수 있다. 에너지가 넘치고, 건강하고, 자신에 대해 긍정적이며, 행복하다고 느끼는 어머니는 자녀의 행동을 많이 수용하며 자녀가 하는 일을 좋게 보는 경향이 있다. 아버지처럼 수면부족이나 직장 일로 회의를 느끼고 있을 때는 자녀의 행동이 거슬리는 경우가 많다.

②의 경우, 같은 행동에 대해서 자녀에 따라 부모의 수용성 수준은 달라진다. 아들에게는 수용성 수준이 높은 부모이나 딸에게는 수용성 수준이 낮은 부모가 될 수 있다. 귀엽게 굴며 애교가 많은 자녀가 하는 일이면 무엇이든 수용해 주지만, 공격적이고 고집이 센 자녀가 하는 행동은 사사건건 수용할 수 없다.

③의 경우, 같은 자녀일지라도 환경에 따라 부모의 수용성 수준이 다를 수 있다. 휴일에는 자녀의 어리광이 수용되는 행동이지만, 월요일 아침 출근 시간에는 자녀의 어리광이 수용되지 않는 행동이 된다.

수용성 수준이 높아야 좋은 부모가 되는 것은 아니다. Gordon은 부모도 인간임을 강조하고 있다. 따라서 좋은 부모가 되기 위해서 자녀의 행동을 무조건 수용해야만 한다든지, 언제나 일관성 있게 수용해야만 하는 것은 아니다. 허용할 수 없는 행동을 허용하는 척할 필요도 없으며, 자녀를 모두 똑같이 수용해야 할 필요도 없다.

중요한 것은 부모가 거짓수용을 한 경우 아이에게 좋지 않은 영향을 준다는 것이다. 아이는 부모의 태도에 놀랍도록 민감하다. 부모가 수용하는 척하지만 부모의 말없는 메시지를 통해 수용되지 않았음을 아이들은 모두 알아차린다. 아이들을 자유롭게 길러야 한다는 이론가의 영향을 받은 부모가 자신의 본심을 넘어선 범위에서 자녀를 수용하고자 하면 거짓수용이 된다. 거짓수용은 부모-자녀관계에 악영향을 주게 되며, 자녀에게 심리적인 타격을 줄 수도 있다.

그러므로 부모 자신이 지금 무엇을 느끼고 있는지를 아는 것이 필요하고, 무엇보다 중요하다. 자녀에 대한 부모 자신의 솔직한 감정을 인식하고 자녀에게 자신의 감정을 솔직하게 표현하면 자녀는 부모의 감정에 대처하는 방법을 터득하게 된다.

연습 10-1 자녀행동에 대한 수용과 비수용을 결정하는 요인들

	자녀행동	수용에 영향을 미치는 요인	수용	비수용
예	진식(6세)이가 엄마가 만든 피자가 먹고 싶다고 조른다.	엄마는 하루 종일 대청소하느라 피곤하고 지쳐 몸살이 나려 한다.		√
		주말이라 엄마는 여유가 있고 맛난 것을 먹고 싶다.	√	
연습 1	진희(4세)가 동화책을 읽어 달라고 한다.	엄마는 자녀에게 책을 읽어 주는 것이 부모의 중요한 역할이라 생각한다.		
		엄마는 내일 강의 준비로 바쁘다.		
연습 2	기영(7세)이가 음악을 크게 틀어놓고 춤을 추고 있다.	집에 손님이 방문하여 차를 마시며 이야기를 나누고 있다.		
		저녁식사 후 가족이 모여 아이들 재롱을 보며 즐기는 중이다.		
연습 3	진주(5세)가 분홍색 원피스를 사달라고 한다.	남편의 실직으로 경제적 여유가 없다.		
		진주 생일이 다가와 뭔가 선물을 해 주려고 맘먹고 있었다.		
연습 4	미경(6세)이가 거실에서 블록을 늘어놓고 만들기를 하고 있다.	거실을 아이들 놀이공간으로 사용하고 있다.		
		걸음마하는 동생이 뒤뚱뒤뚱 걸어다니고 있기에 블록을 밟아 다칠까 염려된다.		
연습 5	귀옥(3세)이와 미옥(6세)이가 소파에서 뛰기를 하고 있다.	귀옥(3세)이는 몸집이 작고 가벼워서 소파가 부서질 염려가 없다.		
		미옥(6세)이는 몸무게가 많이 나가고 덩치가 커서 소파가 부서질 것 같다.		
연습 6	경일(6세)이가 아이스크림을 먹고 싶다고 조른다.	따뜻한 날씨에 경일이는 밖에서 신나게 뛰어놀다가 들어왔다.		
		경일이는 감기에 걸려 기침을 많이 해서 약을 먹고 있다.		

2) 문제의 소유자 가려내기

일상생활 속에서 자녀행동에 대한 부모의 수용성 수준을 파악하고 나면, 부모가 수용할 수 없는 자녀행동은 부모가 해결해야 하는 문제로 남게 된다. 여기서 문제의 소유란 그 문제로 인해 고통 받는 자가 누구인가를 의미하는 것이다. 자녀의 행동이나 말로 인해 부모가 좌절하거나 화가 나는 등 고통을 겪게 되면 문제소유자는 부모이다. 반면에 부모가 수용할 수 있고 부모에게는 아무 문제도 일으키지 않는데 자녀가 괴로움을 겪고 있다면 문제소유자는 자녀이다. '문제소유 의식의 원리'는 P.E.T. 모델에서 가장 핵심이 되는 것으로, 부모역할훈련에서 생겨난 개념이다.

Gordon은 문제소유자가 때로는 자녀일 수 있고, 때로는 부모가 될 수 있으며, 문제소유자가 누구인지에 따라 부모가 사용해야 할 대화가 다르다고 제시하였다.

자녀들이 문제를 소유하고 있을 때, 부모는 자녀가 자신의 문제를 해결할 수 있는 놀라운 잠재력을 지니고 있음을 믿어야 한다. 그리고 자녀 스스로 해결책을 찾는 데 책임감을 느끼도록 해 주는 것이 중요하다. 부모가 자녀의 문제를 해결해 주지 않고 자녀 스스로가 해결할 수 있도록 하는 기술을 '도움의 기술'이라고 한다.

반면에 자녀의 행동이 부모에게 문제가 될 때는 부모 자신에게 도움이 되는 기술이 필요하다. 부모가 자신의 문제를 해결하는 기술을 '대면기술'이라고 한다(Gordon, 1976).

표 10-1 문제소유자에 따른 해결기술

부모의 수용성	문제소유자	사례	해결을 위한 기술
수용영역	자녀의 문제	자녀가 친구와 싸워 기분이 좋지 않음	자녀가 스스로 문제를 해결할 수 있도록 도와 주는 기술: 도움기술
	문제 없음	자녀가 노래를 부르고 있고 엄마는 노래 소리에 행복감을 느낌	부모-자녀 간의 좋은 관계를 지속시킬 수 있는 기술
비수용영역	부모의 문제	청소를 깨끗하게 해 둔 거실 바닥에 자녀가 크레용으로 낙서를 하고 있음	자녀와 좋은 관계를 유지하면서 자녀행동을 변화시키는 기술: 대면기술

연습 10-2 문제 소지자 찾기

	상황	자녀의 문제	문제 없음	부모의 문제
1	딸이 친구가 없다고 투덜댄다.			
2	자녀가 이번 주말에 친구 생일에 초대받았다고 자랑한다.			
3	자녀가 자동차 주변에서 놀고 있는데 이는 아주 위험한 상황이다.			
4	엄마가 통화 중인데 자녀가 옆에서 큰소리로 떠든다.			
5	자녀가 이웃집에 예쁜 친구가 이사 왔다고 좋아한다.			
6	6시에 귀가하기로 한 자녀가 연락도 없이 들어오지 않는다.			
7	자녀가 할머니에게 버릇없는 행동을 한다.			
8	자녀가 몸이 뚱뚱하다고 속상해 한다.			

3) 부모-자녀 간 의사소통 장애요인 12가지

사람과 사람 간의 관계, 특히 부모와 자녀가 상호작용을 할 때 대화를 통해 긴밀한 관계를 형성해 간다. 부모와 자녀 사이의 언어에 의한 커뮤니케이션, 특히 자녀의 말에 부모가 어떻게 응답하는가를 보면 그 부모와 자녀관계가 어떤가를 알 수 있다. 부모는 자녀와 좋은 관계를 맺고 자녀를 도우려고 노력하지만 잘못된 언어 표현으로 자녀의 고민을 도와주는 데 실패하게 된다. 의사소통의 장애요인이라 할 수 있는 12가지 내용은 다음과 같다.

(1) 명령 · 지시

부모는 자녀에게 어떻게 하라고 혹은 하지 말라고 명령하고 지시하기도 한다. "말 대답하지 마라", "너는 꼭 ~ 해야 한다" 등 이러한 대화는 자녀의 통제능력을 불신하는 것이며, 동시에 자녀를 부모의 통제 하에 두려는 의도를 표현하는 것이다. 자녀는 부모의 명령과 지시에 반항적인 행동, 말대꾸를 할 수 있다.

(2) 경고 · 위협

자녀가 어떤 행동이나 말을 하면 어떠한 결과가 일어날 것이라고 말하는 것이다. "한 번만 더 그리 행동하면 내쫓을 거야", "만약 ~하지 않으면 그때는 ~" 등을 예로 들 수 있다. 자녀는 부모의 위협에 두려움을 느껴 겉으로는 순종하는 척하지만 저항, 분노, 거부 등을 나타낼 수 있다.

(3) 훈계 · 설교

자녀에게 해야 할 일과 해서는 안 되는 일이나 그 이유에 대해 장황하게 설명하는 것이다. "~하는 것이 좋을 거야", "어른을 항상 존경해야 해"라고 말하면 자녀는 의무감이나 죄책감을 갖게 되며, 자신을 방어하거나 고집을 부리게 된다.

(4) 충고 · 해결책 제시

자녀가 해결해야 할 문제에 대해 부모가 해결책을 제시해 준다. "이렇게 하도록 해", "자, 엄마가 알려줄게. 그 일은 ~해결하면 될거야" 등 자녀문제에 대해 어떻게 하면 되는지의 해결책을 부모가 알려 준다. 이는 자녀의 행동에 대해 부모가 책임지는 것이다. 자녀에게 스스로 문제를 해결할 수 없다고 암시를 주는 것이며, 자녀 스스로 문제를 해결하려는 노력을 포기하도록 하며, 반항심, 의존성을 조성할 수 있다.

(5) 강의 · 가르침

부모 자신의 견해, 정보, 논리를 제시하여 자녀에게 영향을 주고자 한다. "대학은 네게 큰 세상을 알게 해 줄거다", "네가 왜 틀렸나 하면~", "그것의 문제점이 뭐냐면~" 등 이러한 대화는 부모의 말을 무시하거나 듣기를 거부하는 분기점이 될 수 있다. 그리고 자녀는 방어하거나 반론을 할 것이며, 열등감이나 무력감을 가질 수 있다.

(6) 비판 · 비난

자녀에 대해 부정적인 시각으로 판단하고 평가를 내린다. 부모는 항상 자신이 옳다는 것을 증명하는 데 관심이 있다. "네 생각은 유치해", "네 행동이 잘못이야" 등의 대화는 자녀에게 신중하지 못하거나, 어리석고 부적절하다는 암시를 하고 있다. 자녀는 반항적인 말대꾸를 하거나 스스로 자신을 낮게 평가하게 된다.

(7) 칭찬 · 부추김

자녀의 의견에 긍정적인 평가를 하고 동의한다. "너 참 예뻐", "네가 최고야", "너는 뭐든 잘할 수 있어"와 같은 칭찬은 부모가 자녀에 대해 높은 기대를 하고 있다는 것을 암시하며, 자녀는 칭찬받지 못할 때 불안을 느끼게 된다. 또한 자녀가 어려움을 토로하고 있을 때 부모의 이러한 칭찬은 전혀 도움이 되지 않으며 자녀는 말문을 닫게 된다.

(8) 욕설 · 비웃기

자녀에게 욕을 하거나 수치심을 준다. 이럴 때 자녀는 자신이 사랑받지 못하고 있다고 느끼며, 자아존중감이 낮아진다.

(9) 분석 · 해석

자녀행동의 원인에 대해 부모가 분석하고 진단하여 이를 자녀에게 이야기한다. "너는 지금 형을 질투하는 거 같아", "무엇이 잘못된 것이냐 하면~", "본심은 아닌데 동생을 괴롭히려고 그런 행동을 하는구나" 등의 대화는 자녀를 궁지로 몰 수 있다. 자녀는 자신의 모든 것이 노출되었다고 느끼거나 자신의 의도나 생각과 다르다고 생각되면 대화를 꺼려할 수 있다.

(10) 달래기 · 동정

자녀의 기분을 맞추려고 애쓴다. 자녀를 동정하고 현재의 기분을 풀어주고자 한다. 이는 얼핏 보기에는 자녀를 배려하는 행동으로 볼 수 있으나 실제로는 자녀의 감정을 가볍게 대하고 무시하는 것이다. "걱정마라. 잘 될 거야", "내일이면 기분이 나아질 거야"라고 말하면, 자녀는 이해받지 못한다고 느낄 수 있다.

(11) 질문

자녀의 문제에 대해 원인이나 이유를 알려고 계속 질문한다. "왜 학교 가기 싫어?", "누가, 왜, 어떻게?"라고 질문하면, 자녀는 불안, 혼란, 두려움을 가지게 되며, 부모의 말에 대답하지 않거나 대충하거나 거짓말을 하게 된다. 부모의 질문에 답하는 동안 문제의 핵심을 놓칠 수도 있다.

(12) 전환 · 회피

문제를 회피하고 관심을 다른 곳으로 돌리려고 노력한다. "이제 그런 거는 잊어버려라", "그만하고, 즐거운 이야기나 하자", "지난번에도 한 이야기잖아"라고 부모가 화제를 바꾸거나 이야기를 듣지 않고 자리를 뜬다. 이럴 때 자녀는 자신의 문제를 중요하게 생각하지 않는 부모에 대해 원망하거나, 자신의 문제를 부딪쳐 극복하기보다 회피하게 된다.

이러한 12가지 유형의 의사소통은 일상생활에서 흔히 사용하는 것들이다. 자녀가 문제를 소유하고 있을 때 이러한 의사소통은 특히 장애가 된다.

연습 10-3 의사소통 장애요인

의사소통의 예	장애요인	결과
예1) 자신의 무능력과 외모에 대해 비관하고 있는 아들이 "엄마, 아빠, 누나 모두 머리 좋고, 좋은 학교 다녔고, 키도 큰데 나만 못났어요"라고 말하는데 이를 듣고 있던 아빠가 "아니야, 넌 조인성보다 잘 생겼어. 정말 미남이야."	칭찬, 부추김	아들은 아빠의 칭찬이 전혀 위로가 되지 않으며, 오히려 아빠를 원망하는 듯한 표정을 지으며 방으로 들어가 버린다. 아들은 아빠가 자신의 문제를 전혀 이해 못한다고 생각한다.
연습1)		
연습2)		

4) 자녀를 돕는 기술

많은 부모들은 자녀에게 문제가 생겼을 때 자녀들이 스스로 해결할 수 있도록 격려해 주기보다 자녀들의 문제를 부모의 문제로 받아들여 부모가 모두 해결해 주려고 한다. 자녀문제에 대해 자녀보다 부모가 더 속상해 하는 경우가 많다. 이로 인해 부모는 평정심을 잃고 자녀의 문제에 대해 제대로 경청해 주지 못한다. 부모역할이 힘든 이유가 여기에 있다. 자녀들의 슬픔, 분노, 좌절감은 자녀의 문제이지 부모의 문제가 아니다.

자녀가 안고 있는 문제는 자녀 스스로 해결할 수 있으며 그런 과정을 통해 자녀는 자신의 문제에 책임을 갖게 되며 자아존중감도 높아진다. 부모는 자녀가 스스로 문제를 해결할 수 있도록 도와 주기만 하면 된다. 자녀가 문제를 소유하였을 때 부모가 사용하는 도움의 기술이 반영적 경청이다. 반영적 경청은 침묵하며 들어 주는 것에서부터 소극적 경청과 적극적 경청 과정을 포함한다(Gordon, 1970).

(1) 소극적 경청

자녀가 문제를 소유하고 있을 때 부모가 해줄 수 있는 것은 자녀가 마음의 문을 열고 자신의 문제에 대해 말하도록 하고 이를 경청하는 것이다. 부모는 자녀에게 문제가 생겼음을 인지하고, 자녀의 마음을 이해하려고 노력하는 태도로 자녀의 이야기를 가만히 들어 주는 것만으로도 자녀를 도울 수 있다. 고개를 끄덕이거나 몸을 기울이거나 미소를 짓는 등의 제스처를 통해 너의 이야기를 듣고 있다는 메세지를 전한다. 자녀는 자신의 문제를 부모에게 이야기하면서 자신의 문제에 대해 통찰할 수 있다.

부모가 자녀의 이야기를 가만히 시종일관 듣기만 하면, 때로는 자녀는 자신의 문제를 부모가 수용하지 않거나 관심이 없는 것으로 받아들일 수 있다. 그러므로 부모는 자녀의 이야기에 “아이구”, “그랬구나”, “그래서” 등 언어적 반응을 해 주어야 한다. 부모의 반응을 통해 자녀는 부모가 자신의 문제를 진지하게 듣고 있다고 생각해서 마음의 문을 열게 된다.

(2) 적극적 경청

적극적 경청은 자녀가 하는 이야기를 부모가 이해하고, 이해한 것을 말로 표현하여 피드백해 주는 것이다. 적극적 경청은 3단계로 구성되어 있다.

1단계는 부호화단계로, 자녀가 언어적·비언어적 표현을 통해 자신이 어려움에 처해 있다는 단서를 전달하면, 부모는 자녀의 말뿐만 아니라 표정이나 행동에 관심을 가져야 한다.

2단계는 자녀가 보낸 부호를 해석하여 자녀의 어려움을 추측하고, 자녀의 감정을 이해하여 언어로 표현해 주는 단계이다. 자녀가 느끼는 감정이나 생각을 피드백해 주면 자녀는 자신의 문제를 스스로 해결할 수 있게 된다. 이 단계가 가장 중요한 단계이며, 부모는 자녀가 나타내는 모든 단서를 바탕으로 자녀의 느낌과 생각을 그대로 반영해 주는 해석의 단계이다. 자녀의 말이나 감정을 확인하기 위한 피드백은 자녀가 느끼는 감정을 그대로 반영해 주어야 하며, 부모의 의견이나 판단을 제시하거나 질문을 해서는 안 된다. 부모가 자신의 감정을 잘 이해하고 있다고 느낄 때 자녀는 감정을 해소할 수 있게 된다.

3단계는 부모의 피드백에 대해 자녀는 자신의 감정을 확인하고 긍정하거나 부정하는 단계이다.

적극적 경청을 할 때 부모가 지켜야 할 기본적인 태도를 Gordon(1975)은 다음과 같이 제시하고 있다.

첫째, 자녀가 말하는 것을 듣고 싶어 해야 하며, 자녀에게 진심으로 도움이 되기를 원해야 한다.

둘째, 자녀의 감정과 부모의 감정이 다르다 하더라도 자녀의 감정을 수용할 수 있어야 한다.

셋째, 자녀가 자신의 감정을 조절할 능력이 있고, 스스로 문제의 해결책을 발견할 능력이 있다는 신념을 가져야 한다.

적극적 경청을 효과적으로 사용하기 위해서는 다음과 같은 사실을 고려해야 한다.

첫째, 자녀의 말을 앵무새처럼 되풀이해서는 안 된다. 자녀의 말을 반복해서 따라하는 것은 자녀의 감정을 진심으로 수용하려는 태도가 아니며, 공감이 빠져있는 경청이다. 자녀의 감정을 정확히 반영하는 것은 쉬운 일이 아니다. 그러므로 자녀의 말 이면에 있는 감정을 읽어내는 훈련이 필요하다.

둘째, 자녀의 감정을 반영하는 말은 "~한 것 같구나"와 같이 탐색적이어야 한다. 자녀의 마음을 훤히 들여다보는 것과 같은 단정적인 어투는 삼가는 것이 좋다.

셋째, 지나친 적극적 경청은 오히려 역효과를 초래하므로 개입하는 시점이 중요하다. 자녀가 문제가 있음을 드러내고자 할 때나 시간적으로 여유가 있을 때 하는 것이 좋다.

넷째, 적극적 경청을 했지만 즉각적인 효과가 나타나지 않을 때도 있다. 특히 사춘기 자녀를 대상으로 부모가 적극적 경청을 시도할 경우 자녀가 거부반응을 보일 수도 있다. 이럴 경우에는 적극적 경청을 짧게 해주는 것이 도움이 된다.

다섯째, 부모가 특정한 의도를 가지고 적극적 경청을 하는 경우가 있다. 즉, 부모 자신이 원하는 대로 자녀를 조정하기 위해서 사용하는 경우이다. 이런 경우는 적극적 경청의 효과를 기대하기 어렵다.

적극적 경청의 효과는 다음과 같다(이재연 · 김경희, 1989).

첫째, 자녀에게 문제가 되는 감정을 정화할 수 있도록 도와 준다. 둘째, 자녀가 부정적인 감정을 두려워하지 않고 표현할 수 있도록 돕는다. 셋째, 부모와 자녀 사이의 온정적인 관계를 증진시킨다. 넷째, 자녀 스스로 문제를 해결할 수 있도록 격려한다. 다섯째, 자녀도 부모의 생각과 견해를 경청하게 된다. 여섯째, 자녀가 자신의 문제를 분석하고 해결책을 찾도록 격려하여 독립심을 길러 준다.

예 10-1 적극적 경청

예1) 지경(초3)이가 잔뜩 화가 나서 말한다. "선생님은 아무것도 모르시면서 나만 벌 세우셨어."

자녀의 느낌이나 생각	선생님이 오해하신 게 있어, 선생님 미워, 화가 엄청 나, 친구들에게는 창피했어, 억울해.
잘못된 부모의 반응	"네가 뭐를 잘못했겠지", "선생님 말씀 잘 들으라 했잖아", "선생님에게 네 잘못이 아니라고 말하지 그랬어."
적극적 경청	"선생님께서 오해하시고 널 벌주어 무척 화가 났구나, 많이 억울했겠다."

예2) 병만(5세)이는 병원에 가지 않겠다고 울고 있다. "꼭 병원 가야 해요?"

자녀의 느낌이나 생각	병원에 가면 주사 맞을 거 같고 주사 맞는 것은 무섭고 두렵다.
잘못된 부모의 반응	"병원 가야지, 지금 넌 감기가 심해. 당장 병원가서 치료받지 않으면 지난번처럼 입원하게 될지도 몰라."
적극적 경청	"병원에 가면 주사 맞을지도 몰라 걱정되는구나. 주사 맞는 것이 무섭구나."

연습 10-4 적극적 경청

연습1) 영서(초4)는 친구들이 요즘 유행하는 브랜드 운동화를 신고 다니는데 본인만 그 운동화가 없다고 말한다.

자녀의 느낌이나 생각	
잘못된 부모의 반응	
적극적 경청	

연습2) 가인(초2)이는 친구 생일 파티에 자기 혼자만 초대받지 못했다고 시무룩한 표정이다.

자녀의 느낌이나 생각	
잘못된 부모의 반응	
적극적 경청	

연습3) 가은(초3)이는 운동회를 앞두고 있다. "달리기경주에서 넘어지면 어쩌죠? 출발 신호를 못 들으면 어쩌죠?"

자녀의 느낌이나 생각	
잘못된 부모의 반응	
적극적 경청	

5) 부모의 입장 알리기

문제의 소유자가 자녀일 경우에는 적극적 경청을 사용하지만, 부모에게 문제가 있을 때는 '나 - 전달법'을 사용한다. '나 - 전달법'은 부모 자신의 생각과 감정을 자녀에게 효과적으로 전달하는 기술이다. 자녀의 행동이 마음에 들지 않으면 부모는 분노나 좌절감을 느끼게 되며, 이때 문제소유자는 부모 자신이다.

부모는 대체로 자녀의 행동을 수정하기 위해 해결의 메시지를 보내거나 훈계하는 경향이 있다. "너는 왜 그런 행동을 하니?", "그만두지 않겠니?" 등과 같은 '너 - 전달법'을 사용한다. 너 - 전달법은 상대방의 잘못을 지적하며, 상대방의 인성을 비난하는 대화법이다. 부모가 자녀에게 사용하는 너 - 전달법은 자녀스스로가 문제해결능력이 없음을 전제하고 있으며, 자녀의 감정을 상하게 하고, 자녀의 행동을 변화시키기 어렵다.

부모가 자녀로 인해 어려운 상황에 있을 때, 자녀를 탓하지 않으면서 부모가 느끼는 감정을 자녀에게 솔직하게 전달하는 것이 자녀의 저항을 덜 일으키는 방법이다. 나 - 전달법은 자녀에게 자녀의 행동에 대한 부모의 감정을 설명하는 것이다. 즉, 자녀의 행동이 나쁘다고 말하기보다 자녀의 행동이 부모에게 미치는 영향이 어떠한지에 대해 솔직하게 말한다. 부모가 자녀의 행동에 대해 느끼는 감정을 솔직하게 표현하면 자녀는 스스로의 판단으로 자신의 행동을 통제하고 자신의 행동을 변화시키고자 할 것이다.

나 - 전달법(I-message)은 자녀의 행동을 비난하지 않고 자녀의 행동에 대한 부모의 감정을 표현하기 때문에 자녀는 방어적인 태도를 보이지 않고 자신이 부모를 도와야 한다고 생각하며 자신의 행동에 책임감을 느끼게 되는 의사소통기법이다. 또한 이러한 부모의 의사소통방법을 모방하여 자녀도 나 - 전달법을 할 수 있게 된다.

표 10-2 나-전달법과 너-전달법 비교

상황	나-전달법	너-전달법
지너기 옷을 벗어 거실 여기저기 던져놓고 정리하지 않는다.	"옷이 널려져 있어 거실이 시서분하네." "정리되어 있지 않은 거실을 보면 나는 화가 나."	"네 옷은 네가 좀 치워라, 너는 왜 이 모양이니."
아빠가 퇴근하고 귀가하였는데 자녀가 인사도 하지 않고 TV를 보고 있다.	"TV보느라 아빠에게 인사를 안하니 아빠가 많이 서운하네."	"인사 좀 해라, 버르장머리 없이 아빠 오셨는데 쳐다도 안 보냐."
손을 씻지 않고 식사를 하려 한다.	"손을 씻지 않으면 손에 있는 세균들을 먹게 되어 병이 날 수도 있어. 그래서 걱정이 된단다."	"애가 지저분하게 손도 씻지 않고 식사하려고 하니."

나-전달법은 다음과 같은 세 가지 요소로 구성될 때 효과적이다.

첫째, 자녀의 행동 묘사이다. 부모를 괴롭히는 자녀의 행동을 비난 없이 간단히 진술한다. 예를 들면, "학교 끝났는데 연락 없이 집에 돌아오지 않으면…", 즉 "네가 ~하면"으로 묘사한다.

둘째, 자녀의 행동의 결과, 즉 자녀행동이 부모에게 미치는 구체적인 영향을 설명한다. 예를 들면, "나는 네가 어디 있는지를 모르기에 학교에 찾으러 가려 했어. 무슨 일이 생겼을까봐"라고 말한다.

셋째, 자녀의 행동으로 인해 부모가 느끼는 감정을 이야기한다. 예를 들면, "걱정을 많이 했어"라고 말한다.

나-전달법은 "학교가 끝났는데 연락 없이 집에 돌아오지 않으면(행동), 네가 어디 있는지 모르기에 학교에 찾으러 가려 했어. 무슨 일이 생겼을까봐(구체적 영향), 걱정을 많이 했어(감정)"와 같은 형식으로 구성된다. 이때 행동의 결과와 부모가 느끼는 감정은 상황에 따라 순서가 바뀌어도 무방하다.

나-전달법을 효과적으로 사용하기 위해 유의해야 할 점은 다음과 같다.

첫째, 자신의 감정을 솔직하게 표현하지 못한 나-전달법이나 부정적인 감정을 반복해서 전달하는 나-전달법은 효과를 기대하기 어렵다.

둘째, 부모가 나-전달법을 사용하였는데 자녀도 같이 나-전달법으로 반응할 때가 있다. 자녀가 나-전달법으로 반격할 때는 부모가 적극적 경청으로 자녀가 전하는 메시지를 수용해 주어야 한다.

셋째, 부모를 힘들게 하는 것은 자녀가 아니라 자녀의 행동임을 잊으면 안 된다. 자녀행동의 결과와 관련된 부모의 느낌을 말해 주어야 한다. 자신이 아니라 자신의 행동으로 부모가 힘들어한다는 것을 느낄 때, 자녀는 행동을 변화시키려고 노력하게 된다.

나-전달법을 사용한다고 부모의 문제가 모두 해결되는 것은 아니다. 부모의 나-전달법을 자녀가 무시하거나 자녀 또한 나-전달법을 사용하여 응수하는 경우도 있다. 만약 자녀가 부모의 나-전달법을 무시하면 부모는 더 강력하게 나-전달법을 보내야 한다. 자녀 역시 나-전달법으로 응수해 올 경우에는 부모는 자녀가 문제를 소유하고 있다는 것을 빨리 파악하고 적극적 경청을 사용하여 자녀의 감정을 공감하여 자녀 문제를 먼저 해결하도록 도와 주어야 한다.

부모가 나-전달법을 사용하여 의사소통을 하게 되면 다음과 같은 장점이 있다(유안진 · 김연진, 2003).

첫째, 자녀의 자아존중감을 손상하지 않고 자녀를 지도할 수 있다.

둘째, 자녀 스스로 문제해결의 책임을 지도록 유도할 수 있다.

셋째, 자녀에게 적극적인 경청을 경험하게 한다.

넷째, 자녀에게 개방적인 의사소통 기법을 터득하게 한다.

다섯째, 부모가 솔직히 자기감정을 나타냄으로써 부모를 신뢰하게 한다.

여섯째, 부모-자녀 간의 진솔한 감정이입이 가능하게 된다.

연습 10-5 나-전달법 구성요소 세 가지

예) 엄마가 중요한 편지를 쓰고 있는데 네가 옆에서 큰소리로 떠드니까(행동), 글 쓰는 것에 집중할 수가 없어(구체적인 영향), 그래서 혼란스러워(감정).

연습1	네가 유리잔을 가지고 장난을 치면(　　　　), 유리잔을 깨버릴까봐(　　　　), 걱정되고(　　　　), 그래서 다칠까봐(　　　　), 불안해(　　　　).
연습2	바람이 찬데 밖에서 1시간이상 놀면(　　　　), 감기 걸릴 수가 있어(　　　　), 그래서 엄마는 걱정이 된단다(　　　　).

연습 10-6 나-전달법

상황	나-전달법
연습1) 식사 준비를 마친 엄마는 "준이야, 식사하자"하고 불렀지만 준이는 들은 척도 하지 않고 TV를 보고 있다. 준이를 위해 맛난 음식을 준비한 엄마는 음식이 식어 가는 것도 속상하고, 대답 없는 준이에게도 화가 나려 한다.	
연습2) 희경(초1)이는 가지고 놀던 장난감을 여기저기 늘어 놓았다. 장난감은 스스로 정리하기로 약속했지만 희경이는 약속을 지키지 않고, 엄마는 매번 정리를 해 주지만 속이 상한다.	

6) 무승부법

부모가 문제를 소유하고 있을 때는 나-전달법, 자녀가 문제를 소유하고 있을 때는 적극적 경청을 사용하여 의사소통을 한다. 그러나 때로는 부모와 자녀 간의 욕구가 상충되어 갈등이 해결되지 않는 경우가 있다. 이런 경우 갈등을 해결하는 방법은 세 가지가 있다.

첫째, 부모와 자녀 간에 갈등이 생겼을 때 부모가 힘과 권력으로 해결책을 결정하여 자녀를 따르도록 하는 방법으로, 부모가 이기고 자녀가 지는 방법이다. 이때 자녀는 부모에게 분노, 적대감, 원망을 가지게 된다. 부모 역시 마음이 편할 수 없으며 자녀에게 죄책감을 가지게 된다.

둘째, 자녀가 이기고 부모가 지는 방법이다. 부모는 자녀 통제를 포기하거나 무조건 허용하여 자녀가 하고 싶은 대로 하게 한다. 이때 부모는 부모로서 권위를 잃고 좌절감을 느끼게 된다. 그리고 자녀에 대해 미운 감정을 가질 수도 있다. 자녀는 부모를 무시하거나 부모 어려운 줄을 모르게 된다.

셋째, 무승부법(no lose method)으로 이기거나 지는 사람이 없는 공평한 해결방법이다. 부모－자녀 모두 욕구를 충족할 수 있으며, 어느 쪽도 지는 사람 없이 모두 이기는 방법이다. 무승부법은 비권위적인 방법이며, 부모와 자녀 사이에서 발생한 갈등 또는 문제가 부모와 자녀 모두 만족스럽게 해결되는 것을 말한다. 무승부법을 활용한 의사소통 방법은 부모－자녀 간 뿐만 아니라 부부 간, 사회생활에서의 대인관계, 비즈니스 등에서도 다양하게 사용할 수 있는 갈등해소방법이다.

무승부법은 6단계로 이루어진다.

- 1단계－갈등 확인하기: 부모와 자녀의 갈등요인이 무엇인지 확인하고 분명하게 밝히는 단계이다. 부모는 자녀에게 자신이 원하는 바를 나－전달법으로 전달하고, 적극적 경청을 통해 자녀가 원하는 것이 무엇인지 이해하려고 노력한다. 다음 단계로 넘어가기 전에 부모와 자녀 양쪽 모두가 원하는 바를 같은 의미로 받아들이고 있는지, 양쪽의 욕구가 올바르게 진술되었는지를 확인한다. 부모와 자녀의 욕

구를 파악하고, 양쪽 모두의 욕구를 충족시킬 수 있는 해결방안을 찾기 위한 과정이라는 사실을 자녀에게 인식시키는 일이 중요하다.

- 2단계 – 가능한 해결방안 모색하기: 각자의 욕구를 확인한 후 문제를 해결할 수 있는 다양한 방법을 모색하는 단계이다. 자녀가 먼저 해결방안을 제시하도록 하며, 해결방안이 부족한 경우 부모가 도와 줄 수 있다. 부모와 자녀 모두 더 이상의 방법이 없을 때까지 가능한 모든 해결방안을 마련해 본다.
- 3단계 – 가능한 해결방안 평가하기: 다양한 해결방안이 마련되었으면 그 방안들이 합리적이고 적절한지 평가해 본다. 각각의 해결방안에 대해 장점은 무엇이며 단점은 무엇인지, 실행하는 데 어려움은 없는지, 부모와 자녀 모두의 욕구를 충족시켜 줄 수 있는지 평가한다. 그리고 실행 가능한 몇 가지 해결방안을 선택한다.
- 4단계 – 최상의 해결방안 결정하기: 몇 가지 해결방안 중 부모와 자녀가 합의하여 최상이라고 생각되는 방안을 선택한다. 최상의 방안을 선택할 때 자녀에게 강요하거나 설득해서는 안 된다. 선택된 방안에 대해서는 서로 합의하여 결정한 것이므로 지켜야 할 책임이 있다는 것을 인식해야 한다. 자녀의 생각을 확인하기 위해 “이 방법이 우리의 문제를 해결할 수 있다고 생각하니?” 또는 “이것은 우리가 합의한 것이다. 좋지?”라고 질문할 수 있다. 그러나 해결방안을 강요하거나 설득해서는 안 된다. 나중에 합의하였던 그 결정에 반대하거나 잊어버리지 않기 위해 해결책을 기록해 둔다.
- 5단계 – 결정된 해결방안 수행하기: 결정된 해결방안을 시도해 보는 단계이다. 어떻게 수행할 것인지 구체적인 방법을 결정하고 실행에 옮긴다. 자녀가 실행하지 않을 때에는 나 – 전달법을 사용하여 부모

–자녀 간의 의사소통을 진행시킨다. 중요한 것은 자녀가 그 결정을 충분히 잘 수행할 것이라 믿는 것이다.

- 6단계 – 평가하기: 선택해서 수행하게 된 방안과 선택한 일이 옳았는지 평가한다. 해결방안이 언제나 최선은 아니다. 만약 문제점이 발견되면 다시 합의하여 해결방안을 결정하는 과정을 반복한다. 문제해결 결과에 대해서 부모–자녀 양쪽의 감정에 대해 살펴보는 것이 중요하다.

무승부법을 사용할 시 고려해야 할 점은 다음과 같다.

첫째, 무승부법을 사용하려면 사전에 나–전달법과 적극적 경청기술이 습득되어 있어야 한다. 자녀가 나–전달법과 적극적 경청과 같은 의사소통기술에 대한 경험이 없으면 무승부법을 이용한 문제해결에 참여하기 어려울 수 있다.

둘째, 무승부법은 이기고 지는 이가 없으며, 부모나 자녀 누구든 감정상의 상처를 받아서는 안 된다는 점을 전제로 하고 있다. 따라서 무리하게 부모가 자신의 의견을 관철시키고자 해서는 안 된다.

셋째, 무승부법은 하나 이상의 해결방안이 있어야 하며, 선택한 결정사항에 집착하지 않아야 한다. 결정한 해결방안을 수행하다 문제가 생기면 다른 방안으로 변경할 수 있다.

넷째, 시간적 요인을 고려해야 한다. 시간적으로 압박이 있는 경우에는 다양한 해결방안을 찾기 어렵다. 시간적 여유가 있을 때 무승부법을 사용할 수 있다.

다섯째, 무승부법을 사용하는 도중 자녀가 중도에 포기할 수도 있다. 이때는 적극적 경청이나 나–전달법을 사용하여 다른 대안을 찾아야 한다.

무승부법의 장점은 다음과 같다(Cordon, 1980).

첫째, 자녀와 함께 해결방안을 제시하는 과정에서 브레인스토밍할 수 있고, 창의성과 인지발달을 촉진시키게 된다.

둘째, 자녀도 갈등해결에 참여하게 되면 갈등해결의 책임을 느끼게 되고 호의적인 반응을 보인다.

셋째, 권위에 의존하려는 부모의 욕구를 억제할 수 있고, 자녀를 존중하게 된다.

넷째, 대화를 촉진시킴으로써 부모-자녀 간의 심리적 상처를 배제할 수 있다.

다섯째, 자녀의 합리적 사고와 자율성을 신장하고 촉진할 수 있다.

3 부모교육의 형태

부모효율성훈련(P.E.T) 프로그램은 Gordon이 조직한 협회에서 운영하고 있으며, 교육은 부모들을 가르칠 수 있는 강사양성을 위한 강사교육과 부모를 대상으로 하는 일반교육으로 나뉘어져 있다. 강사들은 P.E.T. 프로그램의 전문가로부터 교육을 받은 후 자격증을 받게 되는데 교육은 이론교육 및 실제교육으로 구성된다.

강사들이 구성하는 P.E.T. 그룹은 1학급 10명 정도로 구성되며, Gordon의 「P.E.T.」가 주된 교재이며 여러 가지 교수방법이 적용된다. 부모들은 강사가 제시하는 시범에 따라 역할놀이를 하면서 자녀양육의 기술을 익힌다. P.E.T. 교육은 지식전달이라기보다 부모들이 가정에서 당면하게 되는 문제들을 직접 다루어 보는 것으로 진행된다. 그럼으로써 부모가 평소 사용하는 자녀양육방법의 장단점을 파악하고 개선하게 된다.

Gordon(1980)은 P.E.T. 프로그램을 효과적으로 진행시키기 위하여 다음과 같이 제언한다.

첫째, 부모역할훈련은 집단으로 진행될 때 가장 효과적이다.

둘째, 이론만으로 충분하지 못하고 부모역할기술과 방법을 훈련시켜야 한다.

셋째, 부모역할훈련을 받으면서 교실에서 충분히 기술과 방법을 연습해야만 가정에서 자연스럽게 적용할 수 있다.

넷째, 부모교육 강사가 이러한 기술과 방법을 충분히 숙지하고 능숙하게 사용할 수 있어야 부모들이 이를 배우고 모델로 삼을 수 있다.

다섯째, 부모교육 교실의 분위기는 평가나 비판을 받을까 두려워하는 분위기여서는 안 된다.

CHAPTER 11

효율적 부모역할 수행을 위한 체계적 훈련: STEP 프로그램

STEP(Systematic Training for Effective Parenting) 프로그램은 Dinkmey와 Mackay (1976)가 Dreikurs의 민주적 부모교육 이론과 Gordon의 부모효율성훈련 이론 중 장점들만 골라 체계화시킨 부모교육 이론이다. 이 프로그램은 좀 더 유능한 부모가 되고자 하는 성인을 위해 고안된 것이다. 주교재를 한 주에 한 장씩 읽으며 자녀양육문제를 토의하고 경험담을 나눌 수 있는 내용으로 구성되어 있다.

1 부모-자녀관계에 대한 견해

STEP은 부모들이 보다 효율적으로 부모역할을 해 나갈 수 있도록 돕기 위해 마련된 프로그램이다. Dinkmeyer와 Mckay는 부모가 자녀와 긍정적인 관계를 맺기 위해 노력하지 않는다면 아무리 좋은 양육법도 효과를 볼 수가 없다고 강조하였다.

사회가 끊임없이 발전하고 급변하면서 인간관계뿐 아니라 부모-자녀관계에서도 예전에는 생각하지 못했던 갈등들이 생겨난다. 여성들이 권리와 능력을 인식하고 법적·경제적 지위 향상을 요구하게 되었으며, 이러한 권리에 대한 투쟁 속에서 태어난 자녀들도 자연스럽게 자신의 권리를 주장하게 되었다. 그러나 자녀들은 자신의 권리를 주장하면서 다른 사람의 권리도 존중하는 것이 민주적이라는 사실을 이해하지 못한다. 자녀들은 자신에게는 권리가 있으며 부모들은 자녀양육에 대하여 책임이 있다고 믿는 듯하다. 부모는 자녀를 과잉보호함으로써 부모의 권리와 책임에 대한 잘못된 인식을 자녀에게 심어 주었다.

부모-자녀관계를 포함한 인간관계의 대부분은 서로 존경하지 않기 때문에 갈등이 생기게 된다. 부모는 자녀가 부모를 존경하지 않는다고 불평한다. 하지만 존경은 스스로의 행동에 의해 얻어지는 것이다. 부모 자신이 다른 사람을 존경할 때 아이들은 그 부모를 보고 배우게 된다. 부모가 자녀를 존중하는 태도를 보여야 자녀는 부모를 존중하게 된다. 이를 위한 가장 좋은 방법은 부정적인 말을 삼가는 것이다.

그리고 부모는 자녀를 신뢰해야 한다. 자녀 스스로가 '나는 능력이 있다'고 느낄 수 있게 하려면 끊임없이 격려해 주어야 한다. 어떤 부모든 자녀를 사랑한다. 사랑한다고 말로 표현하는 것도 매우 중요하며, 평소에 자녀를 존중하고 자녀가 기대하지 않을 때 토닥여 주고, 뽀뽀해 주고, 안아 주고, 인정해 주어 안정감을 느끼고 사랑받고 있음을 느끼도록 하는 것이 중요하다. 사랑은 자녀를 존중하고 책임감과 독립성을 길러 주고자 하는 부모의 태도를 통해 전달된다.

민주 사회의 인간관계에서 가장 중요한 개념은 평등이다. 평등이란 인간의 가치와 존엄성에 있어서 동등하게 존중받아야 함을 의미한다. 부모-자녀관계에서도 예외는 아니다. STEP 프로그램에서는 부모-자녀관계가 평등한 민주적 관계를 유지하도록 돕고 있다.

2 자녀양육의 원리

부모와 자녀가 좀 더 나은 관계로 발전할 수 있도록 STEP 프로그램에서는 자녀양육의 원리를 다음과 같이 제시하고 있다.

1) 대화의 기법

대화의 기법은 듣기 기법과 말하기 기법이 있다. 듣기 기법은 감정이입, 반영적 경청, 적극적 경청, 감정이입적 반응, 공감, 반영시키기 등이다. 말하기 기법은 나-전달법, 나를 표현하는 대화, 부모메세지 등이며, 이것은 자녀의 행동에 대해 부모의 느낌을 솔직하게 표현하는 기술이다. 이때 주의할 점은 자녀의 행동을 평가하거나 판단해서는 안 된다.

2) 환경을 계획하는 기술

부모-자녀관계를 개선하는 방법으로 검토되어야 할 점은 환경을 계획하는 일이다. 자녀가 무료해하지 않도록 환경을 풍부하게 해 주거나, 지루해하지 않도록 자극상황을 만들거나, 자녀의 안전성을 위해 집에 잘 적응하도록 한다. 환경을 잘 계획하는 것만으로도 가족생활에서의 많은 갈등들이 감소될 수 있다.

3) 부모 자신을 변화시키는 기술

자녀와의 갈등과 문제를 해결하기 위해서는 부모 자신도 변화해야 한다. 부모는 아동발달에 대한 이해를 증진시키고, 아동발달단계와 부모 기대와의 관계에 대한 이해도 증진시켜야 한다. STEP 프로그램은 자녀의 발달단계에 따른 행동의 특징들을 다른 부모들과 비교·검토하도록 하여 부모가 자녀들에 대해 현실적인 기대를 하도록 돕는다.

4) 자녀를 변화시키는 기술

STEP 프로그램에서는 자녀행동의 한계를 설정하고 그 한계를 지키지 못했을 때 사용하는 자연적 귀결과 논리적 귀결이라는 훈육방법을 사용하도록 하고 있다.

5) 가족의 변화 · 문제해결기술

문제해결기술에는 민주적인 가족문제 해결책으로 Gordon의 무승부법이나 Dreikurs의 가족 상담이 사용되고 있다. 가족문제를 해결하는 과정은 여러 단계로 구성되어 있다.

우선 문제에 대해 파악하고, 여러 가지 대안으로 해결책이 마련되며, 그중 적절한 해결책을 선택하고 실행하고 평가한다. 만약 문제가 해결되지 않으면 그 해결책을 재정의 해보거나 다른 해결책을 선택하기도 한다.

STEP 프로그램에서는 문제를 해결할 때 가족 중 특정한 사람만을 문제를 일으키는 사람으로 단정 짓지 않도록 주의해야 한다고 강조하고 있다.

3 부모교육의 형태

STEP 프로그램은 부모-자녀관계에서 생기는 여러 가지 문제를 효과적으로 해결할 수 있는 실질적인 접근방법을 제시하고 있다. 이 프로그램은 9주 동안 사용하도록 구성되어 있으며, 한 주에 한 장씩 읽고 토의하고, 각 장의 마지막 부분에 문제 상황과 질문에 대해 한 일주일 동안 생각해 오도록 하고 있다. 9주 동안의 교육내용의 주제는 다음과 같다.

- 1주: 자녀행동의 이해
- 2주: 자녀이해와 부모 자신의 이해
- 3주: 자녀를 격려하기-자신감과 가치감 길러 주기
- 4주: 의사소통-반영적 경청
- 5주: 의사소통-대안 찾기, 부모의 생각과 느낌의 표현
- 6주: 책임감 훈육방법
- 7주: 자연적·논리적 귀결
- 8주: 가족모임
- 9주: 자신감 개발 및 잠재력 발휘

이러한 주제와 내용은 대화의 기법, 환경을 계획하는 기술, 부모 자신을 변화시키는 기술, 자녀를 변화시키는 기술, 가족의 변화를 위한 문제해결기술 등을 다루도록 되어 있다.

1) 1주: 자녀행동의 이해

어떤 사람은 유전의 관점에서 자녀의 행동을 이해하고자 한다. 또는 환경이 주로 행동에 영향을 준다고 생각하는 환경의 관점에서 자녀의 행동을 이해하기도 한다. 그리고 자녀의 연령에 따라 단계적으로 행동이 나타난다고 보는 발달적 관점에서 자녀를 이해하기도 한다.

그러나 STEP에서는 자녀들의 모든 행동에는 사회적인 목적이 있다는 관점에서 자녀를 이해하고자 한다. 인간은 살아가는 의미를 소속감에 두고 의사를 결정하는 사회적 존재, 사회적 동물이라 할 수 있다. 누구나 누군가에게 혹은 자신이 소속한 집단에서 중요한 위치를 찾고 유지하려고 끊임없이 노력한다. 아동들도 마찬가지다. 가족이라는 집단 내에서 자녀들은 자신이 일상적인 방법으로 인정받거나 소속될 수 없다고 생각되면 그때부터 잘못된 행동을 하면서 소속감을 느끼려 한다. 자녀가 잘못된 행동을 할 때는 이유 혹은 목적이 있다는 것을 부모는 알아야 한다. 대부분의 자녀들은 자신이 하는 잘못된 행동이 문제가 된다는 것을 알고 있다. 그러나 자신의 요구를 합리적으로 전달하는 방법을 모르기 때문에 가장 쉬운 잘못된 방법으로 표현하게 된다.

(1) 잘못된 행동의 목표

① 관심끌기

자녀들은 그들에게 절대적인 존재인 부모의 관심을 받고 싶어 한다. 바람직한 행동을 해서 관심을 받고 싶지만 그러한 방법으로 관심을 받지 못할 때에는 나쁜 행동을 해서라도 관심을 끌려고 한다. 관심을 받을 때만 부모로부터 사랑을 받으며, 가족집단에 소속될 수 있다고 생각하기 때문이다.

부모는 자녀의 문제행동 뒤에 숨겨진 의도가 무엇인지 파악해야 한다. 그리고 자녀의 욕구가 무엇인지 관찰해 보아야 한다. 잘못된 행동을 하게 된 목표, 즉 자녀의 잘못된 행동 뒤에 자녀가 진정으로 원하는 것이 무엇인지 점검해야 한다.

부모가 귀찮아서 자녀에게 관심을 보이거나 달래준다면 자녀는 바라던 관심을 얻게 되어 만족하고 잘못된 행동을 계속하게 된다. 자녀행동을 관찰해서 '관심을 끌기 위해 하는 행동이구나' 하고 판단되면 자녀가 그런 잘못된 노력을 하기보다는 바람직한 공헌을 해야 한다는 것을 알게 해주어야 한다. 따라서 자녀의 행동에 즉각적인 반응을 하지 말고, 잘못된 행동을 무시해야 한다. 그리고 자녀가 바람직한 행동을 하거나, 기대하지 않고 있을 때나 평소에 자녀에게 사랑을 표현하고 관심을 보여 주어야 한다. 그리고 나-전달법을 통한 직면이나 논리적 귀결방법을 사용한다.

② 힘 행사하기

아이들은 자기가 원하는 것을 할 수 있을 때 가치가 있다고 느낀다. 자신이 할 수 있거나 하고 싶은 것을 부모가 못하게 한다고 인식하면 자녀는 자신이 하고자 하는 것을 해야만 가정에서 확고한 위치를 차지한다는 잘못된 목표를 세운다. 부모는 자녀가 마음대로 행동하지 못하도록 억압하거나 복종하게 하며 힘을 행사하려는 의지를 꺾어 줄 수 있다. 부모는 자녀와의 힘겨루기에서 이겼을 수 있지만 부모-자녀관계는 깨어지게 된다.

자녀가 힘겨루기를 시도할 때 부모는 화가 많이 난다. 자녀가 힘을 행사할 때 부모는 권위에 도전을 받는 느낌이 든다. 이 경우 부모는 자녀에게 순종하게 하거나 아니면 부모가 지고 만다. 부모가 지게 되면 자녀는 자기가 하고 싶은 대로 한다. 자녀가 힘을 행사할 때 적절하게 용납해 주면 독립성을 키워줄 수도 있다.

자녀가 부모의 말에 순종하지 않을 때, 특히 힘을 행사하려는 자녀를 다룰 때 부모는 흥분하지 말아야 하고 절대 화를 내면 안 된다. 같이 싸워도 안 된다. 그리고 주도권을 누가 잡느냐에 대해 초연해야 한다. 힘을 행사하려는 자녀의 노력에 대항하여 부모가 같이 힘을 사용하는 것은 자녀에게 힘의 가치를 제대로 경험하게 해 주는 꼴이 된다. 힘의 가치를 실감나게 경험한 자녀는 더욱 더 힘을 행사하려 할 것이다.

부모－자녀 간의 힘겨루기를 비켜가기 위해서는 싸우거나 양보하기를 거부하고, 가족회의 시간에 자녀를 참여시켜 협동적인 관계를 수립하고, 바람직한 의사소통기법과 격려의 방법을 사용할 수 있다. 자녀행동의 한계를 확고히 설정하고 실행하는 것이 필요하며, 자녀에 대해 존중하는 마음도 표현한다.

만일 부모－자녀관계에서 '힘 행사하기'에 대한 투쟁이 계속되어 자녀가 부모를 이길 수 없게 되면, 자녀는 '힘 행사하기'에 대한 생각을 바꾸어 '보복하기' 목표를 세우게 된다.

③ 보복하기

집단 내에서 힘도 없고 가치도 없으며 다른 사람으로부터 사랑을 받지 못한다고 생각하는 이는 자신이 상처받은 만큼 다른 사람에게도 상처를 주어야만 집단에서 자신의 위치를 차지할 수 있다고 생각한다. 보복하려는 자녀는 심술궂고 잔인한 행동으로 다른 사람에게 상처를 준다.

이런 경우 부모는 자녀의 보복행동은 좌절에서 시작된다는 것을 재빨리 인식해야 한다. 그러나 그 원인이 부모에게 있는 것이라고 생각할 필요는 없다. 복수심을 가지고 있는 자녀는 마음에 상처가 이미 생겼기 때문에 부모가 돕는다는 것이 쉽지 않다.

이때 부모가 같이 보복을 해서는 안 된다. 부모-자녀 간에 보복의 투쟁이 계속 된다면 자녀는 완전히 좌절하게 된다. 부모는 선의를 보여 주고 자녀의 상처 입은 마음을 달래주면서 침착하게 부모-자녀관계를 개선해야 한다.

④ 무능감 보이기

무능감 보이기는 부모의 관심을 끌기 위해서 무척 노력했지만 실패한 자녀들에게서 나타난다. 무능감을 보이는 자녀는 극도로 좌절된 상태이다. 따라서 자녀는 뭔가 시도하려는 의욕조차 없으며 포기상태에 있으며 자신에게 아무것도 기대하지 못하게 한다. 사회적 상호관계나 책임을 회피하며 퇴행하여 자신의 위치를 확보하려 한다. 무능함은 하루 사이에 생기는 것이 아니라 격려를 받지 못한 긴 시간 동안 형성된 것이다.

무능함을 보이는 자녀를 돕기 위해서는 우선 비난하지 말아야 한다. 대신 자녀의 특기나 장점에 관심을 집중시켜야 한다. 자녀가 스스로 조금의 노력을 보이면 그것이 아무리 작은 것이라 해도 격려해 주어야 한다. 부모는 자녀의 무능감 보이기 행동에 초조해 하지 말아야 하며, 자녀를 다른 아이와 비교하지 말아야 하고, 이전의 행동과도 비교하지 말아야 한다.

예 11-1 관심끌기

예) 미진(6세)이는 엄마가 전화통화를 할 때마다 책을 들고 와서 읽어 달라고 징징대며 졸라댄다.

자녀의 목표와 행동	관심끌기
부모의 느낌과 행동	짜증나고 귀찮으며 화가 나기도 한다. 서둘러 전화를 끊고 아이에게 화를 내기도 하고, 책을 읽어 주기도 한다.
자녀의 반응	엄마가 뭔가 하고 있으면 자녀는 매번 요구를 한다.
부모의 대안	관심끌기에는 반응을 보이지 않는다. 엄마가 전화를 하고 있을 때는 통화가 끝날 때까지 기다려야 한다고 말해 준다. 엄마에게 부탁이 있을 때는 예쁘게 말해야 하며 그래야 엄마가 들어줄 수 있다고 말해 주고 반드시 그렇게 한다.

연습 11-1 관심끌기

연습) 엄마가 애기를 돌보고 있을 때마다 용아(5세)는 블록 쌓기가 잘 안 된다고 울면서 엄마에게 빨리 와서 도와달라고 한다.

자녀의 목표와 행동	
부모의 느낌과 행동	
자녀의 반응	
부모의 대안	

예 11-2 힘 행사하기

예) 효민(6세)이는 거실에 어질러 놓은 장난감을 치우라는 엄마의 이야기를 들은 척도 하시 않고 방으로 들어가 버린다.

자녀의 목표와 행동	힘 행사하기
부모의 느낌과 행동	효민이가 엄마의 말을 무시한 것 같아서 화가 치민다. 고함을 지르고 화를 낸다.
자녀의 반응	방문을 꽝 닫고 귀를 막는다. 엄마의 말을 종종 무시한다.
부모의 대안	화가 나지만 마음을 가라앉히고 잠시 시간을 가진다. 안정을 취한 후 조용히 장난감을 치워야 하는 이유를 말하고 치우게 한다. 나-전달법을 사용하면 좋다. 논리적 귀결을 사용하여 규칙을 정하고 대가를 치르게 한다.

연습 11-2 힘 행사하기

연습) 병기(7세)는 식사준비가 다 되었기에 식사하자는 엄마의 말을 들은 척도 하지 않고 공놀이를 하겠다고 공을 들고 놀이터로 나가 버린다.

자녀의 목표와 행동	
부모의 느낌과 행동	
자녀의 반응	
부모의 대안	

예 11-3 보복하기

예) 시준(6세)이는 동생의 장난감을 뺏어 동생을 울게 만들었다. 엄마가 동생에게 그러지 말라고 하자 "엄마 미워, 엄마 나가"라고 소리를 지른다.

자녀의 목표와 행동	보복하기
부모의 느낌과 행동	속상하다. 아이가 밉다. 화가 난다. "나도 너 미워, 내 집이야, 네가 나가"라고 소리 지른다.
자녀의 반응	아이는 운다. "엄마 싫어", "나 이모에게 갈거야" 라고 말한다. 동생을 밀어버리고 달아난다.
부모의 대안	엄마를 속상하게 한 아이에게 상처를 주고 싶은 마음에서 한발 물러선다. 즉, 아이에게 반격하지 않는다. 아이의 마음을 읽어 준다. 그리고 "엄마가 동생 편만 든다고 속상했구나. 엄마에게 많이 화가 났나보다"라고 말해 준다.

연습 11-3 보복하기

연습) 하진(5세)이는 형의 학용품을 사주는 엄마에게 자신에게는 장난감을 사달라고 요구했다. 엄마는 여유가 없어 사주지 않았다. 그러자 하진이가 "엄마 미워, 난 할머니 집에서 살 거야"라며 소리 지른다.

자녀의 목표와 행동	
부모의 느낌과 행동	
자녀의 반응	
부모의 대안	

예 11-4 무능함 보이기

예) 지안(8세)이는 등교 준비를 할 생각이 없다. 멍하니 있다. 엄마가 등교를 위한 모든 것을 챙겨주고 집을 나서게 한다.

자녀의 목표와 행동	무능함 보이기
부모의 느낌과 행동	애를 보면 한숨이 난다. 세수하고 양치하는 것부터 엄마가 도와 주어야 하고 가방까지 챙겨서 내보내야 한다. 그냥 다 해 주게 된다.
자녀의 반응	아무것도 하려고 하지 않는다.
부모의 대안	절대 자녀를 포기하지 않고 전부 해 주지도 않는다. 세수와 양치도 스스로 할 수 있도록 하고 가방 챙기는 것도 엄마가 도와 주지만 본인이 하게 한다. 그리고 지안이 스스로 해낸 과업에 대해서는 칭찬하고 격려해 준다.

연습 11-4 무능함 보이기

연습) 순진(9세)이는 만들기 놀이를 하려다 말고 "난 못하겠어요, 잘 안돼요. 엄마가 해 주세요"라고 말한다.

자녀의 목표와 행동	
부모의 느낌과 행동	
자녀의 반응	
부모의 대안	

연습 11-5 잘못된 목표 찾기와 부모의 지도

연습1) 석호(6세)는 악기 또는 운동 등 그 어느 것에도 흥미를 보이지 않으며 배울 열의도 없다.

자녀의 목표와 행동	
부모의 느낌과 행동	
자녀의 반응	
부모의 대안	

연습2) 선영(7세)이는 컴퓨터게임을 그만 하라는 엄마의 말을 듣지 않고 계속하고 있다.

자녀의 목표와 행동	
부모의 느낌과 행동	
자녀의 반응	
부모의 대안	

연습3) 수용(7세)이는 더운 여름에 겨울 패딩바지를 입겠다고 해서 엄마가 계절에 맞지 않는 옷이라고 말리지만, 수용이는 굳이 입겠다고 떼를 쓴다.

자녀의 목표와 행동	
부모의 느낌과 행동	
자녀의 반응	
부모의 대안	

연습4) 해수(5세)는 동생과 놀면서 엄마를 자꾸 부르고, 동생의 잘못을 고자질한다.

자녀의 목표와 행동	
부모의 느낌과 행동	
자녀의 반응	
부모의 대안	

(2) 긍정적 관계의 기본 요소

자녀의 잘못된 행동목표를 변화시키고, 부모와 자녀가 긍정적인 관계를 형성하기 위한 방법으로 STEP에서는 상호존중, 즐거운 시간 갖기, 격려, 사랑의 표현 등 4가지 요소를 제시하고 있다.

① 상호존중

인간관계에서 발생하는 대부분의 문제는 서로 존중하지 않는 데에서 기인한다. 부모와 자녀 간에 생기는 문제도 역시 마찬가지이다. 부모와 자녀 간에 긍정적인 관계를 형성하기 위해서는 부모가 먼저 자녀를 존중하는 태도를 지녀야 한다. 그러기 위해서는 친숙한 분위기에서 자녀와 대화를 나누며 부정적인 말을 삼가는 것이 좋다. 칭찬에 인색하며 명령적이고 부정적인 표현에 익숙한 부모가 단번에 긍정적인 표현으로 바꾼다는 것은 쉬운 일이 아니다. 부모는 자녀를 인격적으로 존중하는 습관을 갖도록 연습을 해야 한다.

연습 11-6 부정적인 표현을 긍정적 표현으로 바꿔보기

부정적인 표현	긍정적인 표현
동생이랑 싸우지 말라했지!	동생이랑 사이좋게 놀 수 있지?
바닥에 왜 그리 낙서를 하니?	
친구 미워하면 안 돼.	
좀 흘리지 마라.	
시끄럽게 하지 마라.	
장난감을 꼭 이렇게 어질러야겠니?	

② 즐거운 시간 갖기

가족이 모두 즐거운 시간을 가지려면 계획이 필요하다. 부모와 자녀는 서로에게 강압적인 요구 없이 함께 즐길 수 있어야 한다. 부모와 자녀가 즐거운 시간을 위해 함께 계획하고 실행하도록 노력해야 한다.

③ 격려

자녀가 스스로 '나는 능력이 있다'고 생각할 수 있도록 부모는 자녀를 신뢰하고 격려해야 한다. 자녀가 자신을 어떻게 지각하는지는 부모와 자녀 간의 긍정적인 관계가 결정한다.

④ 사랑의 표시

모든 부모들은 자녀를 사랑하고 있지만 그 사랑을 말과 행동으로 제대로 표현하는 것은 쉽지 않다. 가족 중 누군가는 자신을 사랑하고 있다고 믿을 때 자녀는 정서적으로 안정될 수 있다. 부모의 사랑은 자녀를 존중하고 긍정적으로 격려하는 것으로 표현되어야 한다.

표 11-1 긍정적 행동의 목표

자녀의 신념	목표	행동	격려방법
나는 유익한 행동을 할 때 인정받는다.	관심, 참여, 공헌	돕기, 자원해서 하기	남을 돕도록 하고 그 가치를 인식하도록 한다.
나는 스스로 결정할 수 있고 내 행동에 책임을 진다.	힘, 자율성, 행동에 대한 책임	자기훈련, 자신의 일을 스스로 하기	자녀가 의사결정을 하도록 격려한다. 자녀가 긍정적 그리고 부정적 결과를 다 경험하게 한다. 자녀에 대한 신뢰를 표현한다.
나는 협동하는 것이 재미있다.	정의, 공평	친절 베풀기, 협력하기	자녀의 협동에 대해 높이 평가하고 격려한다.
나는 갈등에서 물러설 수 있다.	다른 사람의 의견수용, 협상	화내지 않기, 타인의 의견존중, 타협하기	성숙하게 행동하는 자녀의 노력을 인정한다.

2) 2주: 자녀이해와 부모 자신의 이해

부모가 자신과 자녀에 대해 제대로 이해하기 위해서는 자녀의 잘못된 행동목표, 자녀가 사용하는 정서나 생활방식 그리고 부모 자신이 어떤 유형의 부모인지에 대한 인식이 필요하다.

첫째, 부모는 자녀가 잘못된 행동목표를 달성하기 위해 정서를 이용한다는 사실을 알아야 한다. 자녀가 부모를 조정하기 위해 감정을 이용할 때 부모는 이를 알아차리고 반응하지 않음으로써 불편한 악순환에 빠지지 않을 수 있다.

둘째, 부모는 자녀의 생활방식을 형성하는 요인들을 이해해야 한다. 그 요인은 가정 분위기와 가치관, 성역할, 가족 간의 서열 등이다.

셋째, 부모는 자신이 어떤 부모유형인지 알아야 한다. 완벽한 부모를 추구하는지, 책임감 있는 부모를 추구하는지 점검해 볼 필요가 있다.

완벽한 부모는 자녀를 과잉보호하고 지나치게 간섭하며, 자신의 기준에 맞는 아이로 키우기 위해 끊임없이 잔소리를 하고, 자녀의 모든 일에 대한 책임이 부모에게 있다고 생각한다. 타인에게 보여지는 자신과 자녀에 대해 민감하다. 자녀에게 지나치게 몰두하며 완벽한 부모로 인정받고 싶어 한다. 완벽한 부모는 자녀의 자신감과 독립심 형성을 방해하며, 책임감과 의사결정을 배울 기회를 잃게 한다. 결국 무기력한 아이로 만든다.

이에 반해 책임있는 부모는 부모의 책임과 자녀의 책임을 구분할 수 있다. 또한 자녀를 인격적으로 존중하며, 자녀의 독립성을 최대한 인정해 준다. 그러므로 자녀에게 선택의 기회를 주고, 긍정적인 것뿐만 아니라 부정적인 것도 경험하게 하고, 스스로 책임질 수 있는 기회를 제공한다. 책임있는 부모의 자녀는 자신을 사랑하며 존중할 줄 알게 된다. 나아가 타인을 존중할 줄 알고 원만한 사회적 관계를 형성할 수 있는 사람으로 성장하게 된다.

표 11-2 완벽한 부모와 책임있는 부모의 비교

부모 유형	부모의 신념	부모의 행동	자녀에게 나타나는 결과
완벽한 부모	나는 자녀보다 우월한 존재이다.	• 과잉보호한다. • 독선적이다. • 복종을 요구한다. • 자녀에게 창피를 준다.	• 자신을 연민하고 다른 사람을 비난한다. • 다른 사람이 베풀어 주길 바란다. • 자신이 무능하다고 느낀다.
	나는 자녀를 통제하고 감독해야 한다.	• 자녀의 행동까지 책임지려 한다. • 부모가 옳고 자녀는 틀렸다고 주장한다. • 복종을 요구한다.	• 책임을 회피하고 자율성이 없고, 무능력하게 된다. • 반항하고 분노를 느낀다. • 거짓말을 한다. • 자율성이 결여된다.
	나는 완전한 부모가 되어야 한다.	• 다른 사람에게 좋은 부모로 보이고, 칭찬받아야 한다. • 모든 것에서 완전을 요구한다.	• 다른 사람의 의견에 민감하다. • 자신이 훌륭하지 않다고 믿는다. • 좌절을 느낀다.
	나보다 자녀가 중요하므로 나는 자녀에게 희생해야 한다.	• 지나치게 자녀에게 몰두한다. • 자녀의 요구를 들어 주고, 안 된다고 말할 때는 죄책감을 느낀다. • 자신의 욕구에 대해서는 관심이 없다.	• 다른 사람의 권리를 존중하지 않는다. • 사회적 관계를 잘 형성하지 못한다. • 받기를 기대한다.
책임있는 부모	자녀는 나와 동등한 인격체로서 스스로 선택하고 결정할 수 있다.	• 자녀를 믿고 존중한다. • 독립성을 격려하고 선택의 기회를 제공한다. • 자녀가 공헌하기를 기대한다.	• 자신감을 가지고 결정하는 것을 배운다. • 자신을 존중한다. • 자율성과 책임감이 발달한다. • 문제해결력이 있다.
	나는 인간이므로 불완전한 것이 당연하다.	• 현실적인 기준에서 기대를 한다. • 다른 사람의 평가에 연연해하지 않는다. • 인내심이 있다.	• 시도하다가 실패하면 다시 도전한다. • 용기가 있다. • 다른 사람의 평가보다 자신의 내적인 힘을 믿는다. • 다른 사람에 대해 인내한다.
	나 자신을 포함한 모든 사람이 중요하다고 믿는다.	• 상호존중과 기여를 기대한다. • 안된다고 할 때를 안다.	• 다른 사람의 권리를 존중한다. • 사회적 관계를 잘 맺는다.

연습 11-7 완벽한 부모와 책임 있는 부모 분류하기

사 례	완벽한 부모	책임있는 부모
예) 진기(7세)가 태권도 도장에 다니기 싫다 해서 혼내 주고 도장에 가도록 했다.	√	
1. 딸(5세)이 해달라고 하는 것은 무엇이든 해 준다.		
2. 아들(6세)이 내 말에 대꾸하거나 자기주장을 하면 화가 치민다.		
3. 수철(5세)이가 옷 정리를 하겠다고 하면서 서툴게 정리를 하지만 스스로 선택한 활동이라 하게 한다.		
4. 시운(5세)이가 식사준비를 돕겠다며 접시를 나른다. 접시에 담긴 음식이 흐트러지지만 도와줘서 고맙다고 한다.		
5. 수용(6세)이는 계절에 맞지 않는 옷을 입고 유치원에 가겠다고 해서 안 된다고 화를 냈다.		
6. 병만(8세)이는 느려서 숙제를 다 못한다. 그래서 엄마가 매일 밤 숙제 확인하고 다 해 준다.		

3) 3주: 격려하기 - 자신감과 가치관 길러 주기

격려는 부모 - 자녀관계를 발전시켜 나가기 위한 중요한 기술 중의 하나이다. 부모의 기준에 근거하여 주어지는 상벌과 달리 격려는 자녀의 장점과 행동에 초점을 두기 때문에 자녀에게 자신감과 자아존중을 갖게 해 준다. 칭찬과 격려의 차이점을 비교해보면 표 11-3과 같다.

표 11-3 칭찬과 격려의 차이

유형	관심영역	부모가 주는 메세지	가능한 결과
칭찬	외적 통제	"내 말을 들을 때만 넌 가치가 있다." "내가 시키는 대로 하는 것이 잘 하는 거야."	부모에게 순종해야 인정 받는다고 생각한다. 혹은 반항한다.
	외적 평가	"날 만족시켜야 인정할 수 있어."	자녀는 다른 사람을 기쁘게 할 때 자신이 가치가 있다고 생각한다. 타인의 평가에 연연해한다.
	잘 완성된 과제에 대한 보상	"네가 내 기준에 잘 따를 때 넌 가치가 있어."	자녀는 실패에 두려워한다. 자녀는 비현실적인 기준에 맞추려고 애쓰고, 완전에 도달해야만 가치 있다고 생각한다.
	자기 평가와 개인적 이익	"너는 최고다. 항상 너는 남보다 우위에 있어야 해."	과다경쟁을 하게 된다. 다른 사람을 희생시켜서 앞서려고 한다. 최고일 때만 가치가 있다고 생각한다.
격려	건설적으로 살아가는 자녀의 능력	"너는 책임이 있고 독립적이라는 것을 믿는다."	용기를 가지고 시도하려는 의욕을 보인다.
	내적 평가	"자신과 자신의 노력에 대해 어떻게 느끼느냐가 중요하다."	자신의 진보를 스스로 평가하고 결정할 줄 알게 된다.
	노력과 향상	"완전할 필요는 없어, 너의 노력과 향상이 중요해."	자신과 타인의 노력을 인정하게 된다. 한 과제를 꾸준히 진행시킨다.
	장점-공헌, 가치 인정	"네가 한 일의 가치를 인정해." "너의 공헌은 가치가 있어."	개인의 이익뿐 아니라 모든 선을 위해 노력하고 자기의 재능을 사용할 줄 알게 된다. 자신의 성공뿐 아니라 타인의 성공에 대해서도 기뻐할 줄 안다.

격려하는 방법으로는 자녀의 모습을 있는 그대로 수용하기, 자녀의 행동에 대해 긍정적인 면 찾아 주기, 자녀를 믿어 주기, 장점·잘 하는 것·공헌한 것에 관심 보이기, 노력과 성취를 인정하기 등이 있다.

연습 11-8 격려하기

격려유형	상황	도움되지 않는 말	격려
자녀 모습 그대로 수용하기	"난 얼굴이 왜 이렇게 까말지요."	"왜 그런 소리를 해? 희고 이쁘기만 하구만."	"까만 피부가 매력적이야."
	"난 이쁘지 않은 것 같아."	"세상에서 네가 젤 이뻐."	
긍정적인 면 찾아 주기	형제끼리 심하게 싸울 때	"사이좋게 지내면 얼마나 좋으니."	"쌓인 감정 다 풀렸겠네.", "서로의 의견을 잘 알게 되었으니 앞으로는 서로 조심할 수 있겠네."
	"내가 너무 떨어서 말을 잘 못한거 같아요."	"그만 하면 잘했어."	
신뢰하고 있음을 보여 주어 자녀 스스로 믿게 하기	"이번 발표에 실수하면 어쩌지?"	"걱정하면 뭐해."	"많이 연습했으니까 연습한대로 하면 잘 할거야, 널 믿어봐."
	"내가 선택했어요."	"네가 뭘 알기나 해."	
노력과 향상을 인정하기, 공헌한 점 알려 주기	"피아노 대회에서 상을 못 받았어."	"그런 상 안 받아도 돼."	"열심히 연습해서 떨지 않고 감정 표현 아주 잘하던데, 그래서 아주 감동적이었어."
	"제가 장난감 선반을 정리했어요."	"아이구, 착해라."	

4) 4주: 의사소통 - 반영적 경청

효과적인 의사소통기술 중 반영적 경청은 자녀가 느끼고 의미하는 것을 파악하고, 말 이면의 숨은 뜻을 읽어줌으로써 자녀가 '이해받고 수용되고 있다'는 것을 느끼게 해 준다.

표 11-4는 자녀의 말에 대한 폐쇄적 반응과 개방적 반응에 대한 예시이다.

표 11-4 폐쇄적 반응과 개방적 반응의 비교

자녀의 말	폐쇄적 반응	개방적 반응
"나는 다시는 수윤이랑 놀지 않을 거야."	"친구랑 사이좋게 지내야지." "싸웠구나, 그런 거는 잊어버려."	"수윤이에게 화가 많이 났구나."
"난 주사 싫어요. 안 맞을래요."	"어린애처럼 굴면 안 돼."	"주사가 아플까 무섭구나."
"왜 형만 늘 따라 가는거에요."	"이유를 말해줬는데 그러면 안 되지. 귀찮게 하지 마."	"불공평하게 느껴지는구나."
"동생이 젤 미워!"	"그런 말 하면 못써, 동생을 미워하면 안 돼."	"동생 때문에 많이 속상했구나."
"내가 이거 만들었는데 한번 보세요."	"알았어, 또 만들었네, 이제 좀 저리 가."	"멋지다. 잘 만들었네, 자랑스럽겠다."

5) 5주: 의사소통 – 대안 찾기, 부모의 생각과 느낌의 표현

(1) 대안 찾기

자녀와의 관계에서 문제가 생겼을 때 대안을 찾아보는 것은 문제해결의 한 방법이다. 대안 찾기는 자녀와 함께 문제를 규명하고, 문제를 해결하기 위한 적절한 방안을 찾고, 방안 중 한 가지를 선택할 기회를 제공하여 갈등을 해결하는 방법이다. 대안 찾기는 부모나 자녀 어느 쪽도 패배감을 갖지 않도록 문제를 해결하는 방법이다. 대안 찾기는 6단계로 진행되며, 6단계는 다음과 같다.

- 1단계: 자녀의 감정을 이해하기 위해 반영적 경청을 사용한다.
- 2단계: 브레인스토밍을 통해 대안을 찾는다.
- 3단계: 여러 가지 대안을 평가하여 자녀가 선택하도록 돕는다.
- 4단계: 예상되는 결과에 대해 논의한다.
- 5단계: 대안 중 하나를 선택한다.
- 6단계: 평가 시간을 계획한다.

표 11-5 대안찾기 예

주말 나들이를 계획하고 있는데 아들(7세)은 영화를 보고 싶어 하고, 딸(5세)은 백화점에 가고 싶어 한다. 부모는 둘 중 하나만 하고 싶다. 어떻게 할까요?

대안 설정	대안 만족			선택
	부모	아들	딸	
① 영화를 보러 간다(딸이 양보해야 한다).	o	o	x	
② 백화점에 간다(아들이 양보해야 한다).	o	x	o	
③ 영화를 보고 나서 백화점 간다.	x	o	x	
④ 백화점 갔다가 영화 보러 간다.	x	x	o	
⑤ 아빠는 아들과 영화를 보러가고, 딸은 엄마랑 백화점에 간다.	x	x	x	
⑥ 이번에는 영화를 보고, 다음에 백화점을 간다.	x	x	x	
⑦ 아들이 평소 딸이 갖고 싶어 하던 퍼즐을 선물로 주고 딸을 달랜다.	o	o	o	o
⑧ 영화관이 있는 백화점에 가서 둘 다 즐긴다.	o	o	o	

연습 11-9 대안찾기

연습) 태오(8세)는 엄마가 만들어 주는 손칼국수가 먹고 싶다. 엄마는 회사일로 바빠서 칼국수를 만들 시간이 좀 부족하다. 어떻게 할까요?

대안 설정	대안 만족		선택
	태오	엄마	

(2) 부모의 생각과 느낌의 표현

부모의 생각과 느낌을 표현하는 방법으로 나-전달법이 있다. 나-전달법은 네가 ~하면(행동), 나는 ~라고 느낀다(느낌), 왜냐하면(결과)로 구성된다.

표 11-6 효과적인 대화

상황	문제소유자	반영적 경청	나-전달법
시험을 망쳐서 자녀가 울고 있다. "공부 잘 하기는 글렀어."	자녀	"성적이 나쁘게 나와 혼날까봐 걱정이 많이 되구나.", "친구보다 잘 하고 싶은데 그래서 많이 속상하구나."	
전화를 받고 있는데 자녀가 옆에서 큰소리로 노래하고 있다.	부모		"네가 옆에서 노래를 하고있으니, 화가 난다. 왜냐면 저쪽 이야기가 들리지 않으니까."
걸음마를 하고 있는 애기(1세)가 있는데 민숙(4세)이가 블록을 바닥에 늘어놓고 놀고 있다. "애기가 다치겠네."			
내일 피아노 경진대회에 나가는 딸이 안절부절하고 있다. "어쩌지, 내일 잘 칠 수 있을까?"			

6) 6주: 책임감훈련방법

부모는 자녀가 순종할 때는 보상을 제공하고, 순종하지 않을 때는 처벌을 하는 권위적인 방법으로 자녀를 훈육한다. 이러한 훈육방법으로 자녀를 훈육할 경우 자율성과 책임감을 길러 주기 어렵다. 자녀의 자율성과 책임감을 키우기 위해서는 자연적 귀결과 논리적 귀결로 통제하는 것이 효과적이다.

표 11-7 자연적 귀결과 논리적 귀결 사용을 위한 12가지 원칙

1. 자녀의 목표행동과 감정을 이해할 것
2. 엄격하면서 친절할 것
3. 완벽한 부모가 되려고 애쓰지 말 것
4. 부모의 행동을 보다 일관성 있게 할 것
5. 자녀와 자녀의 행동을 분리할 것
6. 독립심을 북돋아줄 것
7. 동정심을 남용하지 말 것
8. 다른 사람의 생각에 지나친 관심을 두지 말 것
9. 누구에게 문제가 있는지 파악할 것
10. 말을 적게 하고 행동을 많이 할 것
11. 싸우거나 포기하지 말 것
12. 자녀 스스로 책임을 지도록 권장할 것

7) 7주: 자연적 귀결과 논리적 귀결의 활용

부모의 자녀양육법을 보면, 무의식중에 자녀의 잘못된 행동을 강조하는 경우가 있다. 부모는 자녀의 행동에 반응하기보다 '행동하기' 원리를 적용해 보도록 한다. 상황에 따른 부모의 적절한 접근법은 표 11-8과 같다.

표 11-8 적절한 접근법

상황	문제소유	적절한 접근법
엄마가 아끼는 도자기 찻잔을 자녀가 들고 만지작거리며 장난을 치고 있다.	부모	• 나 – 전달법: "찻잔을 들고 만지고 있으면 깨질까봐 걱정이 된다." • 논리적 귀결: 찻잔으로 장난치지 않든지, 플라스틱잔을 사용하든지 한다. 찻잔으로 장난을 치면 다음부터는 찻잔으로 사용할 수 없다.
자녀가 태권도 승급시험에서 떨어져 풀이 죽어 있다.	자녀	• 반영적경청: "검은 띠 꼭 따고 싶었는데 그러질 못해 무지 속이 상하구나." • 대안찾기: 자녀 "뭐가 문제였을까요?" 엄마 "다음 시험을 위해 네가 뭘 더 연습해야 할까?"
자녀가 숙제를 안 하고 컴퓨터 게임만 하고 있다.		• 논리적 귀결: 숙제를 하든지, 게임을 안하든지 선택하게 한다. "숙제를 끝내지 않고 게임을 하였을 경우, 일주일 동안 게임을 할 수 없어." • 자연적 귀결: 숙제를 못해 가면 학교에서 혼나던지, 창피를 당하던지 경험할 것이다.
아기가 전기밥솥을 만지려 한다.		• 자연적 귀결: 아기가 뜨거운 것을 경험하고 나면 다시는 전기밥솥에 손대지 않을 것이다. 그러나 이 같은 경우는 위험한 상황이라 논리적 귀결을 사용하는 것이 적절할 수 있다. • 논리적 귀결: 아기를 잠시 동안 아기침대에 격리시킨다. 그래도 다시 접근하면 좀 더 오랫동안 침대에 있게 한다.

자연적·논리적 귀결을 사용할 때는 자녀에게 선택의 기회를 주고, 자녀의 결정에 따라야 하며, 가능하면 부모는 말을 적게 하고 엄격하면서도 친절하게 자녀를 대해야 한다. 꼭 기억해야 할 것은 자녀와 자녀의 행동을 구분해야 한다. 자녀에 대한 존중의 태도가 없으면, 결국 자녀에게 벌을 주는 것이 된다.

문제가 발생한 상황에서 '반영적 경청'과 '대안찾기', '나-전달법', '자연적·논리적 귀결' 중 부모가 어떤 선택을 할 것인가는 당면한 문제 상황에 따라 달라진다.

8) 8주: 가족모임

가족모임은 원만한 가족관계 형성을 위해 필요하다. 민주적인 가족관계는 가족구성원 모두가 의사결정 과정에 참여할 때 가능하다. 가족모임은 가족구성원이 계획하여 정기적으로 모임을 가져야 한다. 가족모임을 위해 가족구성원이 지켜야 할 사항은 다음 표 11-9와 같다.

표 11-9 가족모임의 필수요건

가족모임의 지침	피해야 할 함정
• 계획된 시간에 정기적으로 모인다.	• 일이 생길 때마다 모인다. • 모임을 건너뛰거나 모임시간을 변경한다.
• 모든 구성원들을 동등하게 대한다. • 모든 사람이 경청한다.	• 권위적인 사람에 의해 모임이 지배된다.
• '반영적 경청'과 '나-전달법'을 사용하여 가족구성원을 격려하고 그들의 느낌과 신념을 정확하게 표현한다.	• 다른 사람 이야기를 듣지 않고, 서로 용기를 주지 못한다.
• 현실적인 문제를 다룬다. 중요하지 않은 주제는 피한다.	• 행동의 목적보다는 말다툼, 싸움, 불평만 다룬다.
• 가족 내에서 일어난 좋은 일은 알려 구성원을 격려한다.	• 불만과 비난에 초점을 맞춘다.
• 가족을 위해 오락이나 레크레이션 계획을 세운다.	• 일 분배와 훈련으로 모임의 한계를 정한다.

(계 속)

가족모임의 지침	피해야 할 함정
• 모임의 지속시간을 함께 정하고, 정해진 시간 내에 끝낸다.	• 모임의 지속 시간을 무시한다.
• 계획이나 결정은 기록한다. 또한 잊지 않도록 게시해 둔다.	• 동의한 사항을 실천하지 않는다.

9) 9주: 자신감 개발 및 잠재력 발휘

부모는 자녀를 양육하는 과정에서 자신감을 위축시키고 잠재력을 발휘할 수 없도록 하는 자기패배적 신념을 경계해야 한다. 부모는 자신과 자녀 모두가 불완전한 존재라는 사실을 인정하는 용기를 가져야 한다. 부모 자신이 불완전함을 자각하면 자녀의 실수도 쉽게 수용이 된다. 표 11-10은 자녀양육 과정에서 겪게 되는 문제와 이에 대응하는 부모 유형에 대해 기술하고 있다.

표 11-10 민주적 · 긍정적 부모역할

부딪히는 문제	자기패배적 신념	비효과적 · 독재적반응	민주적 · 긍정적 반응
자녀가 말대꾸를 한다. 자기주장을 강하게 한다.	나는 자녀에게 존경받고 두려운 존재여야 한다.	자녀를 혼내 주고, 용서를 빌라고 한다.	자녀의 주장을 듣는다. 반영적 경청을 한다. 계속 말대꾸를 하면 나-전달법과 논리적 귀결을 사용한다.
지금 외출준비해서 같이 나가자고 하는데 자녀가 반응이 없다.	즉각적으로 반응을 하지 않는 것은 나를 무시하는 것이다.	명령하거나 벌을 준다.	나-전달법을 사용하거나 논리적 귀결을 사용한다.
등교준비를 할 때 늑장을 부리고 지각한다.	'내 아이는 게을러서 문제다. 남들이 나를 어찌 생각할까?'	잔소리하고 윽박지르면서 준비를 서둘러 도와주고 쫓아내듯이 학교를 보낸다.	논리적 귀결이나 자연적 귀결을 사용한다.
자녀끼리 싸운다.	나는 싸움을 말려야 하고, 재판관역할을 해야 한다.	누구 잘못인지 따지고 혼내 주고 화해시킨다.	자녀끼리 해결할 수 있다고 믿는다.
거실에 장난감을 어질러 놓는다.	나를 힘들게 하는 아이들이라 생각한다.	잔소리하고 내가 치운다.	나-전달법을 사용하거나 필요할 때 장난감을 찾지 못하는 논리적 귀결을 사용한다.

출처: Dinkmeyer, D., & McKay, G. D.(1976).

4 STEP 프로그램의 효과

STEP 프로그램에 참가했던 부모들은 자녀의 행동을 더욱 긍정적으로 지각하였으며 자녀를 더 잘 수용하고 신뢰하였다. 부모양육태도는 변화하기 어려운 것임에도 불구하고 STEP 프로그램에 참여한 부모들은 독재적인 태도를 민주적인 태도로 변화시킬 수 있었다(Moline, 1979). 이러한 결과의 주된 원인은 STEP 프로그램이 종합적이며, 체계화되어 있을 뿐 아니라 그 실시과정이 단계적이어서 부모들의 점진적인 향상에 도움을 주었기 때문이다.

Dinkmeyer와 McKay는 STEP 프로그램에 근거하여 여러 가지 다른 프로그램도 개발하였다. 1980년에는 교사를 위한 STEP, 1983년에는 중 · 고등학교 자녀를 둔 부모를 위해 십대를 위한 STEP/Teen을 개발하였다. 1987년에는 STEP과 STEP/Teen에서 배운 부모의 기술적인 능력을 강화시킬 목적으로 'STEP 후 과정(The Next STEP)'을 개발하였다. 그리고 아동용 STEP 프로그램의 원리와 기법을 확장시켜 영아용, 유아용 STEP 프로그램도 개발하였다.

CHAPTER 12

자녀의 힘을 북돋우는 부모훈련

우리나라에서 사용하고 있는 부모교육 프로그램의 대부분은 외국 프로그램을 그대로 도입해서 사용하는 경우가 많다. 하지만 서구의 자녀교육은 우리 문화와 맞지 않아 토착화되기 어렵다. 또한 전통적으로 전해오던 자녀교육은 시대적으로 맞지 않아 받아들이기 힘들다. 따라서 한국 문화에 적합한 부모교육이 필요하게 되었고, 이러한 요구에 부응하기 위해 자녀의 힘을 북돋우는 부모훈련(empowering parent training; EPT) 프로그램이 개발되었다. 자녀의 힘을 북돋우는 부모훈련(EPT)은 문화체육부 산하 청소년상담원인 '청소년 대화의 광장'에서 1994년부터 연차적으로 개발되었다. 프로그램은 입문서에 해당되는 총론(1권: 자녀의 힘을 북돋우는 부모)을 포함하여 5권(자녀의 힘을 북돋우는 대화, 바른 행동의 길 다지기, 생활의 기틀 세우기, 어울려 사는 지혜 기르기)으로 구성되었다.

EPT 프로그램은 부모들이 자기 자신과 자녀를 심층적으로 이해하고 자녀의 성장발달단계에 따라 변화하는 부모의 역할을 인식함으로써 청소년 자녀의 내적인 힘을 북돋아 주는 데 초점을 두고, 현재의 부모들이 느끼는 어려움과 혼란을 해결하는 것을 목적으로 한다.

EPT 프로그램의 세부 목적은 ① 자녀교육을 위해 부모의 계속적인 변화와 성장의 필요성에 대한 인식 강조, ② 부모－자녀관계에 필수적인 대화원리의 제시, ③ 자녀의 행동지도의 원칙과 방법에 대한 지침 제시, ④ 기본생활습관 정립방법 제시, ⑤ 어울려 사는 삶의 모습과 원리에 대한 제시로 되어있다.

EPT 프로그램의 내용은 자녀들의 성숙을 돕기 위해 부모가 갖추어야 할 조건들을 스스로 검토함으로써 자녀지도의 방향을 정립하게 하였다. 그리고 부모들에게 실질적으로 도움을 주고 지침으로 삼을 수 있는 구체적인 방법을 제시하였다.

1 자녀의 힘을 북돋우는 부모

자녀의 힘을 북돋우는 부모 프로그램은 부모됨의 길, 부모됨의 여섯 단계, 부모됨의 유형, 성숙을 위한 길 다지기, 자녀의 힘을 북돋우는 부모로 이루어져 있다.

첫째, 부모됨의 길에서는 부모 자신을 중심으로 부모, 배우자, 자녀와의 관계를 점검하고 우리 아이는 어떤 아이인지, 내가 생각하는 부모로서의 나와 자녀가 보는 나는 어떠한지에 대해 점검해 본다.

둘째, 부모됨의 여섯 단계에서는 자녀의 성장단계에 따라 변화해야 할 부모의 역할을 이해하고 자신에게 적용시키는 내용이다.

1단계는 준비하기(임신하기) 기간이다. 이 단계에서는 부모로서 마음의 준비를 할 뿐만 아니라 육체적으로도 준비를 하고, 아기를 맞이할 환경을 마련하는 시기이다. 이 시기에 가장 중요한 것은 임신을 수용하는 것이다. 어머니가 신체적으로 정서적으로 아이를 가질 준비가 되어 있는지, 아이의 존재를 얼마만큼 긍정적으로 수용하는지, 부부가 모두 아이를 원하는지의 여부는 출산 후 아이와의 관계에 영향을 줄 수 있다. 따라서 이 시기에는 임신과 태내 아기를 수용하고 기뻐하는 마음을 가지는 자세가 중요하다. 아버지가 될 남편은 아내에게 정서적인 지지를 해 주어야 한다. 어머니는 충분한 영양을 섭취해야 한다. 아이에게 최선의 환경을 제공하기 위한 경제적 · 물질적 준비도 필요하다. 그리고 어떤 부모가 될 것인가에 대한 생각과 이미지 형성이 필요하다.

2단계는 돌보아 기르기(태어나서 3세까지) 기간이다. 이 시기의 유아는 어머니와 애착을 형성하게 된다. 아이의 생존을 위해서는 부모의 전적인 보살핌과 부모와의 정서적 유대관계가 필요하다. 아이와 애착을 형성하는 어머니의 역할이 중요하며, 이를 통해 아이는 세상에 대한 기본적인 신뢰감을 형성하게 된다. 이 시기에 부모는 이전에 형성했던 부모로서의 이미지를 현실과 일치시켜 부모로서의 정체감을 형성해야 한다. 부부 간에 자녀양육과 관련된 역할을 분담하고, 일과 가정에서의 역할을 조화롭게 조정해야 한다.

3단계는 부모의 말 세우기(유치원 다닐 무렵) 기간이다. 이 시기에는 부모가 권위를 세우는 일이 중요하다. 부모는 자녀의 행동에 대한 적절한 한계를 설정하고 그것을 지키도록 훈육해야 한다. 이를 통해 아이는 규칙과 행동의 한계를 배울 수 있다. 또한 유치원에 다니게 되면서 부모와 분리를 경험한다. 이로 인해 심리적 위축이나 두려움 등을 나타낼 수 있다. 부모는 이때 지혜롭게 아이와 서서히 심리적으로 신체적으로 분리를 시도해야 한다.

4단계는 설명하여 깨우치기(초등학교 시절) 기간이다. 이 시기에 부모는 자녀에게 세상과 사물의 이치에 대해 설명해야 한다. 옳은 것과 그른 것, 합당한 것과 합당하지 않은 것 등을 아이에게 설명하고, 이해시키는 과정이 필요하다. 이는 자녀의 가치관 형성에 기초를 세우는 일이기도 하다. 자녀의 자아존중감을 향상시키도록 도와 주고, 자녀가 성장함에 따라 가족의 역할과 권위도 재조정해야 한다.

5단계는 자녀 존중하기(청소년기) 기간이다. 부모는 자녀가 청소년이 되면 그들을 성장한 사람으로 존중해 주고, 서로 의지하는 상호존중의 관계를 가지도록 해야 한다. 즉, 자녀의 심리적, 신체적 변화에 대해 함께 대화하고, 신체적 성숙과 아울러 발달하는 성적 욕구에 대해서도 수용하고 대화할 필요가 있다.

6단계는 독립시켜 내보내기(대학이후) 기간이다. 부모는 이 시기에 경제적으로, 심리적으로 독립하고자 하는 자녀를 떠나보내야 한다. 성인이 되어 자신의 삶을 살고자 하는 자녀를 떠나보내는 것은 부모에게 때론 힘든 일이다. 부모는 이러한 상황에 적응해야 하며, 자녀, 자녀의 배우자와 새로운 관계를 형성하게 된다.

셋째, '부모됨의 유형'에는 ① 자애롭기만 한 부모, ② 엄격하기만 한 부모, ③ 엄격하지도 자애롭지도 못한 부모, ④ 엄격하면서 자애로운 부모, 4가지 유형의 부모가 있다. 바람직한 부모유형은 네 번째의 엄격하면서 자애로운 부모이다.

자애로운 부모는 자녀의 모든 요구를 다 들어 주고 자녀에게 양보하며 자녀에게 엄격하지 못하다. 자녀의 잘못된 행동을 참고 참다가 결국은 폭발시키고 스스로 죄책감을 느끼는 유형이다. 엄격한 부모는 자녀가 잘못한 점을 지적하고 반드시 처벌을 한다. 부모의 권위를 강조함으로써 권위에 의문을 제기하거나 자녀가 자신의 생각을 주장하는 것을 허락하지 않는 유형이다. 엄격하지도 자애롭지도 못한 부모는 자녀에게 무관심하고 비난도 하지 않는다. 부모역할에 대해 무기력하며, 자녀를 믿지 않는 유형이다. 엄격하면서 자애로운 부모는 가장 바람직한 유형으로 자녀가 문제를 일으킬 때 그것이 정상적인 삶의 한 부분이라고 생각하고, 자녀에게 적절하게 좌절의 경험을 갖게 해서 자기훈련의 기회를 부여한다. 자녀를 완벽하게 만들려고 하지 않고, 장점과 단점을 모두 소유한 한 인간으로 간주하며, 자녀가 잘못을 저지를 때 벌을 주지만 그래도 자녀의 잠재력을 인정하는 유형이다.

넷째, '성숙을 위한 길 다지기'에서는 자녀의 성장에 따라 부모가 통제와 지지를 얼마나 해야 할지를 그래프를 통해 제시하고 있다. 자녀가 성장함에 따라 부모의 통제는 직선적으로 줄어들어야 하고, 자녀에 대한 부모의 사회적 지지는 자녀가 초등학교, 중학교 시기쯤에 가장 높아야 함을 보여 준다. 또한 자녀의 발달 수준에 따른 부모의 역할을 제시하고 있다.

다섯째, '자녀의 힘을 북돋우는 부모: 성숙의 필수조건'에서는 자녀의 힘을 북돋우기 위한 방법으로 자녀의 욕구에 대한 감수성, 공감적 이해, 무조건적 존중을 제시하고 있다.

2 자녀의 힘을 북돋우는 대화

자녀의 힘을 북돋우는 대화 프로그램은 대화의 원리와 마음의 표현으로 구성되어 있다.

1) 대화의 원리

대화의 원리는 '진솔한 마음 전하기', '자녀 모습 받아들이기', '자녀 마음에 들어가기', '구체적으로 이해하기'의 네 가지로 구성되어 있다. 대화의 원리는 Rogers의 '진솔한 마음 전하기', '자녀 모습 받아들이기', '자녀의 마음에 들어가기'의 세 가지 핵심원리와 Carkhuff와 Truax가 제시한 대화의 실천원리인 '구체적으로 이해하기'를 우리나라의 부모 – 자녀 상황에 맞도록 수정한 것이다. 네 가지 대화의 원리를 살펴보면 다음과 같다.

첫째, '진솔한 마음 전하기'란 자녀와의 관계에서 부모가 느끼는 느낌과 생각들을 있는 그대로 인식하고, 부모 자신의 느낌을 충분히 인정한 후 파괴적이지 않은 긍정적인 방식으로 표현하는 것이다. 이를 위하여 자녀와의 관계에서 자녀에 대한 분노, 좌절, 의심 등의 부정적인 측면까지도 왜곡하지 않고 인정해야 한다.

둘째, '자녀 모습 받아들이기'란 자녀를 한 인간으로 존중하는 것을 바탕으로, 자녀의 감정, 사고, 행동을 있는 그대로 받아들이는 것을 말하며, 자녀가 어떤 문제를 지니고 있든지 개의치 않고 무조건 자녀를 하나의 인격체로서 존중하는 것을 의미한다. 이를 위하여 자녀의 성취, 경험, 잠재능력을 있는 그대로 수용하고 부모 자신의 평가기준을 개입시키지 않아야 한다.

셋째, '자녀의 마음에 들어가기'란 부모가 자녀의 입장이 되어 자녀를 이해하고, 부모가 마음의 귀를 열고 '마음의 소리'를 들으며, 자녀의 입장에서 사물을 봄으로써 자녀의 생각과 감정을 이해하는 것이다. 이를 위하여 진실로 자녀의 마음을 알아보려는 정성어린 태도와 자녀의 감정을 이해하는 능력을 길러야 한다.

넷째, '구체적으로 이해하기'란 자녀와 대화할 때, 실제적이고 사실적인 내용을 중심으로 대화가 이루어지도록 질문하고 이야기하는 것이다. 이를 위하여 자녀의 이야기를 적극적으로 경청하고 자녀의 이야기 중 애매모호하거나 이해되지 않는 부분은 질문하는 방법을 사용한다.

2) 마음의 표현

마음의 표현에서는 '사랑하는 마음을 전하기', '갈등을 받아들이고 다루기'로 구성되어 있다. 친밀한 관계에서 사랑하는 마음을 가지고 있는 것은 당연하다. 그러나 마음만 있다고 관계가 증진되는 것은 아니다. 마음을 표현하고 전달하는 것이 중요하다. 이는 부모－자녀관계에서도 마찬가지이다. 이 프로그램에서는 구체적으로 사랑하는 마음을 전달하는 연습을 한다. 한편 부모－자녀관계는 친밀하면서 또한 갈등의 여지가 있다. 그러므로 부모－자녀 간의 갈등을 당연한 것으로 받아들이고 적절하게 다루어야 한다. 이 프로그램은 갈등을 다루는 방식도 구체적으로 제시하고 있다.

예 12-1 진솔한 마음 전하기

예) 지민(초5)이가 "엄마 제 가방에 화장품이 있는 것 보고 놀라셨죠?"

진솔한 마음 전하기	"좀 놀랐지. 네가 벌써 화장을 하다니.... 화장을 하고 학교에 가는건가 하고.... 당황했어."

연습 12-1 진솔한 마음 전하기

연습1) 민기(초4)가 "형이 공부도 잘하고 운동도 잘하니까 엄마는 형이 더 좋죠?"

진솔한 마음 전하기	

연습2) 진선(초3)이가 "엄마! 제가 동생이랑 자꾸 싸워서 화나시죠?"

진솔한 마음 전하기	

예 12-2 자녀 모습 받아들이기

예) 미숙(초3)이가 "엄마, 난 피아노를 좀 잘 치고 싶은데, 어려워요. 잘 안 돼요."

자녀 모습 받아들이기	"피아노 잘 치면 좋지,,,,멋지게 연주를 하고 싶은 맘이 간절한 것 같네. 뭐든 처음에는 어렵지만 즐기다보면 잘되지 않을까?"

연습 12-2 자녀 모습 받아들이기

연습1) 정민(초1)이가 "난 예쁘지도 않고 춤도 잘 추지 못해서 친구들에게 인기가 없어요."

자녀 모습 받아들이기	

연습2) 홍기(초3)가 "난 친구들보다 공부도 잘하고 싶고, 운동도 잘하고 싶어요. 근데 그렇게 안 될 때는 화가 나요."

자녀 모습 받아들이기	

예 12-3 자녀의 마음에 들어가기

예) 연서(6세)가 "엄마는 동생 선물만 자꾸 사오지."

자녀의 마음에 들어가기	"엄마가 동생만 예뻐하는 것 같아서 속상했구나."

연습 12-3 자녀의 마음에 들어가기

연습1) 순경(7세)이가 "할머니는 언제 오실까요? 할머니는 나 안 보고 싶으신가?"

자녀의 마음에 들어가기	

연습2) 은미(초6)가 "친구들이 놀이동산 간대요, 위험하지 않을까요?"

자녀의 마음에 들어가기	

예 12-4 구체적으로 이해하기

예) 근태(중2)가 "요즘은 정말 살기 싫다."

구체적으로 이해하기	"힘든가 보다. 살기 싫을 만큼 힘든 일이 뭘까?" "엄마가 도와 줄 수 있으면 좋겠는데...."

연습 12-4 구체적으로 이해하기

연습1) 미수(초3)가 "난 바부 같아. 잘하는 것이 없어."

구체적으로 이해하기	

연습2) 진기(초6)가 "엄마 늦어서 미안해요. 걱정하셨죠?"

구체적으로 이해하기	

3 바른 행동의 길 다지기

'바른 행동의 길 다지기'는 자녀발달단계별로 바른 행동의 습관과 몸가짐을 키우는 방법을 제시하고 있다. 여기서는 스스로 절제하며, 책임질 줄 아는 자녀로 성장시키는 데 의의가 있다. '바른 행동을 가르치기', '올곧은 자녀행동 다지기', '어긋난 자녀행동 바로잡기'의 원리로 이루어진다.

첫째, 바른 행동을 가르치기에서는 훈육의 상황에서 단호하고 직접적인 대화법을 사용하기, 부모가 직접 본을 보여 주기의 방법을 사용한다.

단호하고 직접적인 대화법이란 다음과 같다.

① 자녀의 행동을 규제할 때, 즉 제한을 줄 때는 '바람'의 형식으로 말하지 않기
② 부모가 원하는 행동을 구체적으로 표현하기
③ 수를 세면서 아이에게 위협을 주거나 강요하지 않고 단호하게 말하기
④ 서로 약속이나 합의를 한 내용에 대해서는 회유적인 표현을 사용하지 말고 분명하고 단호하게 요구하기
⑤ 애걸하지 말기
⑥ 행동의 변화를 요구하는 말을 거듭 되풀이해서 말하지 말기
⑦ 실행에 옮길 수 없는 내용으로 협박을 하지 말고 실제로 취할 수 있는 행동에 대해서만 말하기
⑧ 진심으로 의도하지 않은 결과나 현실성이 없는 선택의 여지를 자녀에게 주지 않기

부모가 직접 본을 보여 주기는 부모가 솔선수범함으로써 자녀가 마음으로 또는 느낌으로 가르침을 배우게 되는 방법이다.

둘째, 올곧은 자녀행동 다지기란 자녀의 바른 습관과 행동을 숙달시키고 굳히기 위해 적절한 보상과 격려를 하는 것이다. 보상에는 돈, 음식, 옷 등의 물건을 통한 물질적 보상과 칭찬이나 인정 등의 사회적 보상, 새로운 놀이를 할 기회나 TV를 볼 기회를 제공하는 등의 기회의 보상이 있다. 보상을 사용할 때는 행동에 대해 구체적으로, 부모의 관심이나 일방적인 선택이 아닌 자녀의 관심에 근거한 보상의 종류를 선택하고, 바른 행동의 직후에 보상을 주며, 일관성 있게 주고, 과제의 수준에 맞는 보상을 주며, 다양한 형태의 보상을 하는 것이 좋다. 그러나 보상의 부작용도 고려해서 사용해야 한다. 한편 칭찬하기나 인정하기의 방법도 효과적이다.

셋째, 어긋난 자녀행동 바로잡기(예를 들면, 훔치거나, 욕설을 하거나, 폭력을 쓰거나, 거짓말을 하는 경우)는 단호하고 분명한 부모의 지도와 행동결과 경험시키기를 통해 자녀의 어긋난 행동을 바로 잡아 바른 행동으로 이끌어 주는 것이다. 구체적인 지도방법으로 먼저 자녀의 어긋난 행동에 대해서는 감정적으로 반응하지 않는다. 그런 다음 자녀의 부정적 행동 뒤에 숨어 있는 자녀의 욕구를 알아 주고 공감해 준다. 그리고 그 행동이 왜 어긋난 행동인지에 대해 설명하고 가르친다. 다음으로는 행동의 결과를 경험시키거나 벌칙 주기 등이 사용된다.

예 12-5 올바른 행동에 대해 보상하기

예) 경철(7세)이는 동생인 민철에게 자신의 동화책을 읽어 주면서 의좋게 놀았다.

사회적 보상	"민철이는 형아가 책 읽어 주어 참 좋았겠네, 경철이는 이제 동생에게 책을 읽어 줄 만큼 의젓해졌네"라고 하면서 머리를 쓰다듬어 준다.
물질적 보상	경철이가 평소에 가지고 싶다던 디지몬 사전을 사 준다.
기회의 보상	경철이가 보고 싶어하던 만화영화를 보러 간다.

연습 12-5 올바른 행동에 대해 보상하기

연습1) 성수(초2)는 매주 어머니를 도와 재활용분리수거를 한다.

사회적 보상	
물질적 보상	
기회의 보상	

연습2) 태정(초4)이는 다리를 다쳐 활동이 불편한 친구를 위해 여러 가지 도움을 주었다.

사회적 보상	
물질적 보상	
기회의 보상	

바른 행동의 길 다지기는 자녀의 발달단계에 따라 조절되어야 함을 강조하면서 3단계로 제시한다.

표 12-1 바른 행동의 길 다지기 3단계

단계	내용
1단계 (취학 전)	부모의 말 세우는 시기
	부모의 권위에 도전하는 시기 설명과 함께 일관되고 확고한 태도 필요
2단계 (초등학교 시기)	함께 수고하는 시기
	다양한 기술 필요 결과 경험시키기가 효과적 결과 경험시키기로 자기 행동에 대한 책임감 증진
3단계 (중/고등학교 시기)	물러서는 시기
	책임감 있는 성인으로 자라도록 돕는 것 독립성은 이 시기의 중요한 발달과업 부모가 물러서는 시기, 이것은 내버려 두는 것과는 다름 자발적인 동기를 만들기 위해서는 좋은 관계가 필요

4 생활의 기틀 세우기

'생활의 기틀 세우기'란 자녀가 어린 시절부터 건전한 사회 적응에 필요한 생활습관을 몸에 익히도록 해 주는 것이다. 즉, 기본적인 생활습관을 몸에 익혀 실천하도록 하는 것이다. 이는 자기 자신의 생활습관을 익히는 것에서 더 나아가 사회생활에 적응하고 궁극적으로는 자신과 타인 간의 공존을 도모하는 기초가 된다.

생활의 기틀을 세워야 하는 영역으로는 시간, 공간, 물질사용, 건전한 정신의 틀로 구분할 수 있다.

첫째, 시간의 틀 세우기는 여러 상황에서 기본적으로 시간 약속을 지키는 습관을 형성하도록 지도하는 것이다. 이를 위해서는 부모는 자녀의 시간의 틀을 살펴보고 자녀에게 적절한 생활리듬을 제시해 주며, 자녀와 함께 지켜 나가야 한다.

둘째, 공간의 틀 세우기는 여러 장소에서 그 장소의 목적에 맞게 행동하고 남에게 피해를 주지 않게 지도하는 것이다. 부모는 특정한 상황이나 장소에 적절한 행동 양식을 가르치고, 부모 스스로도 적절한 행동을 함으로써 본을 보이고, 남에게 피해를 주지 않기 위해서 남의 입장과 상황을 이해해야 함을 강조한다.

셋째, 물질 사용의 틀 세우기는 물질, 돈에 대한 건전한 가치관을 형성하고 규모 있게 절제하는 태도와 습관을 키워주는 것이다. 따라서 부모는 자원의 귀중함, 분배상의 문제, 환경에 미치는 영향 등을 가르치고, 금전관리와 절제를 가르치며, 역시 부모 스스로가 자원을 아끼는 모습을 보여줘야 한다.

넷째, 건전한 정신의 틀 세우기는 올바른 도덕관과 가치관, 조화로운 삶의 영위 등을 가르치고 지도하는 것이다. 이를 위하여 먼저 부모 스스로의 긍정적인 가치관과 시각을 가지고, 올바른 행동을 해야 한다. 자녀가 갈등에 직면하면 충분히 공감해 주고 함께 해결책을 논의함으로써 자녀 스스로 올바른 도덕관을 기르도록 격려해야 한다.

이러한 생활의 기틀 세우기의 기본적인 지도방법은 가르치기, 본보이기, 함께 행동하기, 결과 경험시키기, 보상이나 벌주기이다.

표 12-2 생활의 기틀 세우기의 영역별 분류

영역	상황	행동
시간의 틀	가정에서	잠자리에 들기, 일어나기, 귀가하기, 식사하기, 학습 등
	학교에서	등 · 하교시간 지키기, 수업시간 지키기 등
	놀이상황	약속시간 지키기, 적절한 시간에 친구와 헤어지기 등
공간의 틀	가정에서	정리정돈, 청결함 유지, 안전한 도구 사용, 학습 등
	학교에서	청소, 바닥에 오물 버리지 않기, 정숙하기, 안전규칙 지키기 등
	놀이상황	공공장소에서 정숙하기, 낙서하지 않기, 안전규칙 지키기 등

(계 속)

영역	상황	행동
물질사용의 틀	가정에서	용돈 규모있게 쓰기, 물자 아끼기, 가구-가전류 소중히 다루기
	학교에서	학용품 아껴쓰기, 공공시설 소중히 다루기 등
	놀이상황	놀이비용 규모있게 사용하기, 친구물건 소중히 다루기 등
건전한 정신의 틀	가정에서	정직하기, 부모권위 수용하기, 하루생활 반성하기 등
	학교에서	정직하기, 교사권위 수용하기, 하루생활 반성하기 등
	놀이상황	정직하기, 상대방의 권리 존중하기, 상대 성(性)과 어울리기 등

예 12-6 시간의 틀

예) 연경(6세)은 어머니가 저녁 식사를 하라고 하자, 컴퓨터 게임을 더 하고난 뒤 먹겠다며 오지 않는다.

지도방법	• 저녁식사 시간을 정해 놓고, 매일 정해진 시간에 식사 한다고 알려 준다. • 정해진 식사 시간에 식사를 마련한다. • 식사 시간에는 부모가 모두 식탁에 앉는다. • 결과를 경험하게 한다: 식사 시간에 밥을 먹지 않으면 굶거나 스스로 차려 먹어야 한다. • 군것질 거리를 주지 않는다.

연습 12-6 시간의 틀

연습1) 준환(5세)이는 취침해야 할 시간이 지났는데도 잘 생각을 하지 않고, 졸음을 참으며 계속 놀겠다고 떼를 쓴다.

지도방법	

연습2) 도환(초1)이는 놀이터에 놀러가면서 1시간 후 오겠다고 약속했으나 2시간이 지난 후 집에 돌아왔다.

지도방법	

예 12-7 공간의 틀

예) 지인(초1)이는 교실에서 떠들며 뛰어다녔다고 교사로부터 꾸중을 들었다.

지도방법	• 교실에서 지켜야 할 행동 가르치기(뛰어다니지 않고 걸어다니기, 수업시간에 조용히 하고 교사에게 주목하기, 큰소리로 떠들어서 다른 친구를 방해하지 않기 등) • 부모도 공공장소에서 떠들지 않고 정숙하기 • 자녀가 교실에서 떠들며 뛰어다녔을 때, 교사와 다른 친구들의 느낌이 어땠을지 이야기 나누기 • 대안행동을 제시하기(뛰어놀고 싶을 때 적절한 장소-예를 들면, 운동장에서 할 수 있음을 가르치기) • 장소에 부적절한 행동을 했을 때 그에 상응한 벌칙 정하기

연습 12-7 공간의 틀

연습1) 도한(6세)이는 놀이방이 따로 마련되어 있음에도 불구하고 아빠가 공부하는 서재에 장난감을 가지고 와서 놀고 있다.

지도방법	

연습2) 유나(초3)는 놀이동산에서 기구를 탈 때 기구가 완전히 멈추지 않은 상태에서 올라타려고 하였다.

지도방법	

예 12-8 물질 사용의 틀

예) 서경(초1)이는 크레파스로 그림을 그리고 난 후 정리를 제대로 하지 않더니 필요한 색의 크레파스가 없어졌다고 다시 사 달라고 조른다.

지도방법	• 자신의 물건을 아끼고, 낭비하지 않는 방법을 가르친다. • 부모가 물건을 쓴 후 잘 정리하고, 꼭 필요한 것 이외에는 구입하지 않는 모습을 보여 준다. • 자신의 물건을 잊어버린 후 다시 살 때 돈 낭비가 된다는 사실을 이야기한다. • 아껴 쓰는 행동이 습관화가 되도록 한다. • 계속 자신의 물건을 함부로 사용할 때 그 물건에 대한 사용권을 통제한다.

연습 12-8 물질 사용의 틀

연습1) 용수(초4)는 자신의 용돈이 부족하고, 다른 친구에 비하면 많이 적다면서 더 많이 줄 것을 요구한다.

지도방법	

예 12-9 건전한 정신의 틀

예) 경서(초2)는 부모 몰래 돼지저금통의 돈을 빼내어 자신이 가지고 싶었던 로봇을 구입하고, 어머니에게는 친구에게서 선물 받았다고 거짓말을 했다.

지도방법	• 누구에게나 어떠한 때에나 정직은 생활의 중요한 가치임을 가르친다. • 부모가 먼저 정직하고 거짓 없는 모습으로 모범이 된다. • 경서가 원하는 것을 사고 싶었던 마음을 공감해 주고, 꾸중이 두려워서 거짓말을 한 것에 대해서는 잘못된 행동임을 알려 준다. • 보상과 격려를 통해 누구에게나 정직할 수 있도록 도와 준다.

연습 12-9 건전한 정신의 틀

연습1) 시진(초4)이는 같은 반 여자 친구 효지를 뚱뚱하다고 놀려 당황스럽게 만들었다. 이유를 묻자 효지가 좋아서 그랬다고 한다.

지도방법	

연습2) 병오(7세)는 식사예절에 대해 이야기하는 할머니에게 '할머니 바보'라고 소리치면서 달아났다.

지도방법	

5 어울려 사는 지혜 기르기

어울려 산다는 것은 타인에 대한 존중을 기초로 다른 사람과의 관계에서 질서와 예절을 지키고, 갈등을 건설적으로 해결하며 서로의 성장을 도모하는 것이다. 어울려 사는 삶의 원리로는 자신을 존중하기, 상대방을 배려하기, 함께 나누기가 있다.

첫째, 타인과의 관계를 원만하게 유지하기 위해서는 기본적으로 자기 자신을 존중하는 것, 즉 자신의 감정과 생각을 인정하고 표현하며 자신의 능력을 신뢰하는 것이 전제가 되어야 한다. 이때 자녀가 자신을 존중하게 하려면 부모의 역할이 중요하다. 부모는 자녀의 모습을 있는 그대로 이해하고, 그 가능성과 잠재력을 신뢰하고, 발견하여 칭찬해야 한다. 부모는 자녀를 존중하는 태도와 행동을 나타내야 하는데, 예를 들면 자녀의 감정이나 생각, 선택, 의견을 존중하고 그것을 표현할 수 있도록 기회를 주는 것이다. 특히 부모는 자녀와의 약속을 잘 지킴으로서 부모와 자녀 사이에 신뢰감이 생기게 해야 한다.

둘째, 상대방을 배려하는 것은 다른 사람의 생각과 감정을 이해하고 인정하며 소중히 여기는 것이다. 더 나아가 상대방의 행복과 성장을 위해 힘쓰는 것이다. 자녀를 배려하기 위해서 부모는 자녀의 이야기에 끝까지 귀를 기울여 주고, 자녀가 타인과의 관계에서 상대방의 생각과 감정을 이해할 수 있도록 '입장 바꿔 생각해 보기' 훈련을 시키는 것이 필요하다. 더불어 남에게 불편함이나 폐를 끼치지 않도록 가르치며 다른 사람을 존중하도록 가르쳐야 한다.

셋째, 함께 나누기란 개인주의·이기주의를 버리고 서로 어울려 기쁨과 슬픔을 같이하고 사랑을 주고받는 것이다. 상대방을 배려하고 함께 사랑을 주고받는 관계로는 가족, 웃어른, 나와 다른 이웃, 자연-환경 등이 있다.

어울려 사는 지혜를 기르기 위한 부모의 역할은 구체적으로는 각 관계에 따라 다르지만 부모가 가르치기, 다지기, 바로잡기의 과정을 통해 가르칠 수 있다.

CHAPTER 13

적극적 부모역할훈련(APT)

적극적 부모역할훈련(Active Parenting Training; APT)은 Adler의 가족구도, Dreikurs의 아동행동의 목적, Rogers의 공감적 이해, Gordon의 의사소통 기법인 반영적 경청과 나-전달법, Ginott의 인본주의, Ellis의 RET, Erikson의 연구결과를 활용하여 만든 프로그램이다. APT는 부모교육은 곧 예방이라는 측면에서 시작되었고 두 가지 신념에 기초한다. 현대의 민주 사회에서 자녀교육을 잘한다는 것은 매우 중요하다는 것, 자녀교육을 잘한다는 것은 매우 어렵다는 것에 기초한다.

6~8주동안 진행되는 집단형식의 프로그램으로 운영된다. 8회 기준으로 한 회당 3시간 진행한다. 소주제에 따라 토의, 역할놀이, 경험나누기 등의 활동이 실시되고 그 내용에 관련된 비디오 상영이 있다.

적극적 부모역할훈련에서 제공되고 있는 비디오 내용에는 다양한 민족과 인종, 다양한 형태의 가족유형의 가족화목활동, 생활인의 기술 가르치기, 가족회의방법을 수록하고 있다.

APT의 효과는 다음과 같다.

첫째, 부모와 자녀 간의 유대관계를 돈독하게 해 준다.

둘째, 민주 사회에서 꼭 필요한 자존감, 용기, 책임감, 협동심 등의 기본 자질들을 부모가 자녀에게 심어줄 수 있도록 돕는다.

셋째, 청소년들 둔 부모의 경우 특히 술, 담배, 약물의 위험을 자각하고, 자녀를 어떻게 지도할지 등의 예방활동 과정에서 부모가 할 수 있는 역할을 알려 준다.

1 적극적 부모란?

적극적 부모역할훈련에서는 가족 내에서 지도자역할을 할 사람은 부모라는 기본철학을 가지고, 일관성 있는 부모역할 모델을 제시하고 있다. 부모역할의 목적은 자녀들이 살고 있는 사회 안에서 생존하고 번영하도록 보호하고 준비하는 것이다. 자녀 스스로가 자기 앞길을 헤쳐 나갈 수 있는 독립적인 사람이 되도록 도와 주는 것이다.

부모역할은 군주형 - 독재자, 허용형 - 심부름꾼, 민주형 - 적극적 부모로 분류한다. 적극적 부모는 자유를 이상으로 추구하며 타인의 권리와 개인의 책임도 추구하도록 협동심과 학습을 자극하는 지도자이다. 적극적 부모는 자녀를 훈육할 때도 존엄성을 가지고 대해 주며, 자녀에게도 자신의 생각과 감정을 공손하게 표현할 수 있는 권리가 있음을 인정한다. 또한 '제한된 자유'를 자녀에게 허용한다. 자유는 자녀가 선택을 하는 자유이다. 선택의 자유, 즉 선택의 기회를 제공하는 것은 효율적인 훈육방법이다.

민주 사회에서 생존하고 성장하기 위해 필요한 최소한의 자질은 용기, 자아존중감, 책임감, 협동심이다. 적극적 부모는 자녀가 네 가지 자질을 형성하도록 도와 준다.

2 용기와 자아존중감

적극적 부모역할훈련에서는 자녀가 생활 속에서 받는 도전에 용기 있고 적극적으로 대처하도록 교육한다. Ellis에 의하면 생활 속에서 겪게 되는 사건에 대한 생각은 감정을 일으키고, 감정은 행동으로 연결된다. 이를 APT에서는 생각하기 - 느끼기 - 행동하기 회로라고 한다. 이 회로에는 성공회로와 실패회로가 있다. 실패회로는 어떤 사건이 발생했을 때 그것에 대해 부정적이고 두려운 생각이 들어 낙심하게 되고 결국은 사건을 극복하지 못하고 회피하게 된다. 성공회로는 같은 사건에 대해 극복할 것이라는 긍적적인 생각을 하고 두려움이 느껴지더라도 그것을 극복하고자하는 용기가 생기고 결국은 극복하게 된다.

자녀가 성공회로 안에서 살게 되도록 부모는 자녀의 행동 중 긍정적인 면을 찾아 격려해 주어야 한다.

사건을 극복하겠다는 긍정적인 생각은 자아존중감에서 비롯된다. 자아존중감은 자신을 귀하게 여기고, 능력 있고 인정받는 사람으로 성공하게 될 것이라는 신념이다. 이러한 신념은 위험을 감수할 용기를 준다. 높은 자아존중감은 용기를 가져오고 낮은 자아존중감은 절망감과 두려움을 가시세 한다.

부모는 자녀에게 성공회로가 돌도록 도와 주어야 한다. 즉, 자아존중감과 용기를 북돋아 주어야 한다. 이는 격려를 통해 가능해진다.

3 기를 꺾지 말고 격려하기

많은 부모들이 자녀를 사랑하면서도 무의식중에 자녀의 기를 꺾는 행동을 하게 된다. 자녀의 능력을 믿지 않거나 지나치게 기대하거나 과잉보호를 하기 때문에 나타나는 현상이다. 자녀에 대한 부정적 기대감, 실수 지적하기, 완벽주의, 과잉보호는 자녀의 기를 꺾는 요인이 된다.

자녀에게 자신감을 심어 주고 힘을 북돋아 주며, 자녀의 가치를 인정하고 독립심을 자극하고 격려해야 한다. 자녀의 장점을 인정하고 다음 단계로 나아가도록 격려하고, 최고를 목표로 하지 말고, 노력하여 발전해가는 것을 목표로 해 자녀의 장점을 강화시켜 준다. 자녀의 개성을 인정하고 자녀에 대한 존중을 표현해 준다. 그러나 응석은 받아 주지 말고, 상호의존성을 길러 독립심을 격려하고 협력의 중요성을 알려 준다.

격려하기의 구체적인 방법은 다음과 같다.

첫째, 자신감을 가지도록 한다. 자신감을 형성하도록 하기 위해서는 자녀의 능력에 맞는 과제를 부여하고, 책임감을 가지도록 해 준다. 자녀가 노력해서 경험해 보도록 하고 성취를 경험하게 해 준다. 자녀가 해결하는 것을 기다리지 못하고 부모가 대신해 준다면 이는 '자녀가 해낼 수 없음을 믿는다'는 메시지를 전하는 꼴이 된다. 그러므로 부모는 개입하여 해 주고 싶은 충동을 억제하고 인내하면서 지켜봐 주어야 한다.

둘째, 자녀의 강점을 강화시켜 준다. 부모는 자녀의 강점을 놓치는 경우가 많다. 부모가 자녀의 잘못보다는 잘하는 것에 관심을 가진다면 자녀에게 엄청난 격려가 될 것이다. 자녀가 얼마나 진보하였는지, 어떤 성취를 하였는지 찾아내어 이야기해 주고, 다음 단계로 나아가도록 격려한다. 이 때 최고를 목표로 하지 말고 진보 자체를 목표로 하도록 한다. 대부분의 부모가 저지르는 실수는 자녀가 최고가 되거나 완벽하게 해내길 바라는 것이다. 부모는 자녀가 성공에 이르기 위해 노력하는 과정에서 생기는 작은 성취의 순간순간을 격려해야 한다. 그럼으로써 자녀는 동기유발이 되고, 자아존중감이 향상되며, 삶의 목표를 향하여 전진할 수 있다.

셋째, 자녀를 존중한다. 자녀는 부모가 자기를 무조건 수용해 주기를 바란다. 부모가 언제나 자기 편이라는 것을 느끼고 싶어 한다. 성공하거나 실패하거나, 기쁠 때나 슬플 때나, 잘할 때나 못할 때나 항상 내편이길 바란다. 이러한 느낌이 한번 정해지면 그 느낌은 평생 간다. 부모가 영유아기 자녀를 귀하게 여기지 않거나 함부로 대하면 그 부모는 평생 자녀를 그렇게 대하게 되고, 자녀도 스스로를 존중할 줄 모른다. 부모가 자신을 존중하고 인정한다고 느끼는 자녀는 자아존중감이 높다. 자녀를 존중한다면 자녀와 자녀의 잘못된 행동을 구별해서 대해야 한다.

넷째, 자녀의 독립심을 자극해야 한다. 자녀가 성장하면 자녀의 독립성을 인정해 주어야 한다. 자녀가 할 수 있는 모든 것을 할 수 있도록 인정하고 기다려 준다. 자녀가 할 수 있는 일을 부모가 대신해 주는 것은 삼가야 한다. 부모가 대신해 주는 것은 자녀가 스스로 할 수 있는 힘이 있는 존재임을 부인하는 것이다. 그렇게 되면 자녀는 자신의 힘을 인식하지 못하고 독립심을 발달시키지 못한다.

표 13-1 기 꺾기와 격려하기 비교

기 꺾기	격려하기
부정적인 기대를 갖기	자신감 부여하기
실수를 지적하고 책망하기	힘을 북돋아 주기 – 강점 강화하기
완벽주의(과잉기대)	자녀를 존중하고 가치를 인정하기
과잉보호(과소기대)	독립심 자극하기

예 13-1 기 꺾기와 격려하기

예1) 태권도를 배워보겠다는 지섭(초1)이에게

기 꺾기	"넌 운동에 소질이 없는 것 같은데.", "다치면 어쩌려고." - 부정적인 기대감
격려하기	"운동을 해보겠다니 앞으로 더 씩씩해지겠는데!" - 자신감 북돋아 주기

예2) 공부 계획표를 만들어 신나서 보여 주는 혜수(초3)에게

기 꺾기	"너 정말 이렇게 열심히 공부할 수 있어? 잘도 하겠다." - 부정적 기대감
격려하기	"이 계획대로 하면 아주 능률적으로 공부할 수 있겠는데, 멋진 계획표인데!" - 자신감 북돋아 주기

연습 13-1 기 꺾기와 격려하기

연습1) 피아노 경진대회에 나가는 효경(초2)이에게

기 꺾기	
격려하기	

연습2) 매일 연습했으나 태권도 승급시험에 떨어진 진석(초2)이에게

기 꺾기	
격려하기	

연습3) 아침에 스스로 일어나지 못하는 현경(초4)이에게

기 꺾기	
격려하기	

연습4) 거실에 널려진 물건들을 정리하겠다는 유라(7세)에게

기 꺾기	
격려하기	

연습5) 블록 성 쌓기를 다른 방법으로 시도해 보고 있는 가민(초1)이에게

기 꺾기	
격려하기	

연습6) 여름휴가에 대한 가족회의에서 여행장소를 제안한 명수(초3)에게

기 꺾기	
격려하기	

연습7) 동생에게 책을 읽어 주고 있는 병찬(초2)이에게

기 꺾기	
격려하기	

연습8) 퍼즐 놀이를 하고 있는 중기(5세)에게

기 꺾기	
격려하기	

연습9) 부모와 함께 산을 오르다 중간쯤에서 힘들어하며 쉬고 있는 해진(초2)이에게

기 꺾기	
격려하기	

연습10) 거실에서 가지고 놀던 장난감을 정리하지 않고 그대로 둔 인표(7세)에게

기 꺾기	
격려하기	

4 자녀를 이해하기

부모는 자녀의 발달에 영향을 미치는 유전과 환경적 요인을 이해하고, 성격형성에 영향을 미치는 유전과 가정환경, 가족 구조, 부모역할을 이해해야 한다. 자녀는 가족 내에서 자신의 위치를 지각하게 되는데 이 지각은 자녀의 성격형성에 영향을 미친다. 자녀에 대한 부모의 양육태도도 자녀의 성격형성에 영향을 미친다.

자녀의 행동을 이해하기 위해서는 자녀행동의 목적을 알아야 한다. APT에서는 자녀에게 길러 주어야 할 네 가지 행동 목적을 접촉, 힘, 보호, 물러서기로 제시하고 있다. APT에서는 '절대적으로 착한 아이나 절대적으로 나쁜 아이란 있을 수 없으며, 다만 네 가지 기본적인 목표들을 긍정적으로 추구하느냐 부정적으로 추구하느냐만 있을 따름이다'라고 가정한다.

자녀에게 접촉, 힘, 보호, 물러서기를 길러 주지 못하면 부정적인 목표, 즉 관심끌기, 반항하기, 복수하기, 무능함 보이기를 사용한다.

5 책임감 발전시키기

책임감은 행동을 선택하고 그 선택의 결과를 수용하는 과정이다. 책임있는 행동을 많이 할수록 성공적인 삶을 살게 된다. 부모는 자녀에게 책임감을 길러 주어야 한다. 적극적인 부모는 자녀의 자유에 대한 욕구를 인식하여 적당한 한계를 두고 욕구 충족을 허용한다.

효율적인 자녀지도를 위해서 부모가 유념해야 할 네 가지는 다음과 같다.

첫째, 자녀지도의 목적은 자녀를 가르치는 것이지 자녀에게 상처를 주는 것이 아니다.

둘째, 자녀의 부정적 행동을 지도할 때, 자녀가 개선의 여지를 보일 때마다 격려해 주어야 한다.

셋째, 자녀를 지도할 때는 되도록 부모로서 강력히 주장하는 발언을 줄이도록 해야 한다.

넷째, 자녀를 훈육할 때는 사랑하는 마음으로 대해야 한다.

효율적인 자녀훈육방법의 단계를 보면 다음과 같다.

첫째, 정중하게 요청한다. APT는 부모와 자녀 간의 상호존중을 중요시한다. 부모가 모범이 되어 보여줄 때 가장 효과적으로 가르칠 수 있다. 자녀를 존중하는 마음을 가지고 훈육해야 한다. 그러면 자녀도 타인을 존중할 줄 알게 된다. 부모와 자녀 간의 관계가 긍정적인 경우에는 정중한 요청을 하는 것만으로도 자녀의 행동을 변화시킬 수 있다. '나-전달법' 사용은 놀라운 효과를 가져오는 의사소통방법이다.

둘째, 자연적 귀결을 사용한다. 자연적 귀결은 부모의 개입 없이 자연적으로 일어나는 결과를 통하여 자녀가 교훈을 얻는 것이다. 자연적 귀결을 사용할 수 없는 상황이 있다. ① 자연적 귀결을 통해 교훈을 얻기에 위험부담이 너무 클 경우이고, ② 자연적 귀결로 인한 행동의 결과가 당장 눈에 보이지 않고 시간이 많이 걸릴 때, ③ 자녀가 취한 행동의 결과가 자녀 자신이나 타인에게 피해를 줄 경우이다.

셋째, 논리적 귀결을 사용한다. 논리적 귀결은 자녀를 가르치기 위해 자녀가 가정의 규칙이나 부모의 지시를 따르지 않을 때 그 대가로 따르는 결과(손해)를 논리적으로 경험하게 하는 방법이다. 자녀의 잘못된 행동과 연관지어서 논리적으로 받게 되는 결과이다. 이를 통해 자녀에게 책임감을 배우게 한다.

예 13-2 자연적 귀결

예) 현희(5세)는 TV를 보느라 식사하러 오지 않는다.

자연적 귀결	식사시간이 지나면 식탁은 깨끗하게 치워져 있고 현희는 식사를 할 수 없고, 배고픔을 경험하게 되고, 다음 식사시간에는 꼭 참석하게 될 것이다.
부모의 반응	"식사시간이 끝난 후에는 다시 밥을 차려 주지 않을 거다. 먹고 싶지 않으면 오지 않아도 된단다."

연습 13-2 자연적 귀결

연습1) 꽃님(6세)이는 깨워도 일어나지 않는다. 유치원버스를 놓칠 것 같다.

자연적 귀결	
부모의 반응	

연습2) 진원(7세)이는 놀이터에서 가지고 놀던 자동차를 챙겨오지 않았다.

자연적 귀결	
부모의 반응	

연습3) 건모(초3)는 모형을 만들어 거실에 그대로 두었다. 건모에게는 늦둥이 동생이 있다.

자연적 귀결	
부모의 반응	

연습4) 윤정(5세)이는 엄마 하이힐을 신고 밖으로 나간다.

자연적 귀결	
부모의 반응	

예 13-3 논리적 귀결

예) 유철(7세)이는 놀이방을 두고 거실에서 장난감을 늘어놓고 놀고 있다.

논리적 귀결	"놀이방에서 놀던지, 놀고 나서 장난감을 정리해서 거실을 깨끗하게 해놓던지, 네가 선택해라." 거실에서 장난감을 가지고 놀면 정리정돈도 스스로 해서 거실을 본래 모습대로 해놔야 한다.

연습 13-3 논리적 귀결

연습1) 상지(초2)는 밤늦게까지 놀다가 아침에 못 일어나 엄마가 늘 깨워줘야 한다.

논리적 귀결	

연습2) 원준(7세)이와 원진(8세)이는 로봇을 서로 가지겠다고 싸워서 운다.

논리적 귀결	

연습3) 초롱(6세)이는 자기 방에서 식사를 하겠다고 한다. 그리고 그릇을 방에 그대로 둔다.

논리적 귀결	

연습4) 세정(초2)이는 숙제를 하지 않고 놀이터에 놀러 나간다.

논리적 귀결	

6 협동심 키우기

협동이란 두 사람 이상이 공동의 목표를 향해서 상호지지적인 방식으로 함께 일하는 것이다. 협동을 통해 문제해결을 할 때 좀 더 나은 해결책을 찾을 수 있다는 것을 인식하도록 지도해야 한다. 협동을 위해서는 적극적인 의사소통이 필요하다. APT에서는 협동을 위한 의사소통기술 다섯 가지를 제시하고 있다. 첫째, 적극적으로 듣는 것, 둘째, 감정에 귀를 기울이는 것, 셋째, 감정과 이야기의 내용을 연관시키는 것, 넷째, 대안을 찾아보고 결과를 평가하는 것, 다섯째, 추후지도를 하는 것이다.

7 가족모임과 가족화목활동

자녀가 민주주의 원리를 처음 배우는 곳은 가정이다. 가족문제를 해결하기 위한 대화와 토론, 가족회의를 통해서 민주 사회에서 필요한 자질을 키울 수 있다. 적극적인 부모는 자녀에게 발언권을 허용한다. 자신의 의견을 자유롭게 제안하게 해서 언론의 자유를 이해하도록 도와 준다.

가족모임은 협동심과 책임감, 용기와 자존감을 키워줄 수 있다. 가족모임에 대한 내용은 STEP에서 설명되어 있다.

APT에서 중요시하고 강조하는 것이 가족화목활동이다. 가족구성원들 간의 활동은 자기 가족만의 독특한 전통과 의식의 개발이며 가족문화를 형성하는 방법이다. 더 나아가 가족의 역사를 이루는 방법의 하나이다.

또한 가족화목활동은 부모-자녀 간의 관계를 돈독하게 하는 최고의 방법이다. 가족화목활동의 예로는 재미있는 시간을 갖는 것이다. 여행하기, 게임하기, 식사하기, 운동하기, 공연보기, 진시회 가기 등이 있다.

REFERENCE

김규수 · 류태보(1996). **개정판 교류분석치료-성격개선 상담, 심리치료**. 경기: 형설출판사.

박혜영 · 이영란(2013). 울산지역 결혼이주여성, '편견과 차별' 많이 느껴. 울산사회경제브리프, vol. 31.

보건복지가족부(2006). 가족정책관련 통계자료.

서혁(2007). 다문화가정 현황 및 한국어 교육지원 방안. 인간연구, 12, 57-92.

설동훈 외(2005). 국제결혼 이주여성 실태조사 및 보건복지 지원 정책 방안. 보건복지부.

신나리 · 안재진(2014). 어머니의 취업여부에 따른 양육스트레스와 자기효능감 간의 인과적 종단관계 분석. 아동학회지, 35권 5호, 135-154.

신은영(1988). 아동의 장독립성 인지양식과 그 관련변인에 관한 연구. 부산대학교 대학원 석사학위논문.

신희숙(2008). 기혼여성의 능력개발을 위한 여성정책에 대한 연구. 연세대학교 행정대학원 석사학위청구논문.

여성가족부(2005). 보육·교육이용 및 욕구 실태조사보고: 2004년도 전국보육교육 실태조사 1.

여성가족부(2018). 한부모 복지시설 현황.

오성배(2005). 코시안 아동의 성장과 환경에 관한 사례연구. 한국교육, 32(3), 61-83.

오은순(1997). 이혼가정 아동의 적응에 영향을 미치는 생태학적 변인들의 구조 분석. 한국심리학회지, 발달 11권 2호, 62-73.

우복남(2016). 충남 결혼이주여성 생활실태와 정책방향, 충남여성정책개발원 연구보고서.

유안진 · 김연진(2003). **부모교육의 이론과 실제**. 서울: 동문사.

이경우 편역(1989). **당신도 유능한 부모가 될 수 있다(STEP)**. 서울: 창지사.

이경화 · 성영혜 · 윤석희 · 이신동(1999). **부모교육**. 서울: 학문사.

이기숙(2002). **유아교육개론**. 경기: 양서원

이순형 외(2012). **부모교육**. 서울: 학지사

이연섭 · 강문희(1999). **부모교육**. 경기: 정민사.

이원영(1985). **부모교육론**. 경기: 교문사.

이재연 · 김경희(1989). **부모교육**. 경기: 양서원.

정갑순(1996). **부모교육**. 경기: 창지사.

정옥분 · 정순화(2008). **부모교육**. 서울: 학지사.

진선례 · 이숙(2012). 성별에 따른 이혼한 한부모가정 아동의 스트레스와 문제행동의 관계에 대한 자기조절 능력 및 사회적지지의 중재효과. 제 33권 4호, 35-50

통계청(2015). 통계청의 생활시간 조사.

통계청(2017). 다문화 인구동태 통계.

하승민 · 장미경 · 김유진 · 신현정 · 임동호 · 김소윤(2006). **아동복지**. 서울: 태영출판사.

한국행동과학연구소(1983). **부모교육**. 서울: 문광부.

홍경자 역(1995). **현대의 적극적 부모역할훈련**. 서울: 중앙적성출판사.

동아일보(2012.09.13). 모두가 불만인 무상교육, 대안은 없나 <中> 호주 보육제도로 본 문제점.

매일경제(2017.12.15). 육아휴직제 도입 속도 제자리 걸음…아빠 육아휴직은 1.5배 늘어.

연합뉴스(2014.08.04). 다문화가족, 자립이 먼저다.

조선일보(2017.03.31). 황혼육아하는 조부모 건강 지키기.

조선일보(2017.10.09). [경단녀를 줄여라]④ 스웨덴 성공 비결은 아버지 의무 육아휴가제... 여성 경제활동 늘리니 출산률도 높아져.

EKNEWS.(2015.03.25). 50세 이상 과반수 "손주 맡기 싫다… 여가 포기 못해."

Adler, A 지음. 설영환 옮김(1992). 아들러 심리학 해설. 서울 선영사.

Adler, A.(1964). *Superioirity and Social Interest: A Collection of Later Writings*. H. L. Ansbacher & R. R. Ansvacher(Eds.), Evaston, Ⅰ11: Northwestern University Press.

Amato, P. R.(1993). Children's adjustment to divorce: Theories, hypotheses, and empirical support. Journal of Marriage and Family, 55, 223-38.

Barrow, R.(1976). *Plato and education*. London: Routledge and Kegan Paul.

Berne, E.(1983). *Games People Play*. Ballantine.

Berk, L. E.(1984). *Child Development*. Boston, MA: Allyn & Bacon.

Brooks, J. B.(1991). *The Process of Parenting*. Palo Alto California: Mayfield Publishing Co.

Dinkmeyer, D., & McKay, G. D.(1976). *Systematic training for effective parenting*. Circle Pines, MN: American Guidance Service, Inc.

Dreikurs, R.(1972). Teaching of conflict resolution. Journal of Individual Psychology, 28(2).

Fine, M. J.(1988). *The second handbook on parent education*. N.Y.: Academic Press.

Galinsky, E.(1987). *Between generations: the six stages of parenthood*. New York: Times Books.

Galinsky, E.(1998). Families and work: The importance of the quality of work environment. In S. L. Kang & B. Weissbourd(Eds.), Putting Families first: America's family support movement and the challenge of change. San Francisco: Jossey-Bass.

Ginott, H. G.(1965). *Between parent and child.* New York: Macmillan.

Glenn, N., & Kramer, K.(1987). The marriages and divorces of the children of divorce. Journal of Marriage and the Family, 49, 811-825

Gordon, T.(1975). *P.E.T.(Parent Effectiveness Training)-The tested new way to raise responsible children, A Plume book, New American Library.* New York and Scarborough, Ontario.

Gordon, I. J.(1976). Intervention in infant education. In M. Cohen(Ed.), Understanding and nurturing infant development. Washington, DC: Association for Childhood Education international. pp.3-19.

Gordon, T.(1980). Parent Effectiveness Training: Apreventive program and its effects on families. In M. J Fine(Eds.), *Handbook on Parent education*(pp.101-121). New York: Academic Press.

Grotberg(1983). Integration of parent education into human service programs. In R. haskins & D. Adams(Eds.), *Parent education and Public policy*(Norwood, New Jersey: ABLEX).

Guidubaldi, J., Perry, J. D., & Nastasi, B. K.(1987). Growing up in a divorced family: Intial an long-term perspectives on children's adjustment. Applied Social Psychology Annual, 7, 203-237.

Haine R. A., Sandler, I. N., Wolchik, S. A., Tein J. Y., & Dawson-McClure, S. R.(2003). Changing the legacy of divorce: Evidence from prevention programs and future directions. Family Relations, 52, 397-405.

Harris, T. A.(1967). *I'm OK-You're OK.* New York: Haper & Row Publisher.

Hetherington, E. M., & Clingempel, W. G.(1992). Coping with marital transitions. Monographs of the Society for Research in Child Development, 57(2), 227-242.

Hetherington, E. M., Cox, M., & Cox, R.(1982). Effects of divorcec on parents and children. In M. Lamb(Ed.), *Nontraditional families.* Hildale. NJ: Lawrence Erlbaum Associates.

Hock, E., & DeMeis, D. K.(1990). Depression in mothers of infants: The role of maternal employment. Developmental Psychology, 26, 283-291

Hoffman, L. W.(1989). Effects of maternal empioyment in the two-parent family. American Psychologist, 44, 283-292.

Klaus, M. H., & Kennel, J. H.(1976). *Maternal infant bonding.* Saint Louis: The C. V. Mosby.

Moline, S. D.(1979). Systematic Training for Effective Parenting: A study of the effects of the program on abusive parent perceptions of their children's behaviors and attitudes towards the freedom of children. Doctoral Dissertation, Brigham Young University. Dissertation Abstracts International, Vol. 40, 3786-A.

Orgal, A, R.(1980). Haim Ginott's approach to parent education. *In Handbook in Parent Education by Neavin the Fine*(Ed.). NY: Academic Press.

Peters, D. L., Neisworth, J. T., & Yawkey, T. D.(1989). *Early childhood education: From theory to Practice.* Monterey, California: Brooks and Cile Publishing Company.

Pherson, K. L., & Robinson, C. C.(1990). Parent education: Does it make a difference? Child study Journal, 20(4), 221-236.

Shon(2014). 다문화가족 외국인 배우자의 다문화가족지원센터 인지 및 이용 결정요인. Health and Social Welfare Review, 354-384.

Simons, R. L., Whitebeck, L. B., Melby, J., & Wu, C. I.(1994). Economic pressure and harsh parenting. In R. D. Conger & G. H. Elder(Eds.), Families in troubled times: Adapting to change in rural America(pp. 207-222). New York, NY: Gruyter.

Simpson, R. L.(1980). Behavior modification and child management, In M. J. Find(Ed.), *Handbook on Parent Education.* New York: Academic press, Inc.

Sirridge, S. T.(1980). Transactional analysis: promoting OK'ness(Eds.). In M. J. Fine, *Handbook on Parent education.* New York: Academic Press, Inc.

Spitz, R. A.(1945). Hospitalism: An inquiry into the genesis of psychiatric conditions in early childhood. Psychoanalytic Studies of the Child, 1, 53-74.

Stenens, J. H.(1978). Parent education program-What determines effectiveness-. Young Children. 33(4).

Yoon, J. W., Hwang, R. I., & Cho, H. H.(2009). Parenting stress and related factors of employed and non-employed mothers with preschool children. Korean Journal of Women Health Nursing, 15, 294-302.

INDEX

INDEX

저자소개

신은영

부산대학교 가정관리학과 졸업

부산대학교 대학원 가정관리학 석사

부산대학교 대학원 이학 박사(아동학 전공)

오차노미즈대학교 아동학과 연구원

현) 동의과학대학교 유아교육과 교수